SCHNELLE KÜCHE!

DAS GOLDENE VON GU

TURBOREZEPTE ZUM GLÄNZEN UND GENIESSEN

SALATE UND SANDWICHES – KALTE KÜCHE ZUM SATTESSEN 4

Ob als Snack oder knackige Vorspeise, für den Picknickkorb oder die Lunchbox – Salate und Sandwiches vielseitig wie nie! Und ungeahnt schnell gemacht obendrein!

SUPPEN UND EINTÖPFE – DAS ONE-POT-PRINZIP 68

Zutaten dieser Welt, vereinigt euch! Denn wenn Gemüse, Nudeln, Reis oder Fleisch in einem großen Topf zueinanderfinden, ist das Ergebnis: Aroma pur! Über weniger Abwasch nach dem Essen freuen wir uns außerdem …

PASTA UND NUDELN – GELIEBTES SOULFOOD 118

Seelenfutter in Nullkommanichts auf dem Teller? Mit Spaghetti, Spätzle oder Mie-Nudeln überhaupt kein Problem! Und, pst, sogar Lasagne-Fans dürfen sich freuen! Das Geheimnis dieses Soulfood-Speed-Wunders lüften wir auf S. 136!

VEGETARISCH SATT – LUST AUF GEMÜSE 168

Schnell, schneller, veggie! Wie fix, lecker und obendrein gesund Gemüse am Start sein kann, zeigen unsere Rezept-Quickies von Kartoffel-Gemüse-Pfanne bis Asia-Curry. Blitz-Vitamine vom Feinsten!

FLEISCH UND FISCH – HERZHAFT GEHT IMMER 224

Ob Chicken Wings oder Roastbeef-Steak, ob Lammkoteletts oder Thunfisch-Frikadellen – kaum zu glauben, wie schnell und einfach Fleisch- und Fischhungrige hier auf ihre Kosten kommen! Da wird doch das Huhn in der Pfanne verrückt …

SCHNELL WAS SÜSSES – GERÜHRT UND GEBACKEN 292

Sind Sie der klassische Tiramisu-Typ oder stehen Sie eher auf Frozen Mango Drops? Ganz egal, denn das süße Ende naht … und hat für Sie den Turbogang eingelegt! Egal ob ganz klassische oder super trendy Sweets: 30 Minuten sind genug!

ANHANG 336

Mit diesem Symbol sind alle vegetarischen Rezepte gekennzeichnet.

SALATE UND SANDWICHES

KALTE KÜCHE ZUM SATTESSEN

Tschüss Kantine

Auf Currywurst oder Schnitzel mit Pommes in der Kantine ist vielen längst die Lust vergangen. Sie wünschen sich für ihre Mittagspause etwas Leichtes, Frisches, das nicht nur satt macht, sondern auch Vitamine, Mineral- und Ballaststoffe liefert. Salate und Sandwiches eignen sich perfekt dafür: Sie können gut vorbereitet und transportiert werden und man braucht keine Kochmöglichkeit vor Ort.

To-go-Salate im Glas

Besonders hip und superpraktisch sind Salate im Glas – Dressing, Gemüse & Co. werden am Vorabend oder am Morgen so eingestapelt, dass bis zur Pause noch alles knackig auf den Teller kommt. Und so geht's:

Das Glas: Ideal für Salat sind dicht schließende Gläser mit ca. 700 ml Inhalt und großer Öffnung, etwa Einmachgläser mit Bügelverschluss oder Schraubgläser (z. B. leere Apfelmus- oder Sauerkirschgläser).

Wer Gefallen am Salat im Glas findet, der kann sich einen speziellen Lunch-to-go-Becher zulegen. Diese gibt es auch mit netten zusätzlichen Annehmlichkeiten, wie integrierter Gabel und/oder einem zusätzlichen kleinen Behälter zum Einsetzen in den Becher, in den Knuspertoppings für den Salat gefüllt werden können.

Das Prinzip: Zuallererst füllen Sie das Dressing ins Glas. Darauf schichten Sie Gemüse und Obst, das schnell oxidiert, wie z. B. Avocado oder Apfel, und das deshalb besser mit Flüssigkeit bedeckt sein sollte. Gut mit dem Dressing durchziehen dürfen auch Nudeln, Couscous, Bulgur oder Reis – auch sie können die zweite Schicht im Glas bilden.

Alternativ gehören an diese Stelle Zutaten, die sich nicht mit dem Dressing vollsaugen und dadurch nicht so leicht schlapp werden. Dazu gehören Möhren, Tomaten, Brokkoli, Zucchini, Paprika und vorgegarte Hülsenfrüchte. Es folgen Räucherfisch oder angebratenes Fleisch und ganz nach oben kommen empfindliche Blattsalate, Käse, Tofu sowie alles, was knusprig bleiben soll (Nüsse, Kerne, Gemüse-Chips).

SALATE IM GLAS
Knusper-Toppings verpacken Sie am besten separat und streuen sie erst beim Essen auf den Salat.

Es ist angerichtet: Zum Essen den Salat in einen tiefen Teller kippen, gut durchmischen, eventuell noch mal abschmecken und genießen. Zur Not, wenn kein Teller zur Verfügung steht, das geschlossene Glas auf den Kopf stellen und die Zutaten, so gut es geht, durchschütteln – dann direkt aus dem Glas gabeln.

ZEITSPAR-PLUS: DRESSING FÜR DEN VORRAT

Statt täglich Minimengen für eine oder zwei Salatportionen zu rühren, können Salatfans eine größere Ration Dressing auf einmal mixen und in einem Schraubglas im Kühlschrank aufbewahren. Ein klassisches Essig-Öl-Dressing hält sich so etwa vier Wochen. Nach Bedarf die gewünschte Menge entnehmen und nach Belieben mit zusätzlichen Gewürzen – etwa einem Löffel Joghurt, Ketchup oder Mayo – abwandeln.
Für ein Vorratsdressing (für ca. 20 Salatportionen) 5 TL flüssigen Honig, 5 TL mittelscharfen Senf, 2 TL Salz, ¼ TL Pfeffer, 50 ml Aceto balsamico, 100 ml Kürbiskernöl und 170 ml Olivenöl in einen Rührbecher geben und mit dem Pürierstab oder dem Schneebesen zu einem homogenen Dressing verquirlen. Dieses in ein Schraubglas füllen und kühl und dunkel lagern.

VOLLKORNBROT enthält große Mengen Ballaststoffe, die lange satt machen. Ideal für eine dicke Stulle zum Lunch.

BAGUETTE schmeckt sehr gut mit mediterran angehauchtem Belag, z. B. Tomaten, Basilikum und Mozzarella.

Salate als Sattmacher

Wer wenig Zeit hat, möchte mit einer Mahlzeit möglichst lange satt sein. Das klappt auch mit Salat, wenn Sie ihn mit ballaststoff-, stärke- und/oder eiweißreichen Zutaten ergänzen.

Hülsenfrüchte: Gekochte Bohnen und Kichererbsen aus der Dose wandern schnell in die Salatschüssel: Dose auf, Inhalt in ein Sieb abgießen, nach Belieben kurz kalt spülen, fertig. Dank der vielen Ballaststoffe und Proteine (Eiweiß), die sie enthalten, lässt der nächste Hunger länger auf sich warten. Alternative zu Dosenware: In nur 15 Min. gar sind rote Linsen.

Getreideprodukte: Nudeln, Reis, vorgegarter Weizen, Couscous, Bulgur und Polenta sind fix gekocht und reichern Salate mit Stärke und Ballaststoffen an. Sie bieten viele Kombinationsmöglichkeiten – egal ob mediterraner Nudelsalat mit viel Gemüse und Pesto, orientalischer Couscoussalat oder ein asiatisch abgeschmeckter Reissalat – alles ist möglich und Ihrer Fantasie sind keine Grenzen gesetzt.

Brot: In Würfel geschnittenes und geröstetes Weiß- oder Bauernbrot macht als Grundlage für einen Brotsalat oder als Croûtons auf dem Salat nicht nur satt, sondern erfreut den Gaumen auch mit knusprigen Momenten.

Käse, Fisch, Fleisch, Tofu und Ei: Sie alle füllen als Beigabe im Salat den Magen mit wertvollem Eiweiß. An diesem haben die Verdauungsenzyme eine ganze Weile zu knabbern, bis es in seine einzelnen Bausteine zerlegt ist und vom Körper verwertet werden kann. Feta, Mozzarella, gewürfelter Hartkäse, Räucherlachs, -forelle oder -makrele, gebratene Hähnchen-, Puten- oder Schweinefleischstreifen, Räuchertofu, hart gekochte Eier oder ein in Stücke geschnittenes Omelette sind schnell vorbereitet und ergänzen Blattsalat und Gemüse in der Salatschüssel zu einer »vollwertigen« Mahlzeit.

Stullen, Sandwiches und Wraps

Wurst- oder Käsebrot und Butterbrezel sind der Quickie-Klassiker für zwischendurch. Immer nur das Gleiche wird jedoch schnell langweilig und schmälert den Genuss. Dabei bietet allein schon die Brotpalette in Deutschland viele Optionen als Basis für die Stulle.

Brotzeitgenuss in Hülle …

Laugengebäck passt ganz hervorragend zu Fleischkäse, Schinken- und Gelbwurst, die Sie auch gerne noch mit Senf und Radieschen oder Gewürzgurkenscheiben toppen können.

Bauern-, Misch- und Vollkornbrot liebt es deftig mit Käse, geräuchertem Schinken und Hartwurst. Knackiges Gemüse, wie Gurkenscheiben, Salatblatt oder Paprikastreifen, mischt gerne mit. Ein ganz wunderbares Geschmackstrio bilden zum Beispiel auch Westfälischer Pumpernickel, Matjes und Rote Bete. Und wer Lust auf was Warmes hat, der zaubert aus diesen Brotsorten einen Strammen Max (Rezepte s. S. 47 und 65).

Ein Liebling unter den Pausenbroten ist **Sandwich-Toast**. Kein Wunder: Sein süßlicher Geschmack und die weiche Rinde machen Toastbrot offen für alles: Antipastigemüse, Avocado, Frischkäse, Hähnchenstreifen, Tomate, Mozzarella, Früchte … Egal ob süß, scharf, sauer, bitter oder salzig. Wer darüber hinaus einen Sandwich-Maker oder Kontaktgrill hat (s. Tipp S. 48), genießt auf die Schnelle köstlich gefüllte warme Brote.

Flache **Fladenbrote,** mit Sesam und Schwarzkümmel bestreut, passen gut zu mediterranen und orientalischen Zutaten, wie Parmaschinken, Antipastigemüse, Falafel, gebratenen Auberginen, Halloumi oder Hummus. Große Brote vierteln, die Teile wie Brötchen aufschneiden und füllen. Besonders gut schmeckt Fladenbrot, wenn Sie es kurz vor dem Essen bei 180° im Ofen 5 Min. aufbacken. Keine Zeit für Pizzateig? Ein Fladenbrot horizontal aufschneiden, wie eine Pizza oder einen Flammkuchen belegen, im Ofen überbacken.

Pitabrote und Taco-Shells führt jeder gut sortierte Supermarkt – im Brotregal oder bei den internationalen Spezialitäten. Ihr Vorteil ist, dass sie in ihrer Verpackung relativ lange frisch bleiben – perfekt also für Ihr Vorratsregal. Wenn's schnell gehen muss, sind sie superschnell mit dem gefüllt, worauf sie gerade Lust haben, nach Wunsch im Ofen überbacken und genussfertig auf dem Teller.

Appetitlich gerollt sind **Wraps** schon optisch weit weg vom klassischen Butterbrot. Die spezielle Wickeltechnik, die verhindert, dass die Füllung unten herauspurzelt, eröffnet üppige Möglichkeiten für das, was reinkommt: Salat, Thunfisch, Gemüse, gebratene Fleischstreifen oder Bratenreste, Käse, Wurst, Räucherfisch und vieles mehr sind in der dünnen Teighülle gut geschützt und deshalb auch perfekt verpackt, um mitgenommen zu werden.

... und Fülle

Sogar beim dänischen Smørrebrød, das ins Deutsche übersetzt Butterbrot heißt, ist die Butter nur das Fundament für zahlreiche Belagvarianten. Entdecken Sie hier, von wem Lyoner und Gouda Konkurrenz bekommen.

Wurst: Die Auswahl ist riesig. Nehmen Sie, worauf immer Sie Lust haben: Salami, Schinken, Fleischkäse, Kabanossi, aber auch Bratwürstchen sind ein toller Sandwichbelag.

Aufstriche: Es spricht rein gar nichts gegen die gute alte Butter. Wer sich aber nach ein bisschen Abwechslung sehnt, der findet im Kühlregal des Supermarkts zahlreiche Frischkäsevarianten – von Jalapeño bis Lachs-Dill. Im Regal mit den internationalen Spezialitäten

HOCHSTAPLER AUFGEPASST!
Beim Belag fürs Sandwich ist alles erlaubt, was schmeckt oder was der Kühlschrank hergibt.

warten Hummus, Pesto und Ajvar nur darauf, Ihr Sandwich zu verfeinern. Aber auch Senf, Mayonnaise oder Ketchup sorgen für einen neuen Geschmackskick auf der Stulle.

Eier, hart gekocht und in Scheiben oder als Rühr- oder Spiegelei, krönen ein belegtes Brot: perfekt zu Krabben, Schinken oder Käse. On top ein paar Frühlingszwiebelringe – mmmh!

Käse: Von frisch bis hart, von Kuh bis Ziege – nutzen Sie die Vielfalt der Käsetheke, um aus Ihrem Brot etwas Besonderes zu machen.

Tofu: Räuchertofu und Tofu mit Kräuter-, Nuss- oder Gewürzmarinade sind perfekt für schnelle Veggie-Sandwiches. Wer Röstaromen liebt, der brät Tofuscheiben in einer Pfanne in etwas Öl an, bevor sie aufs Brot kommen.

Räucherfisch: Lachs, Makrele oder Forelle aus dem Rauch finden Sie im Kühlregal. Ab damit aufs Brot, ein Klecks Meerrettich drauf – fertig!

Gemüse: Knackige Gemüse-Sticks von Möhre, über Paprika bis zur Gurke peppen jede Brotzeit auf. Aber da geht noch mehr: Antipastissgemüse – egal ob selbst gemacht oder aus dem Glas, getrocknete Tomaten oder gebratene Gemüsereste vom Vorabend – aus allem lassen sich leckere Sandwiches zaubern.

KICHERERBSEN-SALAT MIT FETA

Sattmacher-Salat mit einer Extra-Portion Eiweiß

Für 2 Personen
Zubereitungszeit ca. 15 Min.
pro Portion ca. 335 kcal

1 EL Aceto balsamico bianco (ersatzweise Weißweinessig)
Salz · Pfeffer
½ TL Honig
2 EL Olivenöl
150 g Kirschtomaten
1 Möhre
1 kleine rote Zwiebel
1 gelbe Spitzpaprika
4 Stängel Petersilie
1 Dose Kichererbsen (240 g Abtropfgewicht)
100 g Schafskäse (Feta)

1 In der Salatschüssel Essig, Salz, Pfeffer und Honig mit einer Gabel verrühren, dann das Olivenöl unterrühren.

2 Die Tomaten waschen und vierteln, dann mit in die Schüssel geben. Die Möhre putzen, schälen, längs vierteln und quer in feine Scheiben hobeln oder schneiden. Möhrenscheibchen zu den Tomaten geben.

3 Die Zwiebel schälen und fein würfeln. Die Paprika waschen und längs halbieren, von Trennwänden und Kerne befreien, Die Hälften zuerst längs in breite Streifen, dann diese quer in Stückchen schneiden und zusammen mit den Zwiebelwürfeln zu Tomaten, Möhrenscheiben und Dressing geben.

4 Die Petersilie waschen, trocken schütteln, von groben Stielen befreien und in schmale Streifen schneiden. Die Kichererbsen in ein Sieb abgießen, abtropfen lassen und zusammen mit der Petersilie zum Salat geben. Den Schafskäse dazubröckeln. Den Salat durchmischen und servieren, bei großem Hunger mit Fladenbrot.

TAUSCH-TIPP

Statt Schafskäse können Sie für den Salat auch eine kleine Dose **Thunfisch** in Olivenöl nehmen. Den Thunfisch etwas abtropfen lassen, mit einer Gabel zerpflücken und untermischen. Achten Sie beim Kauf auf das MSC-Siegel auf der Dose für Fisch aus nachhaltiger Fischerei.

GUT ZU WISSEN

Wie alle Hülsenfrüchte machen **Kichererbsen** dank ihrer Kohlenhydrate satt, geben dem Körper wertvolles Eiweiß und vereinen sich gerne mit kräftigen Aromen, was sie auch bekömmlicher macht. Das schätzt man vor allem im Orient, in Indien und im Mittelmeerraum. Weil getrocknete Kichererbsen einen Tag zum Einweichen und um die 2 Stunden zum Garen brauchen, sind sie nichts für spontane Kochideen. Außer, man verwendet vorgekochte Kichererbsen (aus Dose oder Glas), sie werden nur abgebraust, heiß gemacht und nach Rezept verwendet.

NUDELSALAT MIT CHAMPIGNONS UND KRESSE

Schmeckt noch warm oder kalt aus der Lunchbox

Für 2 Personen
Zubereitungszeit ca. 15 Min.
pro Portion ca. 355 kcal

100 g kurze Makkaroni
(oder andere kurze Nudeln)
Salz
100 g Zuckerschoten
125 g kleine feste Champignons
3 EL Sonnenblumenöl
2 EL Weißweinessig
Pfeffer
1 TL flüssiger Honig
1 Kästchen Gartenkresse

1 Die Makkaroni nach Packungsanweisung in Salzwasser bissfest garen. Inzwischen die Zuckerschoten putzen, waschen und schräg halbieren oder dritteln. Die Zuckerschoten in den letzten 2 Min. zu den Nudeln geben und mitgaren.

2 Nudeln und Zuckerschoten in ein Sieb abgießen und gut abtropfen lassen, dann in eine breite Schüssel geben. (So kühlen sie schneller ab.)

3 Währenddessen die Pilze putzen und bei Bedarf mit einem Tuch abreiben, größere Exemplare nach Belieben halbieren. 1 EL Öl in einer Pfanne erhitzen und die Pilze darin rundum ca. 2 Min. scharf anbraten. Herausnehmen und zu den Nudeln und Zuckerschoten geben.

4 Für die Vinaigrette den Essig mit Salz, Pfeffer und dem Honig verquirlen, dann das restliche Öl mit dem Schneebesen gründlich darunterschlagen. Die Vinaigrette über die Salatzutaten träufeln.

5 Die Kresse mit einer Schere vom Beet abschneiden, waschen und trocken tupfen. Dann zu den anderen Zutaten geben, alles gut mischen. Den Nudelsalat nach Belieben sofort lauwarm servieren oder vorher noch ca. 1 Std. durchziehen lassen.

GENUSS-TIPPS

Kresse ist ein rasanter Retter, wenn ein Gericht farblos daherkommt oder noch einen aromatischen Frische-Kick braucht. Kresse macht z. B. aus Quark blitzschnell einen tollen **Brotaufstrich:** Dafür die Kresse von 1 Beet abschneiden und mit 150 g Quark, 1 EL Apfelessig und 2 EL Rapsöl verrühren und mit Salz und Pfeffer abschmecken.

SCHARFER NUDELSALAT

Das würzige Dressing macht's

Für 2 Personen
Zubereitungszeit ca. 20 Min.
pro Portion ca. 620 kcal

150 g kurze Nudeln (z. B. Penne)
Salz
2 EL Harissa (scharfe Würzpaste)
2 EL Olivenöl
2 TL Apfelessig
½ TL flüssiger Honig
180 g gegrillte Paprika (aus dem Glas)
150 g Mini-Mozzarella
8 Stängel Basilikum

1 Die Penne nach Packungsanweisung in Salzwasser bissfest garen. Inzwischen für das Dressing das Harissa, das Öl, den Essig, den Honig und 2 EL Nudelkochwasser glatt rühren. Mit Salz abschmecken.

2 Nudeln in ein Sieb abgießen, abtropfen lassen und noch warm mit dem Dressing mischen. Abkühlen lassen.

3 Die gegrillten Paprika abgießen, gut abtropfen lassen, trocken tupfen und in Streifen schneiden. Den Mini-Mozzarella ebenfalls gut abtropfen lassen und die Kugeln halbieren. Das Basilikum waschen und trocken schütteln, die Blätter abzupfen. Alle Zutaten gut vermischen, auf Teller verteilen und genießen.

TO-GO-TIPP

Für den **Lunch im Büro** die Nudeln in 2 große Schraub- oder Vorratsgläser (je ca. 500 ml) verteilen. Darauf zuerst die Paprikastreifen, dann die Mozzarellahälften schichten. Die Basilikumblätter obendrauf verteilen. Das Glas verschließen und den Nudelsalat bis zum Lunch kalt stellen. Vor dem Essen Zimmertemperatur annehmen lassen und alle Zutaten gut vermischen.

SPAGHETTI-SALAT MIT TOMATEN

Schnell gemachter Sommerhit

Für 2 Personen
Zubereitungszeit ca. 20 Min.
pro Portion ca. 625 kcal

160 g Spaghetti · Salz
1 Bio-Zitrone · 4 EL mildes Olivenöl
Pfeffer · 250 g Kirschtomaten
1 Zucchino (ca. 400 g)
1 Bund Basilikum
60 g Parmesan (am Stück)
Außerdem:
Spiralschneider oder Sparschäler

1 Die Spaghetti nach Packungsanweisung in Salzwasser bissfest garen. Inzwischen die Zitrone heiß waschen und abtrocknen, die Schale abreiben und 2 TL Saft auspressen. Beides mit dem Öl verrühren. Mit Salz und Pfeffer kräftig abschmecken.

2 Die Nudeln in ein Sieb abgießen, abtropfen lassen und noch warm unter das Dressing mischen. Das Ganze etwas abkühlen lassen.

3 Die Tomaten waschen, trocken tupfen und halbieren oder vierteln. Den Zucchino putzen, waschen, trocken tupfen und mit dem Spiralschneider zu dünnen »Spaghetti« schneiden. Oder mit einem Sparschäler der Länge nach in schmale »Tagliatelle« schneiden. Die Tomaten und die Zucchinistreifen unter die lauwarmen Nudeln mischen. Den Salat auskühlen lassen.

4 Das Basilikum waschen und trocken schütteln, die Blätter abzupfen. Den Parmesan in dünne Späne hobeln. Den Salat genießen oder die Nudel-Gemüse-Mischung in eine Lunchbox packen. Die Basilikumblätter und die Parmesanspäne darauf verteilen. Den Spaghetti-Salat bis zum Lunch kühl stellen.

DER LIEBLINGSKLASSIKER

KARTOFFELSALAT MIT BÄRLAUCHDRESSING

Kräuterfrische Klassiker-Variante

Für 2 Personen
Zubereitungszeit ca. 30 Min.
pro Portion ca. 530 kcal

400 g kleine, junge Kartoffeln
(z. B. Drillinge)
3 kleine, dünne Möhren
Salz · 100 g TK-Erbsen
1 (Hass-)Avocado
1 EL Zitronensaft
25 g Bärlauch
1 große Handvoll Kerbel
2 Stängel Estragon
100 g saure Sahne
1 EL Weißweinessig
Pfeffer · 1–2 Msp. Chilipulver

1 Die Kartoffeln gründlich waschen, gegebenenfalls mit einer Bürste sauber abschrubben. In ausreichend Wasser in 15–20 Min. weich garen. Anschließend abgießen, ausdampfen lassen und mitsamt der Schale je nach Größe halbieren oder vierteln.

2 Inzwischen die Möhren schälen und in ca. 3 mm dicke Scheiben schneiden. Ausreichend Wasser aufkochen und salzen. Möhren hineingeben und in 5–7 Min. bissfest garen. Gegen Ende für 3 Min. die gefrorenen Erbsen dazugeben und mitgaren. Das Gemüse in ein Sieb abgießen, kurz kalt abbrausen und abtropfen lassen.

3 Während Kartoffeln und Möhren garen, die Avocado halbieren und den Kern entfernen. Fruchtfleisch mit einem Löffel aus den Schalen lösen und quer in nicht zu dünne Scheiben schneiden. Sofort in dem Zitronensaft wenden, damit die Scheiben nicht braun werden.

4 Den Bärlauch waschen und trocken schütteln, die Stiele abschneiden, die Blätter quer in dünne Streifen schneiden. Kerbel und Estragon abbrausen und trocken schütteln. Die Estragonblätter abzupfen und grob schneiden, den Kerbel zerzupfen.

5 Die Hälfte des Bärlauchs und Kerbels mit dem gesamten Estragon, 1 EL saurer Sahne und dem Essig pürieren. Die übrige Sahne unterrühren und das Dressing mit Salz, Pfeffer und Chilipulver würzen.

6 Die lauwarm abgekühlten Kartoffeln mit Möhren, Erbsen und dem Dressing mischen. Den Salat mit Salz und Pfeffer abschmecken. Und zum Schluss noch die Avocado und den restlichen Kerbel und Bärlauch unterheben.

GENUSS-TIPP

Hier wandern nicht eine dicke Mayonnaise und reichlich kohlenhydrathaltige Kartoffeln in die Schüssel. Stattdessen ergänzen ein kräuterfrisches **leichtes Dressing** und reichlich Gemüse die Kartoffeln perfekt und machen – auch Dank der Avocado – trotzdem rundum satt.

1/2 TSP-2.5 ml

LAUWARMER KARTOFFEL-ENDIVIEN-SALAT

Beliebtes Traditionsrezept – mal Veggie, mal mit Wurst

Für 4 Personen
Zubereitungszeit ca. 25 Min.
pro Portion ca. 270 kcal

100 ml heiße Gemüsebrühe
2 EL Crème fraîche
3–4 EL Kräuteressig
2–3 TL Zucker
1 TL Dijon-Senf
2 EL Rapsöl
Salz · Pfeffer
1 Zwiebel
½ Endiviensalat
1 säuerlicher Apfel (z. B. Boskop)
400 g festkochende Pellkartoffeln (gekocht, vom Vortag)
50 g Butterschmalz
edelsüßes Paprikapulver
4 Scheiben Roggenmischbrot
Außerdem:
Toaster

1 Für das Dressing in der Salatschüssel die Brühe, Crème fraîche, 3 EL Essig, 2 TL Zucker und Senf verrühren. Das Öl unterrühren, mit Salz und Pfeffer abschmecken. Die Zwiebel schälen, fein würfeln und dazugeben.

2 Den Endiviensalat zerpflücken, waschen und trocken schleudern. Harte Blattstrünke entfernen und die Blätter in feine Streifen schneiden. Den Apfel waschen und halbieren, das Kerngehäuse entfernen und die Apfelhälften in Würfel schneiden. Beides mit dem Dressing vermischen und beiseitestellen.

3 Die Kartoffeln pellen und in Würfel schneiden. Das Butterschmalz in einer Pfanne erhitzen und die Kartoffeln darin rundherum goldbraun braten. Kurz auf Küchenpapier abtropfen lassen, mit Salz, Pfeffer und Paprikapulver würzen, dann unter den Salat mischen.

4 Das Brot toasten und auf vier Teller legen. Den Salat, mit Essig, Zucker, Salz und Pfeffer abschmecken und auf den Brotscheiben anrichten.

VARIANTE

ENDIVIENSALAT MIT CHORIZO

- Dafür brauchen Sie zusätzlich 150 g Chorizo (spanische Paprikasalami). Den Endiviensalat wie oben in den Schritten 1 bis 3 beschrieben zubereiten.
- Die Wurst in Scheiben schneiden und in einer Pfanne auf beiden Seiten kurz anbraten.
- Dann das Brot wie oben in Schritt 4 beschrieben toasten und auf vier Teller legen. Den Salat abschmecken und auf den Brotscheiben anrichten. Zuletzt die Wurstscheiben darauf verteilen.

BOHNENSALAT MIT RADICCHIO

Dazu frische Kräuter und Walnuss-Knusper

Für 2 Personen
Zubereitungszeit ca. 25 Min.
pro Portion ca. 555 kcal

40 g Walnusskerne · Salz
400 g TK-Stangenbohnen
1 Dose Kidneybohnen
(ca. 140 g Abtropfgewicht)
1 kleiner Radicchio
1 kleine rote Zwiebel
1 kleiner Stängel Estragon
3 Stängel Dill
3 Stängel Petersilie
1 EL körniger Senf
1 TL Ahornsirup
3 EL Weißweinessig
Pfeffer
5 EL Olivenöl

1 Die Nüsse in einer Pfanne rösten, bis sie leicht duften, herausnehmen, auskühlen lassen und grob zerteilen. Salzwasser zum Kochen bringen, gefrorene Stangenbohnen hineingeben und in ca. 8 Min. bissfest garen. In ein Sieb abgießen und abtropfen lassen.

2 Zwischendurch die Kidneybohnen in ein Sieb abgießen, abbrausen und abtropfen lassen. Den Radicchio putzen und halbieren, den Strunk herausschneiden. Blätter ablösen, waschen, trocken schleudern und in dünne Streifen schneiden. Zwiebel schälen und klein würfeln. Die Kräuter abbrausen und trocken schütteln, die Blättchen abzupfen und fein hacken.

3 Für das Dressing Senf, Ahornsirup, Essig, Salz und Pfeffer verrühren, dann das Öl kräftig darunterschlagen. Beide Sorten Bohnen (die grünen können noch lauwarm sein) und den Radicchio mit Dressing, Nüssen und der Zwiebel mischen. Den Salat mit Salz und Pfeffer abschmecken, die Kräuter vorsichtig unterheben.

SPARGELSALAT MIT MOZZARELLA

Erfrischender Frühlingssalat

Für 2 Personen
Zubereitungszeit ca. 15 Min.
Marinierzeit 30 Min.
pro Portion ca. 435 kcal

500 g dünner grüner Spargel
2 Stängel Estragon
½ Bio-Zitrone
1 TL (körniger) Dijon-Senf
1 TL Honig · 5 EL Olivenöl
Salz · Pfeffer
1 Bund Brunnenkresse
1 EL Pinienkerne
12 Kugeln Mini-Mozzarella

1 Spargel waschen, holzige Enden abschneiden oder schälen. Die Stangen schräg in ½ cm breite Stücke schneiden – das geht schneller, wenn man mehrere Stangen nebeneinanderlegt und gleichzeitig schneidet.

2 Den Estragon abbrausen und trocken schütteln, die Blätter abzupfen und grob hacken. Die Zitrone heiß waschen und abtrocknen, die Schale fein abreiben, Saft auspressen. Senf und Honig mit der Hälfte der Zitronenschale und 2 EL Zitronensaft gründlich verrühren, dann 4 EL Öl darunterschlagen. Das Dressing mit Salz und Pfeffer würzen, mit Estragon und Spargel mischen. Den Salat 20–30 Min. marinieren.

3 Die Brunnenkresse waschen und trocken schleudern, die Blätter abzupfen. Pinienkerne in einer Pfanne goldbraun rösten, abkühlen lassen. Die Kerne mit der Brunnenkresse unter den Spargel heben, den Salat mit Salz, Pfeffer und übrigem Zitronensaft abschmecken.

4 Den Spargelsalat auf Tellern anrichten und die Mozzarella-Kugeln darauf verteilen. Den Mozzarella mit dem übrigen Öl beträufeln und mit der restlichen Zitronenschale und etwas Pfeffer bestreuen.

WEISSE-BOHNEN-SALAT MIT FETA UND CROÛTONS

Vertreibt den Hunger und das Mittagstief

Für 2 Personen
Zubereitungszeit ca. 20 Min.
pro Portion ca. 560 kcal

Für den Salat:
1 Dose weiße Riesenbohnen
(240 g Abtropfgewicht)
3 Tomaten
150 g Fetakäse
Für das Dressing:
6 frische Salbeiblätter
(ersatzweise 1 TL getrockneter Salbei)
1 Knoblauchzehe
3 EL Olivenöl
3 EL Weißweinessig
1 TL Agavendicksaft
Salz
Für die Croûtons:
2 EL Olivenöl
2 Scheiben Vollkorntoast

1 Die Bohnen in ein Sieb abgießen, mit kaltem Wasser abspülen und abtropfen lassen. Die Tomaten waschen und den Stielansatz entfernen. Die Früchte dann vierteln, entkernen und in grobe Würfel schneiden.

2 Den Fetakäse zuerst in 1 cm breite Streifen, dann diese in ca. 1 cm große Würfel schneiden. Die Bohnen, Tomaten und Fetawürfel in eine Salatschüssel geben.

3 Für das Dressing die Salbeiblätter waschen, trocken tupfen und in feine Streifen schneiden. Die Knoblauchzehe schälen und fein hacken oder durchpressen.

4 Salbei, Knoblauch, Olivenöl, Essig und Agavendicksaft in einer Schüssel mit dem Schneebesen verquirlen. Das Dressing mit Salz abschmecken und über den Salat träufeln. Alles gut vermischen und den Bohnensalat bis zum Servieren durchziehen lassen.

5 Für die Croûtons das Olivenöl in einer Pfanne bei mittlerer Hitze heiß werden lassen. Die Toastscheiben zuerst in Streifen, dann diese in Würfel schneiden. Die Brotwürfel im heißen Öl knusprig und braun rösten. Den Bohnensalat auf zwei Tellern anrichten, mit den Croûtons bestreuen und servieren.

TO-GO-TIPP

Den Salat können Sie prima in einem Schraubglas oder Vorratsglas mitnehmen. Dabei sollten Sie die Croûtons jedoch unbedingt separat verpacken und erst kurz vor dem Servieren auf den Salat streuen, sonst werden sie weich. Statt Brot können Sie auch 1 Handvoll grob **gehackte Nüsse** rösten. Die bleiben in jedem Fall schön knackig und dürfen auch mit dem Salat in das Glas.

COUSCOUSSALAT MIT TRAUBEN UND TOFU

Taboulé mal anders – aber genauso fix!

Für 2 Personen
Zubereitungszeit ca. 20 Min.
pro Portion ca. 450 kcal

100 g Couscous
1 TL Gemüsebrühe (Instant)
1 TL getrockneter Dill
Salz · Pfeffer
1 kleiner Radicchio
2 EL Öl
3 EL Orangensaft
1 EL Weißweinessig
2 TL Honig
100 g kernlose Weintrauben
100 g Räuchertofu
½ Beet Kresse

1 Den Couscous mit der gekörnter Brühe und dem Dill in einer Schüssel mischen, dann salzen und pfeffern. Mit 180 ml kochendem Wasser übergießen und 8 Min. zugedeckt quellen lassen.

2 Inzwischen den Radicchio waschen, den harten Strunk entfernen, die Blätter in Streifen schneiden. Den Radicchio in einer Servierschüssel mit 1 EL Öl, dem Orangensaft, Essig und Honig sowie 1 Prise Salz mischen, etwas durchkneten und durchziehen lassen.

3 Die Weintrauben waschen, von den Stielen zupfen und nach Belieben halbieren. Den Räuchertofu würfeln und in einer Pfanne im restlichen Öl rundherum anbraten.

4 Den gequollenen Couscous etwas auflockern und mit den Weintrauben und dem Tofu zum Radicchio geben. Alles durchrühren und mit Salz und Pfeffer abschmecken. Die Kresse mit einer Schere abschneiden und darüberstreuen. Dazu passt Fladenbrot oder Ciabatta.

THAI-REISNUDEL-SALAT

Leicht, frisch und ganz fix

Für 2 Personen
Zubereitungszeit ca. 15 Min.
pro Portion ca. 365 kcal

100 g Reis-Vermicelli (s. Tipp)
1 rote Zwiebel · 1 kleine rote Paprika
1 Bio-Mini-Salatgurke
2 EL geröstete Erdnusskerne
1 Bund Koriandergrün oder Minze
1 EL Öl · ca. 2 EL Limettensaft
1–2 EL helle Sojasauce
2 TL Zucker
½ TL Pul Biber (türkische Chiliflocken) · Salz

1 Die Nudeln nach Packungsanweisung in heißem Wasser einweichen und abtropfen lassen.

2 Die Zwiebel schälen und in feine Streifen schneiden. Paprika waschen, halbieren, entkernen und ebenfalls in feine Streifen schneiden. Gurke waschen und in Scheiben schneiden. Erdnüsse hacken. Kräuter waschen und trocken schütteln, die Blättchen abzupfen.

3 Das Öl, 1½ EL Limettensaft und 1 EL Sojasauce sowie Zucker und Pul Biber in einer Schüssel verrühren. Die Zwiebel- und Paprikastreifen, Gurkenscheiben, Erdnüsse und Kräuter dazugeben und alles gut durchmischen.

4 Die Nudeln kräftig ausdrücken und mit einer Schere auf die gewünschte Länge kürzen, dann mit dem Gemüse in der Schüssel mischen. Den Salat mit Salz, Limettensaft und Sojasauce abschmecken.

GUT ZU WISSEN

Reis-Vermicelli sind **Reisnudeln** aus Reisstärke und Wasser. Sie sind häufig sehr lang und dünn und werden nicht gekocht, sondern nur zum Quellen mit heißem Wasser übergossen. In der Küche Südostasiens sind sie überall zu finden, in Suppen, Salaten und Wok-Gerichten.

HIRSESALAT MIT SÜSSKARTOFFELN

Für eine vegane Mittagspause

Für 2 Personen
Zubereitungszeit ca. 20 Min.
pro Portion ca. 385 kcal

60 g Hirse
175 ml Gemüsebrühe
1 dicke Süßkartoffel (ca. 300 g)
60 g Römersalat
2 EL Weißweinessig
Salz · Pfeffer
1 TL mittelscharfer Senf
3 EL Olivenöl
Außerdem:
Toaster

1 Die Hirse und die Brühe in einen kleinen Topf geben, zugedeckt aufkochen und die Hirse bei schwacher Hitze in ca. 15 Min. bissfest garen.

2 Inzwischen die Süßkartoffel schälen und der Länge nach in 5–10 mm dicke Scheiben schneiden. Die Scheiben im Toaster auf mittlerer Stufe zweimal toasten, dann in Streifen oder Würfel schneiden. Den Römersalat putzen, waschen und trocken schleudern, die Blätter in Streifen schneiden.

3 Für die Vinaigrette in einer kleinen Schüssel den Essig mit Salz, Pfeffer und dem Senf verquirlen, dann das Öl mit dem Schneebesen darunterschlagen.

4 Die Hirse in ein Sieb abgießen und abtropfen lassen, dabei den Sud auffangen und 2–3 EL davon unter die Vinaigrette rühren. Zum Servieren Römersalat, Hirse und Süßkartoffeln auf Tellern anrichten und mit der Vinaigrette beträufeln.

KÜRBISSALAT MIT COUSCOUS

Herbstliche Orient-Küche

Für 2 Personen
Zubereitungszeit ca. 20 Min.
pro Portion ca. 305 kcal

160 g Hokkaido-Kürbis
Salz · 75 g Couscous
2 EL Pinienkerne
1 kleine Zwiebel
100 g Joghurt
1 EL Zitronensaft
Pfeffer
Pul Biber (türkische Chiliflocken)
1 TL Couscous-Gewürz (orientalische Gewürzmischung; ersatzweise Kreuzkümmel)
1 Handvoll Rucola
20 g Rosinen (ungeschwefelt)

1 Den Kürbis waschen und Kerne und Fasern herauskratzen. Den Kürbis in kleine Würfel schneiden und in einem kleinen Topf in wenig Salzwasser zugedeckt bei mittlerer Hitze ca. 5 Min. dünsten, anschließend in ein Sieb abgießen und abtropfen lassen.

2 Inzwischen den Couscous nach Packungsanweisung zubereiten. Die Pinienkerne in einer Pfanne ohne Fett rösten, dann herausnehmen und abkühlen lassen. Die Zwiebel schälen und in feine Würfel schneiden, dann mit Joghurt, Zitronensaft, Salz, Pfeffer, 2 Prisen Pul Biber und Couscous-Gewürz verrühren.

3 Rucola verlesen, waschen, trocken schleudern und in Streifen schneiden. Rucola mit dem Kürbis, dem Couscous und den Rosinen mischen. Auf Schalen verteilen.

4 Zum Servieren den gewürzten Joghurt nochmals abschmecken und über den Salat träufeln, die Pinienkerne darüberstreuen.

KIDNEYBOHNENSALAT MIT THUNFISCH

Viel Eiweiß und keine Kohlenhydrate

Für 2 Personen
Zubereitungszeit ca. 20 Min.
pro Portion ca. 620 kcal

Für den Salat:
1 Dose Kidneybohnen
(255 g Abtropfgewicht)
2 Dosen Thunfisch in Lake
(je 140 g Abtropfgewicht)
1 kleiner Radicchio
2 Stangen Staudensellerie
Für das Dressing:
8 EL Olivenöl
4 EL Zitronensaft
4 EL Weißweinessig
2 TL Agavendicksaft
2 EL TK-Petersilie · Salz

1 Für den Salat die Kidneybohnen in ein Sieb abgießen, kalt abspülen und abtropfen lassen. Den Thunfisch ebenfalls in ein Sieb abgießen und abtropfen lassen.

2 Inzwischen für das Dressing Olivenöl, Zitronensaft, Weißweinessig, Agavendicksaft und Petersilie in einen Mixbecher geben. Alles mit dem Pürierstab cremig verquirlen und das Dressing mit Salz abschmecken.

3 Vom Radicchio welke äußere Blätter entfernen, den Kopf waschen und abtropfen lassen. Den Strunk keilförmig herausschneiden, dann den Kopf halbieren und die Hälften quer in ca. 2 cm breite Streifen schneiden. Die Streifen auf einem Servierteller ausbreiten.

4 Den Staudensellerie waschen und putzen, eventuelle Fäden abziehen. Einige Blätter vom Selleriegrün abzupfen und beiseitelegen. Die Selleriestangen schräg in hauchdünne Scheiben schneiden.

5 Den Sellerie mit den Kidneybohnen in eine Schüssel geben und mit dem Dressing vermischen. Den Bohnensalat auf dem Radicchio anrichten. Den Thunfisch grob zerpflücken und darüberstreuen. Mit den Sellerieblättchen garnieren und den Salat servieren.

GUT ZU WISSEN

Thunfisch macht aus diesem schlichten Bohnensalat eine feine Mahlzeit. Aber nicht nur das, er ist eine echte Low-Carb-Zutat, denn Thunfisch besitzt viel Eiweiß, aber keine Kohlenhydrate! Aber achten Sie beim Einkauf unbedingt auf Thunfisch aus nachhaltiger Fischerei. Sie erkennen solchen Fisch am MSC-Logo auf der Dose.

DER LIEBLINGSKLASSIKER

MATJES MIT APFEL UND PUMPERNICKEL

Heiß geliebt und schnell zubereitet

Für 2 Personen
Zubereitungszeit ca. 20 Min.
pro Portion ca. 500 kcal

100 g saure Sahne
3 EL Milch
1 TL Apfelessig (ersatzweise Aceto balsamico bianco)
1 Prise Zucker
Salz · Pfeffer
½ TL Senfsamen (ersatzweise süßer Senf)
3 Frühlingszwiebeln
1 kleiner rotbackiger Apfel
4 Matjeshering-Filets (2 doppelte Matjes)
½ Beet Kresse (nach Belieben)
2 Scheiben Pumpernickel

1 Saure Sahne mit Milch, Essig, Zucker, 1 winzigen Prise Salz, etwas Pfeffer und den Senfsamen glatt rühren. Falls die Sauce zu dickflüssig ist, noch etwas Wasser oder Milch unterrühren.

2 Die Frühlingszwiebeln putzen, waschen und in Ringe hobeln, schönes Grün fein hacken und für die Garnitur beiseitelegen. Das Übrige zur sauren Sahne geben.

3 Den Apfel waschen und vierteln. Das Kerngehäuse entfernen, die Viertel in Scheibchen hobeln. Die Fischfilets ohne den Schwanz quer in Stücke oder Streifen schneiden und diese mit den Apfelstücken unter die Sahnemischung heben.

4 Die Matjes-Mischung abschmecken und eventuell nachsalzen. Matjes auf Tellern oder in Gläsern anrichten und mit Frühlingszwiebelgrün bestreuen. Falls verwendet, die Kresse mit einer Schere vom Beet schneiden und daraufstreuen. Mit Pumpernickel servieren.

TAUSCH-TIPP
Anstelle des Pumpernickels passen natürlich auch Pell- oder Bratkartoffeln ganz wunderbar zum Matjes. Oder versuchen Sie diese leckeren **Majorankartoffeln:** Dafür den Backofen auf 210° vorheizen und eine ofenfeste Form mit etwas Öl auspinseln. 8 kleine Kartoffeln gründlich waschen, halbieren und mit den Schnittflächen nach unten in die Form setzen. Mit 1 TL grobem Meersalz und 1 EL getrocknetem Majoran bestreuen. Die Kartoffeln im heißen Ofen (Mitte) in ca. 20 Min. garen, dann mit dem Matjes servieren.

TABOULÉ-SALAT MIT SPECK-DATTELN

Lunch mit orientalischen Zutaten

Für 2 Personen
Zubereitungszeit ca. 25 Min.
pro Portion ca. 540 kcal

100 g Bulgur · Salz
3 getrocknete Datteln (entsteint)
60 g durchwachsener Räucherspeck
(in dünnen Scheiben)
150 g Tomaten
150 g Salatgurke
3 Stängel Minze
2 EL Mandeln
2 EL Zitronensaft
4 EL Olivenöl
1 TL Ahornsirup
Pfeffer

1 Den Bulgur nach Packungsanweisung in kochendem Salzwasser garen, abkühlen lassen. Inzwischen Datteln klein schneiden, den Speck quer in Streifen schneiden.

2 Eine Pfanne erhitzen, Speck darin ohne Fett knusprig braten. Datteln untermischen, Pfanne vom Herd nehmen.

3 Die Tomaten waschen, vierteln, von den Stielansätzen befreien und in kleine Würfel schneiden. Die Gurke schälen, längs halbieren, mit einem Löffel entkernen, klein würfeln. Minze waschen und trocken schütteln, Blätter abzupfen. Mandeln grob hacken. Zitronensaft, Öl, Ahornsirup, Salz und Pfeffer mit einer Gabel verquirlen. Alle Zutaten mischen und den Salat servieren.

TO-GO-TIPP
Dafür das Dressing auf zwei **Schraubgläser** (je ca. 500 ml) verteilen. Nacheinander das Gemüse und die Speck-Datteln sowie Minze und Mandeln daraufschichten. Die Gläser verschließen, kühl stellen und ca. 1 Std. vor dem Essen Raumtemperatur annehmen lassen. Zum Lunch jeweils eine Portion auf einen Teller geben, durchmischen und mit Salz und Pfeffer abschmecken.

ROTE-BETE-MATJES-SALAT

Lecker, schnell und gesund – was will man mehr?

Für 2 Personen
Zubereitungszeit ca. 20 Min.
pro Portion ca. 505 kcal

200 g gegarte Rote Bete (vakuumverpackt)
250 g Matjesfilets · 1 Apfel
1 Frühlingszwiebel
4 Stängel glatte Petersilie
2 Gewürzgurken (aus dem Glas)
1 EL Gewürzgurkensud
5 EL Joghurt (3,5 % Fett)
5 EL Sahne · 2 TL süßer Senf · Salz · Pfeffer

1 Rote Bete ca. 1 cm groß würfeln (dafür am besten Einmalhandschuhe anziehen). Die Matjesfilets ebenfalls ca. 1 cm groß würfeln. Den Apfel waschen, halbieren, vom Kerngehäuse befreien und klein würfeln. Die Frühlingszwiebel putzen, waschen und in feine Ringe schneiden. Die Petersilie waschen und trocken schütteln, die Blätter abzupfen und klein hacken.

2 Für das Dressing die Gewürzgurken in kleine Würfel schneiden, den Gurkensud mit Joghurt, Sahne und Senf verrühren. Die Gurkenwürfel daruntermengen und das Dressing mit wenig Salz (Matjesfilets sind sehr salzig) und Pfeffer abschmecken.

3 Alle Zutaten gut mischen, den Salat anrichten und servieren. Dazu passt Bauernbrot.

TO-GO-TIPP

Dafür das Dressing auf zwei **Schraubgläser** (je ca. 500 ml) verteilen. Nacheinander Apfel, Matjes, Rote Bete, Frühlingszwiebel und Petersilie darüberschichten. Gläser verschließen, kühl stellen und ca. 1 Std. vor dem Essen Raumtemperatur annehmen lassen. Zum Lunch jeweils eine Portion auf einen Teller stürzen, gut durchmischen und bei Bedarf mit Salz und Pfeffer abschmecken.

MEDITERRANER BROTSALAT

Schön knusprig angeröstet

Für 4 Personen
Zubereitungszeit ca. 25 Min.
pro Portion ca. 345 kcal

1 kleines Glas Kichererbsen (215 g Abtropfgewicht)
1 Knolle Fenchel (ca. 250 g)
4 EL Aceto balsamico bianco
4 EL Olivenöl
2 Knoblauchzehen
Salz · Pfeffer
4 Tomaten
2 Orangen
1 Handvoll Basilikumblätter
1 Ciabatta-Brötchen

1 Die Kichererbsen abgießen, mit Wasser abspülen und abtropfen lassen. Den Fenchel waschen, putzen, halbieren und in feine Streifen hobeln, das Grün beiseitelegen. In einer Schüssel Kichererbsen und Fenchel mischen, dann mit dem Essig und 2 EL Olivenöl beträufeln. Den Knoblauch schälen und dazupressen. Das Ganze mit Salz und Pfeffer würzen, dann durchmischen und 10 Min. ziehen lassen.

2 Inzwischen die Tomaten waschen und halbieren, die Stielansätze entfernen. Tomaten würfeln. Die Orangen filetieren. Dafür die Früchte bis ins Fleisch schälen und das Fruchtfleisch mit einem scharfen Messer zwischen den Trennhäuten herausschneiden. Die Kerne entfernen und die Fruchtsegmente halbieren. Etwas Saft aus dem Orangenrest zum Fenchel pressen. Das Basilikum waschen und trocken schütteln, die Blätter abzupfen.

3 Das Brötchen in Würfel schneiden und diese im restlichen Olivenöl goldbraun rösten. Tomaten, Orangen, Basilikum und Brotwürfel mit den übrigen Zutaten mischen. Nach Belieben nochmals mit Salz und Pfeffer abschmecken. Den Salat auf Tellern anrichten und mit dem Fenchelgrün garniert servieren.

PUMPERNICKELSALAT MIT KRABBEN

Brotsalat mal ganz anders

Für 4 Personen
Zubereitungszeit ca. 20 Min.
pro Portion ca. 185 kcal

1 Zwiebel
100 g Radieschen
3–4 EL Apfelessig
2 TL Meerrettich (aus dem Glas)
2 TL süßer Senf
2 TL Zucker
Salz · Pfeffer
3 EL Rapsöl
½ Bio-Salatgurke
2 Stängel Dill
4 Scheiben Pumpernickel (ca. 160 g)
100 g Nordseekrabben
(geschält, gegart)

1 Die Zwiebel schälen und fein würfeln. Die Radieschen putzen, waschen und in dünne Scheiben schneiden.

2 Für das Dressing 3 EL Essig mit Meerrettich, Senf und Zucker verrühren und mit Salz und Pfeffer würzen. Das Öl darunterschlagen. Zwiebeln und Radieschen mit dem Dressing mischen und 10 Min. ziehen lassen.

3 Inzwischen die Salatgurke gründlich waschen und in Würfel schneiden. Den Dill waschen und trocken schütteln, von groben Stielen befreien und fein hacken. Das Pumpernickelbrot grob zerbröckeln.

4 Gurkenwürfel, Pumpernickel, Krabben und Dill mit den Zwiebeln und Radieschen mischen und das Ganze kurz ziehen lassen. Mit Salz, Pfeffer und Essig noch einmal abschmecken und den Salat servieren.

TUNING-TIPP
Abwechslung gefällig? 1 Handvoll grob gehackte **Rucolablätter** und 1 geschälter, entkernter Apfel in Würfelchen sind passende Ergänzungen.

PAK CHOI MIT AVOCADO UND GARNELEN

Asiatisch-leichter Salat mit dezenter Schärfe

Für 4 Personen
Zubereitungszeit ca. 30 Min.
pro Portion ca. 340 kcal

1 Bund Koriandergrün
2 EL Erdnussmus (aus dem Glas)
4 EL Reisessig (ersatzweise Apfelessig)
2 EL Sojasauce (z. B. Shoyu)
1 TL Sambal Oelek
Salz · 2 TL Vollrohrzucker
4 EL Erdnussöl
1 rote Zwiebel
300 g Baby-Pak-Choi (s. Tipp)
250 g Bio-Salatgurke
1 reife Avocado
250 g Garnelen
(geschält; frisch oder TK, aufgetaut)
1 Knoblauchzehe

1 Für das Dressing das Koriandergrün abbrausen und trocken schütteln. Die Blätter abzupfen und die Hälfte beiseitelegen. Übriges Koriandergrün mit Erdnussmus, Essig, Sojasauce, Sambal Oelek, etwas Salz und Zucker mit dem Pürierstab glatt pürieren, dabei langsam 3 EL Erdnussöl einlaufen lassen.

2 Die Zwiebel schälen, halbieren und in dünne Spalten schneiden. Pak Choi abbrausen und abtropfen lassen, den harten Strunk abschneiden. Stiele in feine Scheiben, Blätter in ca. 2 cm breite Streifen schneiden.

3 Die Gurke waschen und abtrocknen, längs halbieren und entkernen. Die Hälften in ½ cm dünne Scheiben schneiden. Die Avocado halbieren, den Kern entfernen, das Fruchtfleisch mit einem Löffel aus der Schale heben und quer in Scheiben schneiden.

4 In einer Schüssel alle Gemüsezutaten und die übrigen Korianderblätter vorsichtig mit dem Dressing mischen. Alles auf vier Teller verteilen.

5 Die Garnelen unter kaltem Wasser abspülen und gut trocken tupfen. Das übrige Öl in einer Pfanne erhitzen. Die Garnelen darin auf beiden Seiten 2–3 Min. anbraten. Den Knoblauch schälen, fein würfeln und kurz mitbraten. Die Knoblauch-Garnelen auf dem Salat anrichten und sofort servieren. Dazu schmeckt Baguette.

GUT ZU WISSEN

Pak Choi ist ein Blattgemüse aus China und hat einen mild senfigen Geschmack. Sowohl die knackigen Blätter als auch die Stiele sind auch roh essbar. Sind die kleinen Kohlköpfe im Gemüseladen gerade nicht im Angebot? Dann nehmen Sie als Ersatz Chinakohl.

SPINATSALAT MIT LACHS

Knackiges Frühlings-Rezept

Für 2 Personen
Zubereitungszeit ca. 20 Min.
pro Portion ca. 435 kcal

400 g Baby-Blattspinat
200 g heiß geräucherter Lachs (Stremellachs)
100 g Radieschen
100 g Salatgurke
10 grüne Oliven
2 EL mittelscharfer Senf
2 EL Honig
4 EL Apfelessig
Salz · Pfeffer
2 TL Olivenöl
1 Kästchen Kresse

1 Den Baby-Spinat waschen und abtropfen lassen oder trocken schleudern. Den Lachs in dünne Scheiben schneiden und beiseitestellen.

2 Die Radieschen waschen und je nach Größe in Viertel oder Achtel schneiden. Das Salatgurkenstück waschen, längs vierteln und quer in dünne Scheiben schneiden oder hobeln. In einer Schüssel Spinat, Radieschen, Gurke und grüne Oliven vermischen.

3 Für das Dressing Senf, Honig und Essig in einer Schale verrühren. Das Dressing mit ½ TL Salz und 2 Prisen Pfeffer würzen, dann das Olivenöl einrühren.

4 Das Dressing zum Salat geben und behutsam unterheben. Den Salat auf zwei Tellern anrichten, den Lachs darauf arrangieren, die Kresse mit einer Schere vom Beet schneiden und auf den Salat streuen.

KÄSESALAT MIT AVOCADO

Fruchtig mit Heidelbeeren und Minze

Für 2 Personen
Zubereitungszeit ca. 25 Min.
pro Portion ca. 425 kcal

2 Scheiben Edamer (ca. 60 g)
160 g Mozzarella
100 g Heidelbeeren
100 g Avocado
(mit Schale und Kern ca. 200 g)
400 g Römersalatherzen
3 Stängel Minze
4 EL Apfelessig
4 EL Apfelsaft
2 TL mittelscharfer Senf
2 TL Rapsöl
Salz · Pfeffer

1 Die Käsescheiben halbieren, dann quer in ½ cm breite Streifen schneiden. Den Mozzarella abtropfen lassen, in ½ cm dicke Scheiben, dann in Streifen schneiden. Heidelbeeren verlesen, waschen und abtropfen lassen.

2 Die Avocado längs halbieren, den Kern herauslösen, das Fruchtfleisch mit einem Löffel aus der Schale heben, dann in kleine Würfel schneiden. Den Römersalat putzen, dabei den Strunk jeweils abschneiden, dann die Blätter quer in feine Streifen schneiden. Die Salatstreifen und die Minze abbrausen und abtropfen lassen. Die Minzeblätter abzupfen.

3 Für das Dressing Essig, Apfelsaft, Senf und Öl verrühren und das Dressing mit Salz und Pfeffer abschmecken.

4 Edamer, Mozzarella, Römersalat und die Minze in eine Schüssel geben und mit dem Dressing vermischen. Den Salat auf einem Teller anrichten und mit Heidelbeeren sowie Avocadowürfeln bestreuen.

ROHKOSTSALAT MIT ROASTBEEF

Der Clou ist das Asia-Dressing

Für 2 Personen
Zubereitungszeit ca. 25 Min.
pro Portion ca. 325 kcal

Für das Dressing:
2 Knoblauchzehen
2 kleine rote Chilischoten
2 Limetten
6 EL Sojasauce
2 EL Honig
Für den Salat:
400 g Brokkoli
300 g Lauch
200 g Rotkohl
200 g Roastbeef-Aufschnitt
Salz · Pfeffer

1 Für das Dressing die Knoblauchzehen schälen und fein hacken oder durchpressen. Die Chilischoten waschen, längs halbieren, von Kernen befreien und fein hacken. Die Limetten auspressen. Knoblauch und Chili sowie Limettensaft, Sojasauce und Honig in eine Schale geben und das Dressing gut verrühren.

2 Für den Salat den Brokkoli in Röschen teilen, diese waschen und mit einem großen Messer grob hacken. Den Lauch putzen, längs halbieren und gründlich waschen. Die Hälften quer in dünne Streifen schneiden.

3 Den Rotkohl waschen und fein hobeln oder mit dem Messer in dünne Streifen schneiden. Brokkoli, Lauch und Rotkohl in einer Schüssel vermischen. Das Roastbeef quer in ca. 1 cm breite Streifen schneiden.

4 Das Dressing zum Salat geben und gut untermischen. Den Salat mit Salz und Pfeffer abschmecken, mit dem Roastbeef garnieren und genießen.

VORRATS-TIPP

Das asiatische Dressing kommt ohne Öl aus und ist deshalb gut geeignet, wenn Sie auf kalorienreduzierte Ernährung Wert legen. Bereiten Sie es ruhig in größerer Menge zu, denn es schmeckt auch super zu Blattsalaten aller Art.

GENUSS-TIPP

Sie lieben Rohkost und hätten gern noch einen Tipp für ein gutes Dressing zu Gemüse-Sticks aller Art? Wie wäre es mit diesem **Joghurt-Tahin-Dip**: 1 Knoblauchzehe schälen und fein hacken. 1 Stück Ingwer (ca. 2 cm) schälen und fein reiben. Knoblauch und Ingwer zusammen mit 100 g Joghurt, 1 EL Tahin und 1 TL Kurkuma in ein Schälchen geben und verrühren. Den Dip salzen und pfeffern.

RADICCHIO-PILZ-SALAT MIT SCHWEINEBRATEN

Feiner Herbstgenuss mit Maronen

Für 2 Personen
Zubereitungszeit ca. 20 Min.
pro Portion ca. 330 kcal

100 g gegarte Maronen (Esskastanien; vakuumverpackt)
Salz · Pfeffer
edelsüßes Paprikapulver
1 Radicchio
einige Blätter Eichblattsalat (ersatzweise anderer Blattsalat)
80 g Champignons
Saft von ½ Zitrone
2 TL Ahornsirup
½ TL geriebener Meerrettich (aus dem Glas)
2 EL Walnussöl
1 EL Sonnenblumenöl
2 EL Orangensaft
50 g Schweinebratenaufschnitt (in dünnen Scheiben)

1 Die Maronen halbieren und in einer Pfanne ohne Fett bei mittlerer bis starker Hitze rösten, dabei ab und zu wenden. Mit Salz, Pfeffer und 1 Prise Paprikapulver würzen, herausnehmen und abkühlen lassen.

2 Den Radicchio und den Eichblattsalat putzen, waschen und trocken schleudern. Beide Blattsalate in Streifen schneiden. Die Champignons putzen und bei Bedarf mit einem Tuch abreiben, dann in Scheiben schneiden.

3 Für das Dressing den Zitronensaft mit Ahornsirup, Salz, Pfeffer und dem Meerrettich verrühren. Dann das Walnussöl und das Sonnenblumenöl darunterschlagen und zuletzt den Saft unterrühren.

4 Zum Servieren den Blattsalat auf Teller verteilen, die Champignons, die gerösteten Maronen und den Aufschnitt dazusetzen und das Dressing darüberträufeln.

GUT ZU WISSEN

Maronen oder **Esskastanien** zählen zu den ältesten Nutzpflanzen, ihre Früchte werden schon seit der Steinzeit genutzt. Die darin enthaltene Stärke hält lange satt und bewahrt vor Heißhunger. Geröstet sind sie auch heute noch als »heiße Maroni« beliebt. Beim Rösten wandelt sich die Stärke in Zucker um, und die Maronen werden süß. Deshalb verwendet man sie gerne für Kuchen oder Desserts. Beliebt sind z. B. in Frankreich die »Marrons glacés«, ebenso süßes Maronenpüree mit Sahne. Beliebte pikante Gerichte sind Maronensuppe, Maronenspätzle und die Maronenfüllung in der Weihnachtsgans.

RETTICHSALAT MIT KALBSBRATEN

Am besten mit in den Biergarten nehmen

Für 2 Personen
Zubereitungszeit ca. 25 Min.
pro Portion ca. 355 kcal

600 g weißer Rettich
100 g Radieschen
1 roter Apfel
200 g Kalbsbraten-Aufschnitt
4 EL Apfelessig
2 TL mittelscharfer Senf
4 TL Mayonnaise
2 EL TK-Schnittlauch
Salz · Pfeffer
40 g kleine Party-Brezeln
Außerdem:
Gefrierbeutel

1 Den Rettich waschen, schälen, längs vierteln und quer in dünne Scheiben schneiden oder hobeln. Die Radieschen putzen, waschen und in dünne Scheiben schneiden oder hobeln. Den Apfel waschen und vierteln, dann entkernen und quer in dünne Scheiben schneiden. Den Kalbsbraten in dünne Streifen schneiden.

2 Für das Dressing in einer Schale den Apfelessig mit Senf, Mayonnaise und Schnittlauchröllchen verrühren und mit Salz und Pfeffer abschmecken.

3 In einer Schüssel die Rettich-, Radieschen- und Apfelscheiben mit dem Dressing vermischen. Den Salat auf einem großen Servierteller anrichten und die Kalbsbratenstreifen mittig darauflegen.

4 Die Brezeln in einen Gefrierbeutel geben und mit der Faust grob zerbröseln, dann über den Salat streuen. Oder eine große Laugenbrezel zum Salat genießen.

BREZELSALAT MIT GELBWURST

Für ein Picknick mit Kindern

Für 2 Personen
Zubereitungszeit ca. 15 Min.
Marinierzeit 10 Min.
pro Portion ca. 580 kcal

1 Laugenbrezel
100 ml Gemüsebrühe
2 TL süßer Senf
Salz · Pfeffer
1 EL Aceto balsamico bianco
4 EL Rapsöl
6 Cornichons
150 g Radieschen
200 g Gelbwurst (in dünnen Scheiben, ersatzweise Fleischkäse)

1 Die Laugenbrezel in 1–2 cm große Scheiben schneiden. Eine Pfanne erhitzen und die Brezelstücke darin ohne Fett bei mittlerer Hitze unter mehrmaligem Wenden knusprig anrösten.

2 Brühe, Senf, Salz, Pfeffer, Essig und Öl mit einer Gabel verquirlen. Die Cornichons klein würfeln. Die Radieschen putzen, waschen und in feine Scheiben schneiden. Von der Gelbwurst bei Bedarf die Haut abziehen und die Scheiben in schmale Streifen schneiden.

3 Zum Mitnehmen zuerst das Dressing auf 2 Schraubgläser (je ca. 500 ml) verteilen. Nacheinander die Gelbwurstscheiben sowie die Gurkenwürfel, Radieschenscheiben und Brezelstücke daraufschichten und die Gläser verschließen. Zum Essen jeweils eine Salatportion auf einen Teller stürzen, gut durchmischen und etwas ziehen lassen. Den Brezelsalat bei Bedarf mit Salz, Pfeffer und Essig abschmecken.

LEBERKÄSE-BURGER

Hochstapeln auf Bayerisch

Für 4 Personen
Zubereitungszeit ca. 25 Min.
pro Portion ca. 660 kcal

120 g Krautsalat (aus dem Kühlregal)
100 g dänischer Gurkensalat (aus dem Glas)
3 EL süßer Senf
3 EL saure Sahne
4 große Salatblätter
4 weiche Laugenbrötchen (ersatzweise Burger-Brötchen, Buns)
1 EL Öl
4 Scheiben Leberkäse (je 100 g)
4 Eier (M)
2 EL Röstzwiebeln (Fertigprodukt)
Außerdem:
Backpapier

1 Den Backofen auf 120° vorheizen. Den Rost mit Backpapier auslegen. Kraut- und Gurkensalat jeweils in einem Sieb abtropfen lassen. Den Senf und die saure Sahne verrühren. Die Salatblätter abbrausen und trocken tupfen. Die Brötchen aufschneiden und auf dem Rost im Ofen (Mitte) in ca. 8 Min. leicht aufbacken.

2 In zwei Pfannen je ½ EL Öl erhitzen und den Leberkäse darin auf beiden Seiten kurz anbraten, bis er ganz leicht gebräunt ist. Dann auf dem Rost neben den Brötchen im Backofen warm halten.

3 Die Eier in die Pfanne schlagen und bei mittlerer Hitze braten, bis die Unterseite gestockt ist, dann wenden und fertig braten – nur kurz, wenn das Eigelb im Inneren noch flüssig sein soll, oder etwas länger, wenn Sie es ganz gestockt vorziehen.

4 Alle Brötchenhälften mit dem Senfschmand bestreichen. Dann die unteren Hälften mit Salatblättern, Krautsalat und Leberkäse sowie dem Gurkensalat belegen. Die Eier darauflegen und die Röstzwiebeln darauf verteilen. Die oberen Brötchenhälften auflegen und die Burger servieren.

TAUSCH-TIPP

Für klassische Burger-Pattys 500 g **Hackfleisch** kräftig mit Salz und Pfeffer würzen und zu 4 runden Küchlein formen. In einer großen Pfanne 1 EL Öl erhitzen und die Pattys darin bei großer Hitze auf jeder Seite in 2–3 Min. braun braten. Der ideale Hackfleisch-Patty ist ca. 2 cm hoch und hat einen Durchmesser von ca. 10 cm. Das garantiert, dass er außen knusprig wird und innen saftig bleibt.

ECHTE-KERLE-STULLE

Ultimativer Doppeldecker

Für 2 Personen
Zubereitungszeit ca. 30 Min.
pro Portion ca. 860 kcal

1 rote Paprika
2 Blätter Kopfsalat
1 rote Zwiebel
2 EL Rapsöl
1 EL scharfer Senf
200 ml Dunkelbier · Salz
100 g Cheddar in Scheiben
4 Scheiben Roggensauerteigbrot
2 EL saure Sahne
30 g Rauchmandeln
100 g Roastbeef-Aufschnitt

1 Die Paprika waschen und halbieren, Trennwände und Kerne entfernen. Die Hälften in 2 cm breite Streifen schneiden. Den Salat waschen und trocken schleudern. Die Zwiebel schälen und in Würfel schneiden.

2 Öl in einer Pfanne erhitzen, die Paprikastreifen darin bei mittlerer Hitze ca. 6 Min. braten, dann herausnehmen.

3 Die Zwiebelwürfel in die Pfanne geben und bei mittlerer Hitze ca. 5 Min. anbraten. Den Senf unterrühren, Bier und ½ TL Salz dazugeben. Alles in ca. 10 Min. cremig einköcheln lassen. Dabei ab und zu umrühren. Die Bierzwiebeln danach in einen hohen Rührbecher füllen und mit dem Pürierstab glatt mixen.

4 Den Käse auf 2 Brotscheiben verteilen und schmelzen (z. B. im Kontaktgrill, s. Tipp S. 48, oder in einer Pfanne mit Deckel). Die anderen beiden Brotscheiben mit saurer Sahne bestreichen und mit je einem Salatblatt und gebratener Paprika belegen. Die Rauchmandeln darüberstreuen. Dann die Roastbeefscheiben aufrollen, darauflegen und mit der Zwiebelsauce beträufeln. Jeweils mit einem Käsebrot abdecken.

STRAMME MAXI MIT TOMATE

Nicht nur für Mädels

Für 2 Personen
Zubereitungszeit ca. 20 Min.
pro Portion ca. 310 kcal

8 Kirschtomaten
½ Handvoll Rucola
1 Schalotte
25 g Frühstücksspeck (Bacon)
2 TL Butter
3 EL Aceto balsamico
1 EL Zucker · Pfeffer
2 Eier (M) · Salz
2 Scheiben Bauernbrot

1 Die Kirschtomaten waschen und 5 davon in Viertel schneiden. Den Rucola waschen und trocken schleudern. Die Schalotte schälen und in feine Würfel schneiden. Den Speck in ca. 1 cm große Stücke schneiden.

2 In einer Pfanne 1 TL Butter erhitzen und die Schalottenwürfel darin anschwitzen. Die Speckstücke dazugeben und kurz mitbraten. Die Tomatenviertel sowie den Aceto balsamico und den Zucker hinzufügen und die Sauce bei schwacher Hitze in ca. 10 Min. cremig einköcheln lassen. Mit Pfeffer abschmecken.

3 Inzwischen in einer zweiten Pfanne die restliche Butter erhitzen, die Eier einzeln hineinschlagen und zu Spiegeleiern braten. Die Spiegeleier salzen und pfeffern. Die restlichen Tomaten halbieren.

4 Die Brotscheiben mit der Sauce bestreichen. Rucola und Tomatenhälften darauf verteilen, jeweils 1 Spiegelei darauflegen und die Brote warm servieren.

WÜRSTCHEN IM KRAUTROCK

Herzhafter geht's nicht!

Für 2 Personen
Zubereitungszeit ca. 20 Min.
pro Portion ca. 1170 kcal

Für die Bohnencreme:
1 kleine Knoblauchzehe · 100 g Baked Beans (aus der Dose) · 2 EL Worcestersauce
1 TL Weißweinessig · Salz · Zucker
Für die Brote:
12 Cocktail-Wiener (ersatzweise 6 halbe Wiener)
12 Scheiben Frühstücksspeck (Bacon)
4 Scheiben Roggensauerteigbrot
100 g Cheddar in Scheiben
4 EL Sauerkraut (aus der Dose)
Außerdem:
2 kleine Holzspieße

1 Für die Bohnencreme den Knoblauch schälen und in feine Würfel schneiden. Mit Bohnen, Worcestersauce, Essig und 1 Prise Salz in einen hohen Rührbecher geben und mit dem Pürierstab glatt mixen. Die Bohnencreme mit Zucker abschmecken.

2 Die Würstchen jeweils mit 1 Scheibe Frühstücksspeck umwickeln. Die Röllchen in einer Pfanne bei mittlerer Hitze in ca. 5 Min. rundum anbraten.

3 Die Brote mit Cheddar belegen und diesen schmelzen (z. B. im Kontaktgrill; s. Tipp). Danach 2 Scheiben mit der Bohnencreme bestreichen. Das Sauerkraut und je 5 Würstchen daraufschichten und mit den anderen Käsebroten abdecken. Je 1 Würstchen mit einem Holzspieß oben in die Stullen stecken.

PROFI-TIPP
Ein **Kontaktgrill** ist ein elektrischer Tischgrill, der ähnlich wie ein Waffeleisen funktioniert. Man legt das Grillgut ein, klappt den Deckel zu und grillt z. B. die Brotscheiben schnell und schonend gleichzeitig auf beiden Seiten.

METTSTULLE MIT ZWIEBELSENF UND EI

Würziger Klassiker aus Westfalen

Für 2 Personen
Zubereitungszeit ca. 10 Min.
pro Portion ca. 580 kcal

2 Eier (M)
80 g Gewürzgurken (aus dem Glas)
½ kleine Zwiebel
2 Blätter Eisbergsalat
150 g Mettenden (geräucherte Mettwürste)
2 EL mittelscharfer Senf
4 Scheiben Weizenmischbrot

1 Die Eier anstechen und in kochendem Wasser in ca. 10 Min. hart kochen.

2 In der Zwischenzeit die Gurken abtropfen lassen und längs in Streifen schneiden. Die Zwiebel schälen und fein würfeln. Den Salat waschen und trocken schütteln. Die Mettenden von der Wursthaut befreien.

3 Die Eier kalt abschrecken und pellen, das Innere jeweils quer in Scheiben schneiden. Den Senf mit den Zwiebelwürfeln verrühren und die Mischung auf 2 Brotscheiben streichen.

4 Die Salatblätter, Gurkenstreifen und Eierscheiben auf die Brote schichten. Die restlichen Brotscheiben mit der Mettwurst bestreichen, die Stullen damit abdecken.

NIZZA-BURGER

Der perfekte Imbiss für zwei

Für 2 Personen
Zubereitungszeit ca. 20 Min.
pro Portion ca. 580 kcal

1 große Tomate (ca. 150 g)
4 Radieschen
1 hart gekochtes Ei
1 kleine Handvoll Basilikumblätter (von ½ Töpfchen)
1 Knoblauchzehe (möglichst frisch)
2 EL schwarze, entsteinte Oliven
2 Ciabatta-Brötchen
1 Dose Thunfisch in Olivenöl (140 g Abtropfgewicht)
1 EL Aceto balsamico bianco (ersatzweise Weißweinessig)
1 EL Kapern (aus dem Glas)
2 EL Olivenöl
Salz · Pfeffer
4 Sardellenfilets (in Öl)

1 Die Tomate waschen, vom Stielansatz befreien und in Scheiben schneiden. Die Radieschen putzen, waschen und in Scheiben schneiden. Das Ei pellen und in Scheiben schneiden. Die Basilikumblätter in ein Sieb geben, waschen und trocken tupfen. Den Knoblauch schälen und längs halbieren. Die Oliven in Ringe schneiden.

2 Die Brötchen längs halbieren und die Hälften im Toaster knusprig rösten. Falls der Toaster zu klein sein sollte, den Backofengrill vorheizen und die Hälften mit den Schnittflächen nach oben unter den heißen Grillschlangen in ca. 1 Min. knusprig rösten.

3 Den Thunfisch abtropfen lassen, in einem Schälchen mit einer Gabel zerpflücken und mit dem Essig sowie den Kapern vermischen.

4 Die Knoblauchzehe schälen und halbieren. Die Schnittflächen der Brötchenhälften kräftig mit dem Knoblauch einreiben. Je 1 EL Olivenöl auf die Schnittfläche träufeln.

5 Die Tomatenscheiben auf den unteren Brötchenhälften verteilen und mit Salz und Pfeffer würzen. Die Thunfischmischung auf den Tomatenscheiben verteilen. Eierscheiben auf den Thunfisch legen. Die Oliven und Radieschenscheiben darauf verteilen. Die Sardellen darüberlegen. Die Basilikumblättchen obendrauf streuen und zum Schluss die oberen Brötchenhälften auflegen.

6 Die Burger sofort genießen (am besten mit Serviette) oder nach Belieben noch etwas durchziehen lassen.

GENUSS-TIPP

Ihr Händler hat **Ochsenherztomaten** im Sortiment? Dann greifen Sie zu und belegen den Burger mit dieser alten und wunderbar aromatischen Tomatensorte. Und die Gedanken fliegen ganz schnell weg in den letzten Südfrankreich-Urlaub.

RÄUCHERFORELLE MIT ROTE-BETE-CREME

Feines Fingerfood

Für 2 Personen
Zubereitungszeit ca. 15 Min.
pro Portion ca. 400 kcal

½ gegarte Rote Bete (vakuumverpackt)
1 TL Sahnemeerrettich
1 TL flüssiger Honig · Salz
30 g grüne kernlose Weintrauben
1 kleine rote Zwiebel
4 Scheiben Vollkornbrot
2 Räucherforellenfilets (200 g)

1 Die Rote Bete grob in Stücke schneiden. Diese zusammen mit dem Sahnemeerrettich und dem Honig in einen Rührbecher geben und mit dem Pürierstab fein mixen. Die Rote-Bete-Creme mit Salz abschmecken.

2 Die Trauben waschen und halbieren. Die Zwiebel schälen und in Ringe schneiden.

3 Die Brotscheiben mit der Rote-Bete-Creme bestreichen. Die Forellenfilets auf 2 Scheiben legen und mit Trauben und Zwiebelringen bestreuen. Mit den restlichen Brotscheiben abdecken und servieren.

RÄUCHERLACHS-BAGEL MIT FRISCHKÄSE

Zitronig frisch

Für 2 Personen
Zubereitungszeit ca. 15 Min.
pro Portion ca. 380 kcal

1 Knoblauchzehe
½ Bio-Zitrone
50 g Doppelrahmfrischkäse · Salz
1 Handvoll Wildkräutersalat mit Blüten (ersatzweise Salatmix mit Kresse und Sauerampfer)
2 Bagels
100 g Räucherlachs (in Scheiben)

1 Den Knoblauch schälen und fein hacken. Die Zitrone heiß waschen und abtrocknen, die Schale abreiben. Den Frischkäse mit Knoblauch, Zitronenschale und 1 Prise Salz verrühren. Die Wildkräuter verlesen, dann waschen und trocken schleudern.

2 Die Bagels waagerecht halbieren und im Toaster oder Kontaktgrill (s. Tipp S. 48) knusprig rösten. Dann alle Hälften mit der Frischkäsecreme bestreichen.

3 Die Wildkräuter und den Räucherlachs auf den unteren Hälften verteilen, die oberen Bagelhälften daraufsetzen und leicht andrücken. Warm servieren.

BAGEL MIT KNUSPER-TOFU UND KRESSE

Eiweißreicher Snack

Für 2 Personen
Zubereitungszeit ca. 20 Min.
pro Portion ca. 505 kcal

100 g Räuchertofu
2 EL Öl
2 EL Kresse (ca. 1 Schale)
2 Bagels
4 EL Doppelrahmfrischkäse
Salz · Pfeffer

1 Den Tofu in dünne Scheiben schneiden. Das Öl in einer Pfanne erhitzen und die Scheiben darin bei mittlerer Hitze auf beiden Seiten in 3–4 Min. knusprig braten.

2 Inzwischen die Kresse waschen und auf Küchenpapier legen. Die Enden zusammenfassen und die Kresse im Papier trocken schütteln.

3 Die Bagels waagerecht halbieren und alle Hälften mit Frischkäse bestreichen. Die Kresse darauf verteilen und leicht mit Salz und Pfeffer bestreuen.

4 Die Tofuscheiben auf die unteren Bagelhälften schichten und mit den oberen abdecken. Warm servieren.

ROQUEFORT MIT NÜSSEN UND DATTELN

Raffinierte Füllung

Für 2 Personen
Zubereitungszeit ca. 15 Min.
pro Portion ca. 540 kcal

3 Kumquats
1 Handvoll Pflücksalat
6 getrocknete Datteln (entsteint)
80 g Roquefort (ersatzweise anderer Blauschimmelkäse)
2 EL Haselnusskerne
2 Bagels · Salz · Pfeffer

1 Die Kumquats waschen und in sehr feine Scheiben schneiden. Den Pflücksalat putzen, waschen und trocken schleudern. Die Datteln in feine Streifen, den Roquefort in Scheiben schneiden.

2 Die Haselnüsse in einer Pfanne ohne Fett rösten, bis sie duften. Dann sofort aus der Pfanne nehmen, kurz abkühlen lassen und grob hacken.

3 Die Bagels waagerecht halbieren. Die unteren Hälften mit dem Roquefort belegen und die Nüsse und Dattelstreifen darüberstreuen. Salat und Kumquatscheiben darauf verteilen und leicht mit Salz und Pfeffer würzen. Mit den oberen Bagelhälften abdecken.

GEFÜLLTE PITA-TASCHE

Das neue »It-Piece« in der Lunchbox

Für 2 Personen
Zubereitungszeit ca. 30 Min.
pro Portion ca. 610 kcal

Für die Füllung:
1 Zucchino · 1 Aubergine
2 kleine rote Spitzpaprika
2 EL Olivenöl
2 TL getrockneter Thymian
Salz · Pfeffer
100 g Halloumi (Grillkäse)
Öl zum Braten
Für die Sauce:
2 TL Tahin (Sesampaste)
50 g Joghurt
2 TL Zitronensaft · Salz
Außerdem:
Backpapier · 2 Pita-Brote · Toaster

1 Für die Füllung den Backofen auf 200° vorheizen. Den Zucchino und die Aubergine putzen und waschen. Den Zucchino längs halbieren und quer in dünne Scheiben schneiden. Die Aubergine klein würfeln. Die Paprika waschen und halbieren, Trennwände und Kerne entfernen, die Hälften in Streifen schneiden.

2 Das Olivenöl mit dem Thymian sowie Salz und Pfeffer verrühren. Das Gemüse dazugeben und gut mit dem Thymianöl vermischen. Auf einem mit Backpapier belegten Backblech ausbreiten und im heißen Backofen (Mitte) ca. 20 Min. garen.

3 Inzwischen den Halloumi in schmale Riegel schneiden. Eine Grillpfanne oder beschichtete Pfanne dünn mit Öl ausstreichen. Den Halloumi darin pro Seite 2–3 Min. braten, dann aus der Pfanne nehmen.

4 Für die Sauce das Tahin und den Joghurt mit dem Zitronensaft glatt rühren. Mit Salz abschmecken.

5 Das Grillgemüse aus dem Ofen nehmen. Das Pita-Brot toasten, aufschneiden und mit Grillgemüse, Halloumi und Sauce füllen und noch warm genießen.

TO-GO-TIPP

Zum Mitnehmen Grillgemüse und Halloumi in eine Vorratsdose füllen. Die Sauce extra verpacken. Das Pita-Brot – je nach Möglichkeit – schon zu Hause oder erst im Büro toasten, aufschneiden und erst kurz vor dem Essen mit Grillgemüse, Halloumi und Sauce füllen.
Wenn Sie die Gelegenheit haben, wärmen Sie das Gemüse und den Halloumi vor dem Essen in der **Mikrowelle** kurz auf, das schmeckt einfach genial.

TAUSCH-TIPPS

Pita-Taschen können voller aromatischer Überraschungen stecken und mit Gemüse und Käse neben dem Hunger auch noch das Mittagstief vertreiben. Variieren Sie die **Füllungen** nach Geschmack und Vorrat. Verwenden Sie z. B. statt des Grillkäses ungebratene Feta-Scheiben und anstelle der Tahin-Sauce fertigen Kräuterquark.

PIZZA-BRÖTCHEN

Die lieben auch Kinder als Pausenbrot

Für 6 Stück
Zubereitungszeit ca. 20 Min.
Backzeit 18 Min.
pro Stück ca. 200 kcal

100 g Champignons
1 TL Olivenöl
100 g stückige Tomaten (aus der Dose)
Salz · Pfeffer
1 TL getrockneter Oregano
50 g Salami in Scheiben
1 Rolle Brötchenteig (330 g, für 6 Stück; aus dem Kühlregal)
2 EL Reibekäse
Außerdem:
Backpapier

1 Die Champignons putzen und klein würfeln. Das Öl in einer beschichteten Pfanne erhitzen und die Champignons darin bei großer Hitze unter Wenden ca. 5 Min. braten. Die stückigen Tomaten dazugeben, mit Salz, Pfeffer und dem Großteil des Oreganos würzen und etwas einkochen. Die Salami würfeln und unterrühren.

2 Den Backofen auf 200° vorheizen. Den Brötchenteig in die vorgegebenen 6 Stücke teilen. Jedes Stück flach rollen, dabei eventuell etwas Mehl verwenden. Je 1 gehäuften EL Füllung auf jedes Teigstück geben, etwas Reibekäse darauf verteilen und die Teigränder über der Füllung zusammennehmen. Gut verschließen und mit den Händen zu runden Brötchen rollen.

3 Die Brötchen auf ein mit Backpapier belegtes Blech legen, dünn mit Wasser bestreichen und mit dem übrigen Oregano bestreuen. Im Ofen (Mitte) ca. 18 Min. backen. Auskühlen lassen. Die Brötchen halten sich kühl aufbewahrt bis zu 2 Tage, eingefroren ca. 2 Monate.

TOMATEN-TOAST-MUFFINS

Ein gästetauglicher Hingucker

Für 6 Stück
Zubereitungszeit ca. 20 Min.
Backzeit 25 Min.
pro Stück ca. 240 kcal

6 Scheiben Sandwichtoast
18 Kirschtomaten
75 g Schafskäse (Feta)
3 Zweige Thymian
5 Eier (M)
Salz · Pfeffer
Außerdem:
6er-Muffinform
Butter für die Form

1 Den Backofen auf 200° vorheizen und die Mulden der Muffinform großzügig mit Butter einfetten. Die Toastscheiben rundum entrinden und mit dem Nudelholz etwas flach rollen. Die Scheiben dann in die gefetteten Formmulden drücken.

2 Die Tomaten waschen und abtrocknen, je 3 Tomaten in die Formmulden geben. Den Schafskäse mit den Fingern zerkrümeln und darauf verteilen.

3 Den Thymian waschen und trocken schütteln, die Blättchen abzupfen. Die Eier gründlich verquirlen, die Thymianblättchen darunterrühren und die Mischung mit Salz und Pfeffer würzen. Die Eiermasse gleichmäßig über die Tomaten in den Formmulden gießen.

4 Die Muffins im Ofen (Mitte) in 20–25 Min. knusprig goldbraun backen. Herausnehmen und kurz abkühlen lassen. Dann vorsichtig mit einem kleinen Messer aus der Form lösen und servieren.

HALLOUMI-FLADENBROTE

Feines Fastfood für zu Hause

Für 2 Personen
Zubereitungszeit ca. 20 Min.
pro Portion ca. 770 kcal

1 Tomate
1 rote Zwiebel
100 g Salatmix
2 EL Weißweinessig
2 EL Öl
Salz · Pfeffer
125 g Halloumi (Grillkäse)
2 kleine Fladenbrote
100 g Zaziki (Fertigprodukt)
Außerdem:
Toaster

1 Die Tomate waschen und ohne den Stielansatz in Scheiben schneiden. Die Zwiebel schälen und in dünne Ringe schneiden. Den Salatmix waschen und trocken schleudern. In einer Schüssel mit Essig und 1 EL Öl mischen und mit Salz und Pfeffer würzen.

2 Den Halloumi in 4 Riegel schneiden. Restliches Öl in einer Pfanne erhitzen und den Halloumi darin rundherum goldbraun anbraten.

3 Fladenbrote durchschneiden und toasten, bis sie leicht gebräunt und knusprig sind. Oder die Brote im vorgeheizten Ofen bei 220° in 3–5 Min. knusprig aufbacken.

4 Die Innenseiten der Fladenbrote mit Zaziki bestreichen und mit Salat, Zwiebel, Tomaten und Halloumi belegen. Die Brote zusammenklappen und servieren.

TAUSCH-TIPPS

Wer mag, belegt die Brote zusätzlich mit Paprikastreifen, Gurkenscheiben oder Avocadospalten. Statt Zaziki bieten sich auch Hummus, Guacamole oder Tapenade an, die Sie als Fertigprodukte im Supermarkt finden.

CAPRESE-PANINI MIT SPECK

Italien lässt grüßen

Für 2 Personen
Zubereitungszeit ca. 15 Min.
pro Portion ca. 940 kcal

1 Knoblauchzehe
2 Zweige Thymian
40 g weiche Butter
20 g Tomatenmark
Salz · Pfeffer
2 Tomaten · 1 Handvoll Rucola
200 g Mozzarella
2 Panini (ersatzweise 1 Ciabatta)
100 g Pancetta in Scheiben
(ital. Bauchspeck; ersatzweise Parmaschinken)
Außerdem:
Kontaktgrill (s. Tipp S. 48) oder
Grillpfanne mit Deckel

1 Den Knoblauch schälen und durch die Knoblauchpresse in eine Schüssel drücken. Den Thymian waschen und trocken schütteln, die Blättchen abzupfen. Thymian, Butter und Tomatenmark zum Knoblauch geben und alles mit einer Gabel verrühren. Die Tomatenbutter mit Salz und Pfeffer abschmecken.

2 Die Tomaten waschen, in dünne Scheiben schneiden, dabei den Stielansatz entfernen. Den Rucola waschen und trocken schütteln. Den Mozzarella abtropfen lassen, dann in Stücke zupfen.

3 Den Kontaktgrill vorheizen. Die Panini aufschneiden. Alle Hälften mit der Tomatenbutter bestreichen und den Mozzarella darauf verteilen. Die Brötchen zusammenklappen und im Kontaktgrill 2–3 Min. rösten, bis der Käse schmilzt. Alternativ in einer Grillpfanne mit Deckel rösten, dabei einmal wenden.

4 Die Panini aufklappen, die unteren Hälften mit Pancetta- und Tomatenscheiben belegen. Rucola darauf verteilen, die Panini zuklappen und warm servieren.

DER LIEBLINGSKLASSIKER

AUBERGINEN-DÖNER VEGETARISCH

Zum Reinbeißen gut!

Für 2 Personen
Zubereitungszeit ca. 20 Min.
pro Portion ca. 575 kcal

150 g Spitzkohl
1 EL Rosinen (ungeschwefelt)
3 EL Weinessig
Salz · Pfeffer
1 kleine Aubergine
2 EL Olivenöl
1 kleine Dose Kidneybohnen (60 g Abtropfgewicht)
3 Stängel Minze
100 g Joghurt
Pul Biber (türkische Chiliflocken)
2 Fladenbrot-Viertel (je ca. 125 g)
20 g Röstzwiebeln (Fertigprodukt)

1 Den Spitzkohl putzen, auf der Gemüsereibe bis auf den Strunk grob raspeln oder in feine Streifen schneiden. Dann in einer Schüssel mit Rosinen, Essig, Salz und Pfeffer gründlich mischen und bis zum Servieren durchziehen lassen.

2 Die Aubergine putzen, waschen und in ca. 1 cm dicke Scheiben schneiden, dann diese in ca. 1 cm breite Streifen. Das Öl in einer beschichteten Pfanne verteilen und erhitzen, die Auberginen darin ca. 5 Min. braten, dabei ab und zu wenden.

3 Die Bohnen in einem Sieb abbrausen und gut abtropfen lassen. Dann zu den Auberginen geben und kurz miterhitzen, mit Salz und Pfeffer würzen.

4 Inzwischen die Minze waschen und trocken tupfen, die Blätter abzupfen und fein hacken. Die Minze mit dem Joghurt gründlich verrühren, mit Salz, Pfeffer und 2 Prisen Pul Biber würzen.

5 Die Fladenbrotviertel mit einem Sägemesser ein-, aber nicht durchschneiden. Zum Servieren mit der Auberginenmischung, dem Spitzkohlsalat und den Röstzwiebeln füllen und mit dem Joghurt beträufeln.

TAUSCH-TIPPS

Wer gerne mal einen **Döner mit Fleisch** möchte, tauscht die Bohnen gegen 200 g Kalbsschnitzel oder Rinderfilet. Das Fleisch in schmale Streifen schneiden. Beim Rezept Schritt 1 und 2 ausführen wie beschrieben. Dann statt der Bohnen das Fleisch zu den Auberginen in die Pfanne geben und ca. 3 Min. mitbraten, dann weiter verfahren wie beschrieben.
Noch herzhafter wird der Döner, wenn Sie statt Röstzwiebeln eine kleine **rote Zwiebel** in feine Ringe schneiden und diese roh in den Döner füllen.

ITALIENISCHE WRAPS MIT HÄHNCHEN UND PESTO

Wickeln garantiert alle um den Finger

Für 2 Personen
Zubereitungszeit ca. 25 Min.
pro Portion ca. 645 kcal

2 kleine Hähnchenbrustfilets (je ca. 125 g)
2 Frühlingszwiebeln
10 getrocknete Soft-Tomaten
150 g Doppelrahmfrischkäse
2 EL Basilikum-Pesto (aus dem Glas)
2 kleine Römersalatherzen
Salz · Pfeffer
2 Tortillawraps (25 cm Ø)
200 g Gemüse
(z. B. Paprika und Salatgurke)

1 Die Hähnchenbrustfilets trocken tupfen und in einen Dämpfeinsatz legen. Den Einsatz in einen Topf mit wenig Wasser setzen, das Wasser zum Kochen bringen und die Hähnchenbrustfilets zugedeckt bei mittlerer Hitze je nach Dicke 12–15 Min. dämpfen. Alternativ die Hähnchenbrustfilets zugedeckt in einem Topf mit wenig Salzwasser in ca. 10 Min. garen.

2 Inzwischen die Frühlingszwiebeln putzen, waschen und in feine Ringe schneiden. Die getrockneten Tomaten in kleine Würfel schneiden. Den Frischkäse mit dem Pesto glatt rühren, die Frühlingszwiebel und die Tomaten untermischen. Die Hähnchenbrustfilets aus dem Topf nehmen und ca. 5 Min. abkühlen lassen.

3 Die Römersalatherzen in einzelne Blätter teilen, diese waschen, abtropfen lassen und gut trocken tupfen. Die Hähnchenbrustfilets in sehr kleine Würfel schneiden und unter die Frischkäse-Pesto-Mischung rühren. Mit Salz und Pfeffer abschmecken.

4 Die Tortillawraps in einer Pfanne ohne Fett pro Seite ca. 1 Min. erwärmen, dann herausnehmen. Den Hähnchensalat auf den Wraps verteilen und glatt streichen, dann mit Salatblättern belegen. Die Wraps aufrollen und stramm in Frischhalte- oder Alufolie wickeln. Bis zum Lunch kühl stellen.

5 Das Gemüse putzen und je nach Sorte waschen oder schälen, dann mundgerecht schneiden. Die Wraps mit dem Gemüse servieren.

TO-GO-TIPP

Der Hähnchenaufstrich lässt sich prima schon am **Vorabend** zubereiten, ebenso können Sie die Salatblätter waschen und trocken tupfen. Beides getrennt kalt stellen. Die Wraps morgens belegen und aufrollen – fertig für die Lunch-Box.

PIZZADILLAS

Schneller als der Pizza-Blitz

Für 4 Personen
Zubereitungszeit ca. 25 Min.
pro Portion ca. 520 kcal

1 Glas gegrillte Paprika
(185 g Abtropfgewicht)
200 g Kirschtomaten
3 EL Tomatenmark
Salz · Pfeffer
½ TL getrockneter Oregano
8 Tortillas (je 25 cm Ø)
100 g Salami in Scheiben
30 g grüne Oliven (ohne Füllung) in Ringen
150 g geraspelter Käse

1 Die gegrillten Paprika abgießen und in einem Sieb abtropfen lassen. Inzwischen die Kirschtomaten waschen und vierteln. Das Tomatenmark mit Salz, Pfeffer und Oregano verrühren und die Tomaten darunterheben. Je 1 Viertel davon auf 1 Tortilla streichen. Mit je 1 Viertel von Salami, Paprika, Oliven und Käse belegen, dann mit einer Tortilla bedecken.

2 Die Pizzadilla in eine Pfanne legen und mit einem Topf beschweren. 2–3 Min. bei mittlerer Hitze backen. Wenden, wieder beschweren und weitere 1–2 Min. backen. Inzwischen die nächste Pizzadilla vorbereiten. Alle vier Pizzadillas auf diese Weise vorbereiten und backen, dann in Viertel schneiden.

FISCHSTÄBCHEN-BURGER

Für kleine und große Kapitäne

Für 4 Personen
Zubereitungszeit ca. 20 Min.
pro Portion ca. 435 kcal

12 Fischstäbchen mit
Vollkorn-Panade (ca. 360 g)
2–3 EL Mayonnaise
4–5 EL Joghurt
Salz · Pfeffer
½ Apfel
1 Römersalatherz (ca. 150 g)
¼ Salatgurke
4 Vollkorn-Brötchen
Außerdem:
Backpapier

1 Den Backofen auf 220° vorheizen. Die Fischstäbchen auf ein mit Backpapier belegtes Blech legen und 15–17 Min. backen. Nach ca. 10 Min. wenden.

2 Inzwischen die Mayonnaise mit dem Joghurt cremig rühren, die Mischung salzen und pfeffern. Den Apfel waschen, entkernen, raspeln und zur Creme geben. Den Salat waschen, trocken schütteln und in Blätter teilen. Die Salatgurke in dünne Scheiben schneiden.

3 Die Brötchen aufschneiden. Die Unterteile mit Salat, je 3 Fischstäbchen und Gurkenscheiben belegen. Die Sauce daraufklecksen und die Brötchenoberteile auflegen. Restliche Sauce extra dazu reichen.

STRAMMER AVOCADO-MAX

Schnelle Schnitte

Für 4 Personen
Zubereitungszeit ca. 15 Min.
pro Portion ca. 390 kcal

1 reife Avocado
Salz · Pfeffer
½ Zitrone
1 EL Rapsöl
4 Eier (M)
4 Scheiben Bauernbrot
4 Scheiben magerer Kochschinken
Außerdem:
Toaster

1 Die Avocado halbieren, den Stein entfernen und das Fruchtfleisch am besten mit einem Löffel aus der Schale lösen. Mit einer Gabel fein zerdrücken und mit Salz, Pfeffer und etwas Zitronensaft würzen.

2 Das Rapsöl in einer beschichteten Pfanne erhitzen. Die Spiegeleier braten, dabei salzen und pfeffern. Nach Belieben die Eier von einer oder beiden Seiten braten.

3 Die Brotscheiben toasten. Das Avocadofruchtfleisch auf die Brote streichen. Mit je einer Scheibe Schinken und einem Spiegelei belegen.

FRUCHTIGE CHICKEN-WRAPS

Gut für unterwegs

Für 4 Personen
Zubereitungszeit ca. 15 Min.
pro Portion ca. 280 kcal

1 Möhre (ca. 120 g)
8 Radieschen (ca. 100 g)
120 g Doppelrahmfrischkäse
2 EL mildes Mango-Chutney
Salz · Pfeffer
4 Tortillawraps (25 cm Ø)
100 g Hähnchenbrust-Aufschnitt
(in dünnen Scheiben)

1 Die Möhre putzen, schälen und grob raspeln. Die Radieschen waschen, putzen und in dünne Scheiben hobeln oder schneiden.

2 Den Frischkäse mit Mango-Chutney und den Möhrenraspeln glatt rühren, salzen und pfeffern. Die Tortillas einzeln in einer Pfanne ohne Fett auf jeder Seite für ca. 1 Min. erwärmen, dann herausnehmen.

3 Die Frischkäsemischung gleichmäßig auf die Tortilla-Wraps streichen. Mit Hähnchenaufschnitt und Radieschenscheiben belegen. Die Wraps fest aufrollen, dann halbieren und für unterwegs stramm in Frischhaltefolie oder Alufolie wickeln.

BURRITOS MIT CHILIHACKFLEISCH

Würzig und ein bisschen scharf

Für 4 Personen
Zubereitungszeit ca. 30 Min.
pro Portion ca. 610 kcal

1 gelbe Paprika
1 Knoblauchzehe · 2 EL Olivenöl
350 g Rinderhackfleisch
Salz · Pfeffer
2 TL Chili-con-Carne-Gewürzmischung (s. Info)
2 EL Tomatenmark
1 Dose Mais-Kidneybohnen-Mix (425 g Abtropfgewicht)
8 Blätter Römersalat
4 große Tortillas (28 cm Ø; s. Tipp)
150 g saure Sahne

1 Die Paprika waschen, halbieren und von Stielansatz, Kernen und Trennwänden befreien. Die Hälften in ca. 1 cm große Würfel schneiden. Knoblauch schälen und fein hacken. Das Öl in einer beschichteten Pfanne erhitzen und den Knoblauch darin leicht andünsten.

2 Das Hackfleisch und die Paprikawürfel dazugeben und bei starker Hitze anbraten. Dabei das Hackfleisch mit einem Pfannenwender zerteilen und so lange braten, bis es krümelig braun ist. Salz, Pfeffer, Chili-con-Carne-Gewürzmischung und Tomatenmark daruntermengen und unter Rühren kurz mitrösten.

3 Den Mais-Bohnen-Mix mitsamt der Flüssigkeit dazugeben und ablöschen. Alles durchrühren und bei mittlerer Hitze offen 12–15 Min. garen, bis fast die gesamte Flüssigkeit verkocht ist. Dabei gelegentlich umrühren.

4 Inzwischen die Salatblätter waschen, trocken schleudern und in feine Streifen schneiden. Tortillas nach Packungsanweisung vorbereiten und warm halten.

5 Jeweils ein Viertel der Hackfleischmischung – ungefähr im unteren Drittel einer Tortilla – in einem Streifen quer über die ganze Fladenbreite verteilen. Jeweils ein Viertel der Salatstreifen daraufgeben und mit einem Viertel der sauren Sahne beträufeln.

6 Die Ränder der Tortilla links und rechts nach innen schlagen, dann den unteren Fladenrand straff über der Füllung einschlagen. Den Fladen fest von unten nach oben aufrollen. Die restlichen Burritos auf die gleiche Weise zubereiten und sofort servieren.

PROFI-TIPP

Kleinere Tortillas eignen sich für Tacos und Enchiladas, größere und **XXL-Tortillas** für die dicken Burritos. Für dieses Rezept gilt: Je größer die Tortillas sind, desto besser – denn umso leichter geht das Aufrollen von der Hand.

GUT ZU WISSEN

Chili-con-Carne-Gewürzmischungen gibt es fertig zu kaufen. Sie variieren etwas je nach Hersteller, aber Paprika- und Chilischoten sind für die Schärfe immer dabei. Dazu kommen z. B. Lorbeerblätter, Piment, Rosmarin und Knoblauch für die eher herben und würzigen Aromen. Die Gewürzmischung passt nicht nur zu dem herzhaften Hackfleisch-Eintopf, sondern auch zu diversen Saucen und Eintöpfen, die Schärfe und Würze erhalten sollen.

SUPPEN UND EINTÖPFE

DAS ONE-POT-PRINZIP

Ein Topf, viel Genuss

Auch wenig benutztes Geschirr spart Zeit. Denn wenn alle Zutaten in nur einen Topf wandern, halten sich auch der Abwasch und das Aufräumen der Küche in Grenzen. Und das bringt einen schneller in Richtung Feierabend. Darum gehören Suppen unbedingt ins Repertoire der Blitzküche.

Vor allem **Cremesuppen** sind fix gekocht. Weil sie am Ende sowieso fein püriert werden, muss das Gemüse gar nicht besonders klein geschnippelt werden – grobe Würfel reichen, die dann auch in 10–15 Min. gar gekocht sind. Und rein kann, was wegmuss: Kartoffeln, Blumenkohl, Kohlrabi, Möhren, Kürbis, Pastinaken, Maronen, Spargel, Brokkoli ... Wer Angst hat, dass ihn ein cremig-leichtes Süppchen nicht satt macht, der ergänzt eine der folgenden Blitz-Einlagen:

Backerbsen, auch Backspätzle genannt, sind die schnellste aller Suppeneinlagen. In jedem Supermarkt gibt es sie zu kaufen – manchmal auch von regionalen Anbietern. Wem der Klimaschutz am Herzen liegt, der wählt ein Produkt, das ohne Palmöl hergestellt wurde. Die Knusper-Bällchen einfach als Topping auf die Suppe im Teller streuen und mitlöffeln.

Würstchen: Eiweiß und Fett verhindern, dass der Hunger rasch zurückkehrt. Beides steckt z. B. in Wiener Würstchen, Schinkenwurst, Kabanossi oder Debrezinern, die sich alle sehr gut als Suppenergänzung machen. Die beiden letzteren spenden noch mehr würzigen Pep, wenn Sie sie in Scheiben schneiden und ohne Fett in einer Pfanne knusprig auslassen.

Croûtons: Für 4 Personen ca. 100 g Brot in Scheiben, die auch gerne schon ein bisschen altbacken sein dürfen, in ca. 1 cm große Würfel schneiden. 2 EL Butter oder Öl in einer beschichteten Pfanne erhitzen und die Brotwürfel darin bei mittlerer Hitze rösten, bis sie goldbraun und knusprig sind, dann kurz vor dem Servieren in die Suppe im Teller geben.

CREMESUPPEN
Das Gemüse am besten in einem hohen Topf sämig pürieren. Ist das Gefäß zu klein, spritzt die Suppe heraus.

Überbackene Brötchen: Den Backofen auf 200° vorheizen. Baguette oder Bauernbrot in dünne Scheiben schneiden. Die Brotscheiben nebeneinander auf ein Backblech legen, mit Käse belegen und im heißen Ofen (Mitte) überbacken, bis der Käse geschmolzen und leicht gebräunt ist, das dauert ca. 10 Min.. Zu deftiger Blumenkohl- oder Kartoffelsuppe passt Bergkäse oder Emmentaler, zu mediterran gewürzter Tomaten- oder Paprikacremesuppe schmeckt auch Ziegenkäse (egal ob Weich- oder Frischkäse) mit Honig beträufelt und mit Thymian bestreut.

Fleischbällchen: Hackfleisch mit Pfeffer und Salz würzen und nach Belieben mit Kräutern und Gewürzen abschmecken, z. B. mit Thymian, Oregano, Majoran, Paprikapulver, Kreuzkümmel, Korianderkörnern oder Fenchelsamen. Mit angefeuchteten Händen daraus kleine Bällchen formen und diese entweder in etwas Öl anbraten oder roh in die Suppe geben und in 5–10 Min. in der Suppe gar ziehen lassen. Noch schneller geht's mit rohen Bratwürsten. Diese pellen, das Brät zuerst in Stücke schneiden, dann Bällchen daraus formen und diese ebenfalls entweder anbraten oder in der Suppe mitgaren.

CROÛTONS
Wer altbackenes Brot übrig hat, der brät sich daraus einfach ein knuspriges Topping.

JULIENNE
Hauchdünn geschnittene Gemüsestreifen garen ratzfatz in heißer Brühe und liefern knackige Vitamine.

Blätterteigkissen: Ofen auf 200° vorheizen. 1 Packung Blätterteig (275 g; aus dem Kühlregal) samt Backpapier auf einem Blech entrollen und mit einem Messer quadratische Markierungen eindrücken. 1 Eigelb und 1 EL Wasser verquirlen, Teig damit bestreichen. Im heißen Ofen (Mitte) in ca. 10 Min. goldbraun backen, dann in die Quadrate zerbrechen und diese in die fertige Suppe geben.

Zutaten für die 10-Minuten-Terrine

Je schneller die Suppenzutaten im Topf sind, desto fixer steht das Essen auf dem Tisch. Fünf Minuten, wie sie der Convenience-Klassiker seit den 80ern verspricht, schafft man als Selberkocher kaum, aber in 10 Min. ist mit unseren Turbo-Zutaten perfektes Löffelglück ganz ohne künstliche Zusatzstoffe möglich.

Als Buchstaben, Hörnchen, Sternchen oder in Reiskornform purzeln **Suppennudeln** in die Brühe und sind im Nu bissfest gar. Wenn sie nicht zu viel Brühe saugen und die Suppe dick machen sollen, die Pasta zuerst separat in Salzwasser al dente kochen und in ein Sieb abgießen. Ebenfalls ideal für schnelle Suppen sind asiatische Glas-, Mie- oder Konjaknudeln.

TK-Gemüse ermöglicht Cremesuppen oder Eintöpfe wirklich im Handumdrehen. Ohne jegliche Vorbereitung ab damit in den Topf, kurz andünsten, mit Brühe aufgießen, nach Packungsanweisung garen und nach Belieben pürieren oder mit weiteren Eintopfzutaten, wie Speck, Würstchen oder Nudeln, ergänzen.

Perfekt für Eintöpfe sind übrigens **Gemüsemischungen** aus dem Frost: Mit Kaisergemüse, asiatischem, mediterranem oder mexikanischem Gemüse-Mix bieten sich Ihnen zahlreiche Last-Minute-Angebote für eine kulinarische Suppenreise rund um den Globus. Weil das Gemüse sofort nach der Ernte tiefgekühlt wird, gehen auf dem Weg in Ihren Suppentopf auch keine wertvollen Vitamine verloren. Für möglichst natürlichen Suppengenuss verwenden Sie am besten TK-Gemüse ohne zugesetzte Gewürze.

Hülsenfrüchte wie Kichererbsen, Kidneybohnen, Linsen oder weiße Bohnen aus der Dose sind verzehrfertig und können ohne weitere Vorbereitung in die Suppe. Wenn Sie Möhren oder Zucchini mit einem Spiralschneider in dünne Streifen schneiden und die **Gemüsespaghetti** in sprudelnd kochende Brühe geben, dann sind sie in maximal 2 Min. gar.

Im Winter gibt es keine wirklich aromatischen **Tomaten**. Und dann sind da ja auch noch das aufwendige Häuten, wenn man keine Schalenstückchen in der Suppe möchte, und das Zerkleinern. Das alles kostet Zeit, die vom wertvollen Feierabend oder der Mittagspause abgezwackt werden muss. Eine wirklich gute Alternative bieten hier stückige Tomaten aus der Dose. Sie werden vollreif geerntet, gehäutet, gewürfelt und in der Konserve haltbar gemacht. Ein paar Dosen im Regal für den Rund-ums-Jahr-Vorrat tun gute Dienste, indem sie z. B. die Minestrone auf die Schnelle mit ihrem fruchtigen Aroma abrunden.

BLITZ-TOMATENSUPPE FÜR HEISSHUNGRIGE

Für 2 Hungrige 1 kleine Zwiebel und 2 Knoblauchzehen schälen und grob würfeln. 2 EL Olivenöl in einem Topf erhitzen und Zwiebel und Knoblauch darin andünsten. 1 Dose stückige Tomaten (400 g Inhalt) und 600 ml Gemüsebrühe dazugeben. Die Suppe mit Salz, Pfeffer und getrocknetem Oregano würzen, zum Kochen bringen, 5 Min. bei mittlerer Hitze köcheln lassen, fein pürieren und genießen. Nach Belieben noch Mini-Mozzarellakugeln und frisches Basilikum, Croûtons oder zerbröckelten Feta auf die Suppe streuen und loslöffeln.

Suppen zum Mitnehmen

Suppen sind perfekt zum Mitnehmen als Büromahlzeit. Man kann sie in einem großen Schraubglas oder Thermobecher auslaufsicher transportieren. Zum Aufwärmen braucht man nicht mehr als eine Mikrowelle oder zur Not einen Wasserkocher. Vor allem schmecken Suppen und Eintöpfe meist noch besser, wenn man sie nicht frisch gekocht verzehrt, sondern abkühlen lässt und nochmals aufwärmt. Sie büßen also nicht an Geschmack ein, wie so viele Gerichte, sondern gewinnen an Aroma. Suppeneinlagen, die knusprig bleiben sollen, wie Blätterteigkissen (s. S. 70) oder Backerbsen, können Sie separat verpacken und erst kurz vor dem Essen in die Suppe geben.

Warm-up für Suppen

Steht im Büro nur eine **Mikrowelle**? Dann füllen Sie die Suppe entweder in einen Teller um oder öffnen Sie das mikrowellengeeignete Transportgefäß. Erhitzen Sie die Suppe bei mittlerer Wattzahl (360 bis 600 Watt) in Etappen. Je nach Portionsgröße immer 1–2 Min., dann die Suppe kurz ruhen lassen, umrühren und probieren, ob sie heiß genug ist. Bei zu hoher Wattzahl und zu langer Garzeit kann es sein, dass die Suppe aus dem Teller spritzt.

Die Büroküche hat nur einen **Wasserkocher**? Auch kein Problem: Etwa einen Liter Wasser im Kocher erhitzen und die Suppe in einem schlanken hitzebeständigen Kunststoffgefäß ins heiße Wasserbad stellen. Zwischendurch immer wieder schwenken, damit sich die Hitze besser verteilt. Achtung: Glas eignet sich nicht besonders gut als Gefäß für ein heißes Wasserbad, da es die Wärme nur schleppend an die Suppe im Inneren abgibt.

PERFEKT FÜRS BÜRO sind Suppen im Glas. Die Zutaten einschichten und vor dem Verzehr mit kochend heißem Wasser übergießen.

Trick 17: Suppenzutaten in ein großes Schraubgefäß (ca. 600 ml Inhalt) aus hitzebeständigem Kunststoff schichten: Mit Würzsaucen und/oder saftigen Zutaten beginnen, es folgen Gewürze, kurz garendes Gemüse, Räucherfisch oder (gegartes) Fleisch. Als oberste Lage trockene Zutaten wie Instant-Nudeln, Kräuter oder Oliven. 250–300 ml kochendes Wasser dazugießen. Das Gefäß verschließen und 10 Min. stehen lassen, dabei ab und zu schwenken und auf den Kopf stellen, damit sich das heiße Wasser gut verteilt. Sind die Zutaten gar und die Suppe heiß: Ran an den Löffel!

SELBST GEMACHTE BRÜHPASTE

In Instant-Brühe steckt fast immer Glutamat, selbst wenn in der Zutatenliste »Hefeextrakt« steht. Denn auch Hefeextrakt enthält Glutamat. Sensible reagieren mit Kopfweh und Unwohlsein darauf. Bereiten Sie als natürliche Alternative Ihre eigene Brühpaste für den Vorrat zu: Suppengemüse (z. B. Möhren, Sellerie, Petersilienwurzel, Lauch, Petersilie, Zwiebeln) waschen, putzen, bei Bedarf schälen und grob würfeln. Das Gemüse portionsweise fein zerkleinern; das geht am besten mit dem Fleischwolf oder im Standmixer. Das Gemüse abwiegen und ein Drittel bis die Hälfte des Gewichts an Salz dazugeben. Gemüse und Salz gut mischen, in saubere Schraubgläser abfüllen und im Kühlschrank aufbewahren. So hält sich die Paste mindestens 6 Monate.

CREMIGE SÜSSKARTOFFELSUPPE

Mango sorgt für eine fruchtig-frische Note

Für 2 Personen
Zubereitungszeit ca. 25 Min.
pro Portion ca. 400 kcal

Für die Suppe:
1 kleine Zwiebel
400 g Süßkartoffeln
120 g weiße Bohnen (aus der Dose)
1 EL Rapsöl
400 ml Gemüsebrühe
½ Mango
Salz · Pfeffer
Für die Minzcreme:
3 Stängel Minze
50 g Crème fraîche · Salz

1 Für die Suppe die Zwiebel schälen und in feine Würfel schneiden. Die Süßkartoffeln schälen, waschen und in Stücke schneiden. Die Bohnen in ein Sieb abgießen, kalt abspülen und abtropfen lassen.

2 Das Öl in einem Topf erhitzen und die Zwiebel darin andünsten. Die Süßkartoffeln dazugeben und kurz mitbraten. Die Bohnen hinzufügen, die Brühe angießen, alles aufkochen. Zugedeckt ca. 20 Min. köcheln lassen.

3 Inzwischen die Mango schälen und grob in Würfel schneiden. Für die Minzcreme die Minze waschen, trocken schütteln und fein schneiden, dann unter die Crème fraîche rühren und diese mit Salz abschmecken.

4 Die Suppe vom Herd nehmen. Die Mangowürfel dazugeben und das Ganze mit dem Pürierstab fein pürieren. Die Suppe mit Salz und Pfeffer abschmecken. Vor dem Servieren eventuell aufwärmen.

TO-GO-TIPP

Wenn Sie die Suppe ins Büro mitnehmen wollen, zunächst auskühlen lassen und in den Kühlschrank stellen. Im Büro bis zum Lunch kühl aufbewahren und vor Ort aufwärmen. Oder morgens kurz aufkochen und heiß in einem Thermosbehälter mitnehmen. Die Minzcreme extra verpacken und vor dem Essen auf die Suppe geben.

VORRATS-TIPPS

Die **Suppe** hält sich zugedeckt im Kühlschrank bis zu 3 Tage und lässt sich prima bis zu 6 Monate einfrieren. Die **Minzcreme** hält sich ebenfalls bis zu 3 Tage im Kühlschrank, lässt sich allerdings nicht einfrieren. Am besten fix neu machen.

MAISSUPPE MIT AVOCADO

Raffiniert durch Korianderöl

Für 4 Personen
Zubereitungszeit ca. 30 Min.
pro Portion ca. 440 kcal

3 Schalotten
2 Knoblauchzehen
570 g Maiskörner (aus der Dose)
4 EL Olivenöl
1 TL gemahlener Kreuzkümmel
500 ml Milch
500 ml Gemüsebrühe
½ Bund Koriandergrün
1 Avocado
1 EL Limettensaft
Salz · Pfeffer

1 Die Schalotten und den Knoblauch schälen und in feine Würfel schneiden. Den Mais in ein Sieb abgießen und abtropfen lassen. In einem Topf 2 EL Öl erhitzen und Schalotten, Knoblauch und Kreuzkümmel darin bei mittlerer Hitze 2–3 Min. andünsten. Mais, Milch und Brühe dazugeben, alles aufkochen und zugedeckt bei mittlerer Hitze ca. 15 Min. garen.

2 Inzwischen den Koriander waschen und trocken tupfen, die Blätter abzupfen. Die Avocado halbieren, Kern und Schalen entfernen. Drei Viertel der Avocado in Würfel schneiden und diese mit Limettensaft beträufeln, den Rest mit Korianderblättern, übrigem Öl und 4 EL Wasser im Blitzhacker fein pürieren.

3 Die Maissuppe mit dem Pürierstab fein pürieren, dann durch ein Sieb streichen und mit Salz und Pfeffer abschmecken. Zum Servieren die Suppe auf Schalen verteilen, die Avocadowürfel daraufsetzen und mit dem Avocado-Koriander-Öl beträufeln.

POLENTA-GORGONZOLA-SUPPE MIT PILZEN

Herrlich cremig und gleichzeitig würzig

Für 4 Personen
Zubereitungszeit ca. 30 Min.
pro Portion ca. 305 kcal

2 Schalotten
2 Knoblauchzehen
2 EL Olivenöl
100 g feine Polenta
1,25 l Gemüsebrühe
300 g Egerlinge
(ersatzweise Champignons)
1 EL Zitronensaft
100 g Gorgonzola
½ Bund Petersilie (ersatzweise Basilikum)
Salz · Pfeffer
2 EL Butter

1 Die Schalotten und den Knoblauch schälen und sehr fein hacken. Im Suppentopf 1 EL Öl erhitzen. Die Schalotten und den Knoblauch darin andünsten.

2 Die Polenta mit in den Topf geben und kurz anbraten. Die Gemüsebrühe angießen und das Ganze zum Kochen bringen. Die Suppe zugedeckt bei kleiner bis mittlerer Hitze ca. 15 Min. köcheln lassen.

3 Inzwischen die Pilze putzen und bei Bedarf mit einem Tuch abreiben, dann in dünne Scheiben schneiden oder hobeln. Mit dem Zitronensaft mischen.

4 Den Gorgonzola in Würfel schneiden. Die Petersilie waschen, trocken schütteln und fein schneiden. Den Gorgonzola zur Suppe geben und unter Rühren darin schmelzen lassen. Die Suppe salzen und pfeffern.

5 Die Butter und das übrige Öl in einer Pfanne erhitzen. Die Pilze dazugeben und bei großer Hitze unter Rühren braten, bis sie leicht gebräunt sind. Mit Salz und Pfeffer würzen. Die Petersilie dazugeben und zusammenfallen lassen. Die Suppe auf Schüsseln verteilen und mit den gebratenen Pilzen garniert servieren.

MANGOLDSUPPE MIT QUINOA UND FETA

Besonders lecker durch den Schafskäse

Für 2 Personen
Zubereitungszeit ca. 20 Min.
pro Portion ca. 290 kcal

Für die Suppe:
1 Zwiebel
½ kleine Staude Mangold (ca. 150 g)
1 EL Olivenöl
400 ml Gemüsebrühe
50 g Quinoa (bunt oder rot; s. Tipp)
Salz · Pfeffer
Für das Topping:
½ Bund Petersilie
2 EL Walnusskerne
½ Bio-Zitrone
50 g Schafskäse (Feta)

1 Für die Suppe die Zwiebel schälen und in Streifen schneiden. Den Mangold putzen und waschen, die Blätter von den Stielen abtrennen. Die Stiele in dünne Scheiben, die Blätter in schmale Streifen schneiden.

2 Das Olivenöl in einem großen Topf erhitzen, die Zwiebel und die Mangoldstiele darin unter Rühren 2–3 Min. andünsten. Die Brühe dazugießen, Quinoa und Mangoldblätter hinzufügen, alles aufkochen und zugedeckt bei schwacher Hitze ca. 10 Min. köcheln lassen.

3 Inzwischen für das Topping die Petersilie waschen und trocken tupfen, die Blätter abzupfen und fein hacken. Die Walnusskerne ebenfalls hacken.

4 Die Zitrone heiß waschen und abtrocknen, die Schale fein abreiben. Den Saft auspressen. Den Schafskäse zerbröckeln. Alle Zutaten für das Topping in eine kleine Schüssel geben und vermischen.

5 Die Mangoldsuppe mit Salz, Pfeffer und Zitronensaft (vom Topping) abschmecken und auf tiefe Teller verteilen. Das Petersilien-Topping daraufgeben.

PROFI-TIPP

Quinoa immer vor dem Garen in einem Sieb heiß waschen. Denn die Schale der Samenkörner enthält als Schutz vor Fraßfeinden bittere **Saponine**, die unsere Darmschleimhaut schädigen könnten.

GUT ZU WISSEN

Mangold schmeckt kräftiger als Spinat und dann am besten, wenn er nicht zu groß ist. Bei uns gibt es vor allem Rippen-Mangold mit fleischigen Stielen und großen Blättern zu kaufen. Die Stiele sollten zuerst gegart werden, da sie länger brauchen als die Blätter. Am besten schmeckt Mangold gedünstet, gebraten und gebacken.
Lecker, wenn man in seinen Blättern Schafskäse versteckt oder ihn mit Fisch, Lamm oder Pasta serviert. Wie sein »Kollege« Spinat enthält auch Mangold viel Vitamin C und wertvolle Mineralien. Angeboten wird Mangold bei uns von Frühjahr bis Herbst, aus dem Freiland von Juni bis September. Achten Sie darauf, dass die Stiele hell und fleckenfrei sind, die Blätter knackig frisch.

DER LIEBLINGSKLASSIKER

MINESTRONE MIT GREMOLATA

Gesund und schnell – und wärmt das Herz!

Für 2 Personen
Zubereitungszeit ca. 25 Min.
pro Portion ca. 280 kcal

1 EL Gemüsebrühe (Instant)
½ TL Safranpulver (nach Belieben)
1 EL Olivenöl
1 Knoblauchzehe
3 Frühlingszwiebeln
½ Bio-Zitrone
1 dicke Möhre
2 Stangen Staudensellerie
1 Knolle Fenchel
70 g Spaghettini (ersatzweise andere dünne Nudeln, z. B. Vermicelli)
grob gemahlener Pfeffer
30 g Parmesan · Salz

1 Ca. 600 ml Wasser aufkochen. Das Brühepulver nach Belieben mit dem Safran in einen Topf geben und mit dem kochenden Wasser übergießen. Das Öl in einem größeren Schmortopf sanft erhitzen.

2 Inzwischen den Knoblauch schälen und hacken. Die Frühlingszwiebeln putzen und waschen. Weiße Teile hacken, schönes Grün in feine Ringe schneiden und beiseitelegen. Die Zitrone heiß waschen und abtrocknen, 1 TL Schale fein abreiben.

3 Den Knoblauch und die gehackten Frühlingszwiebeln im heißen Öl ca. 5 Min. bei sehr kleiner Hitze andünsten.

4 Inzwischen die Möhre putzen, schälen, längs vierteln und quer sehr klein würfeln. Sellerie putzen, waschen und in dünne Scheibchen schneiden. Den Fenchel waschen und putzen. Zartes Fenchelgrün abzupfen und beiseitelegen. Anschließend den Fenchel längs halbieren, vom Strunk befreien und klein würfeln.

5 Das Gemüse in den Topf geben und unter die Zwiebelmischung rühren, dann die Hitze erhöhen. Die Gemüsebrühe angießen und aufkochen. Nun die Spaghettini zerbrechen und dazugeben. Die Minestrone zugedeckt 6–8 Min. bei mittlerer Hitze köcheln lassen, bis das Gemüse und die Nudeln bissfest gegart sind.

6 Inzwischen für die Gremolata Frühlingszwiebelringe, Fenchelgrün, Zitronenschale und etwas Pfeffer mischen. Den Parmesan dazureiben und untermischen. Die Minestrone mit Salz und Pfeffer abschmecken und mit der Gremolata bestreut servieren.

MARONENSUPPE MIT ÄPFELN UND NÜSSEN

Herbstliches Soulfood

Für 4 Personen
Zubereitungszeit ca. 30 Min.
pro Portion ca. 440 kcal

1 Möhre
1 Stange Lauch
400 g gegarte Maronen (vakuumverpackt)
3 EL Butter
1 l Gemüsebrühe
Salz · Pfeffer
1 Handvoll Walnusskerne
2 säuerliche Äpfel
½ EL Zucker
100 g Sahne
2 TL Zitronensaft

1 Die Möhre putzen, schälen und fein würfeln. Lauch putzen, gründlich waschen und klein schneiden. Die Maronen grob würfeln.

2 1 EL Butter im Suppentopf erhitzen und die Möhre und den Lauch darin unter Rühren andünsten. Die Maronen dazugeben und kurz mitgaren. Die Gemüsebrühe angießen und aufkochen. Alles salzen und pfeffern und zugedeckt bei kleiner Hitze ca. 15 Min. köcheln, bis das Gemüse bissfest ist.

3 Inzwischen die Walnusskerne in kleine Stücke brechen. Die Äpfel schälen und vierteln, die Viertel vom Kerngehäuse befreien und in dünne Schnitze schneiden, die Schnitze halbieren oder dritteln.

4 Die restliche Butter in einer Pfanne zerlassen und den Zucker darin schmelzen. Die Apfelschnitze hinzufügen und bei mittlerer Hitze ca. 2 Min. braten. Vorsichtig wenden und ca. 2 Min. braten, bis sie leicht braun sind. Die Walnussstücke untermischen und alles kurz weiterköcheln. Die Apfelschnitze sollen nicht zerfallen.

5 Die Suppe im Topf pürieren und die Sahne unterrühren. Mit Salz, Pfeffer und dem Zitronensaft abschmecken und auf Teller verteilen. Mit den Apfelschnitzen und den Walnussstücken garnieren und gleich servieren.

VARIANTE

SELLERIESUPPE MIT SPECK-DATTELN

- 700 g Knollensellerie putzen, schälen und würfeln. 1 Zwiebel und 1 Knoblauchzehe schälen und fein hacken. Sellerie, Zwiebel und Knoblauch in 1 EL Butter anbraten. 1 l Fleisch- oder Gemüsebrühe angießen und alles zugedeckt bei mittlerer Hitze ca. 15 Min. kochen, bis der Sellerie weich ist.
- Inzwischen 50 g durchwachsenen Räucherspeck in feine Streifen schneiden. 8 Datteln entsteinen und in Streifen schneiden. Den Speck in einer Pfanne erwärmen, bis er glasig und leicht gebräunt ist. Die Datteln dazugeben und alles mit 2 Msp. Chiliflocken würzen.
- Die Suppe im Topf pürieren, 100 g saure Sahne unterrühren. Mit Salz und 1 Prise gemahlenem Koriander abschmecken. Mit den Speckdatteln garniert servieren.

KÜRBISSUPPE MIT BRATWURST-KLÖSSCHEN

Wunderbares Wohlfühlrezept

Für 4 Personen
Zubereitungszeit ca. 30 Min.
pro Portion ca. 450 kcal

1 Zwiebel
1 Hokkaido-Kürbis (ca. 1 kg)
4 EL Olivenöl
3 frische feine Kalbsbratwürste (je ca. 150 g)
1 l Gemüsebrühe
150 g Baby-Spinat
½ Bund Basilikum
Salz · Pfeffer
frisch geriebene Muskatnuss
4 EL geriebener Parmesan

1 Die Zwiebel schälen und in feine Würfel schneiden. Den Kürbis waschen und halbieren, die Kerne und Fasern herauskratzen. Die Hälften erst in Spalten, dann diese in ca. 2 cm große Stücke schneiden.

2 In einem Topf 1 EL Öl erhitzen. Das Brät aus den Würstchen portionsweise direkt ins heiße Öl drücken, sodass kleine Klöße entstehen. Diese unter Wenden anbraten. Die Zwiebelwürfel und Kürbisstücke dazugeben und kurz mitbraten. Die Brühe angießen, alles aufkochen und bei mittlerer Hitze ca. 10 Min. köcheln lassen.

3 Inzwischen den Spinat verlesen und waschen. Das Basilikum waschen und trocken schütteln. Die Blätter abzupfen, grob hacken und mit dem übrigen Öl mit dem Pürierstab fein pürieren. Das Basilikumöl salzen.

4 Den Spinat zur Suppe geben und ca. 1 Min. mitgaren, bis er zusammengefallen ist. Die Suppe mit Salz, Pfeffer und Muskatnuss abschmecken. In Schalen anrichten, mit etwas Basilikumöl beträufeln und mit etwas Parmesan bestreuen. Übriges Basilikumöl und restlichen Parmesan extra dazu servieren.

TAUSCH-TIPP
Hokkaido-Kürbis ist perfekt für die schnelle Küche, denn er kann samt Schale gegessen werden. Sie können die Suppe auch mit **Muskat- oder Butternusskürbis** zubereiten, diese müssen allerdings vor dem Würfeln noch geschält werden.

KARTOFFELSUPPE MIT LACHS

Fein veredelter Klassiker

Für 4 Personen
Zubereitungszeit ca. 30 Min.
pro Portion ca. 295 kcal

600 g Kartoffeln
2 Schalotten
2 Knoblauchzehen
1 EL Butter
1 l Gemüsebrühe
1 cm Meerrettichwurzel
100 g geräucherter Lachs
(in dünnen Scheiben)
1 Kästchen Kresse
¼ Bio-Zitrone
100 g Crème fraîche
Salz

1 Die Kartoffeln schälen, waschen und klein würfeln. Schalotten und Knoblauch schälen und fein hacken.

2 Die Butter im Suppentopf zerlassen, Schalotten und Knoblauch darin andünsten. Die Kartoffeln dazugeben und kurz mitdünsten. Die Brühe angießen und zum Kochen bringen. Die Suppe zugedeckt bei mittlerer Hitze ca. 15 Min. köcheln, bis die Kartoffeln weich sind.

3 Inzwischen das Meerrettichstück schälen und fein reiben. Den Lachs in feine Streifen schneiden. Die Kresse vom Beet schneiden. Das Zitronenviertel heiß waschen und abtrocknen, die Schale fein abreiben.

4 Die Kartoffelsuppe mit dem Pürierstab im Topf fein pürieren. Die Crème fraîche unterrühren und die Suppe mit der Zitronenschale und etwas Salz abschmecken. Zum Schluss den geriebenen Meerrettich unterrühren. Die Suppe auf Teller verteilen, mit Lachs und Kresse garnieren und servieren.

ERBSENSÜPPCHEN MIT KRABBEN

Nordsee trifft Japan

Für 4 Personen
Zubereitungszeit ca. 25 Min.
pro Portion ca. 405 kcal

1 Zwiebel
100 g Cashewkerne (ungeröstet, ungesalzen)
1 EL Öl
500 g TK-Erbsen
1 l Gemüsebrühe
4 EL Schmand
2 TL Wasabipaste (grüner Meerrettich)
Salz · Pfeffer
2–3 TL Zitronensaft
200 g Nordseekrabben (geschält, gegart)
2 EL gehackte Minze

1 Die Zwiebel schälen und in feine Würfel schneiden. Die Cashewkerne grob hacken. Das Öl in einem Topf erhitzen und die Zwiebelwürfel darin hell andünsten. Die Cashewkerne hinzufügen und ebenfalls kurz anrösten. Die gefrorenen Erbsen dazugeben und die Brühe dazugießen. Alles aufkochen und zugedeckt ca. 10 Min. köcheln lassen.

2 Inzwischen den Schmand mit der Wasabipaste glatt rühren und mit Salz abschmecken. Die Suppe vom Herd nehmen und mit dem Pürierstab fein pürieren. Mit Salz, Pfeffer und Zitronensaft abschmecken.

3 Die Krabben in die Suppe geben und kurz darin warm werden lassen. Die Suppe in Schüsseln oder Tellern anrichten, je 1 Klecks Wasabi-Schmand daraufgeben und mit gehackter Minze bestreut servieren.

TOMATEN-GEMÜSE-SUPPE

Eine Schüssel voller Sommeraromen

Für 4 Personen
Zubereitungszeit ca. 25 Min.
pro Portion ca. 245 kcal

1 Zucchino (ca. 200 g)
2 Stangen Staudensellerie
150 g Möhren · 1 Zwiebel
2 Knoblauchzehen
250 g Kirschtomaten
2 EL Olivenöl
je 2 TL getrockneter Thymian und Majoran
2 EL Honig
400 ml Gemüsebrühe
2 Dosen stückige Tomaten (je 400 g)
50 g Butter
1–2 EL Rotweinessig
1 TL gemahlener Koriander
50 g Sahne
Salz · Pfeffer · Cayennepfeffer
1 Handvoll Basilikumblätter

1 Zucchino und Sellerie putzen und waschen, die Möhren schälen. Alles getrennt voneinander klein würfeln. Zwiebel und Knoblauch schälen und ebenfalls getrennt fein würfeln. Die Tomaten waschen und halbieren.

2 Das Olivenöl im Suppentopf erhitzen und zunächst Sellerie, Möhren und Zwiebel darin andünsten. Die Kräuter, die Tomaten, die Zucchiniwürfel, die Hälfte des Knoblauchs sowie den Honig hinzufügen und ohne zu bräunen weiterdünsten, bis das Gemüse knapp gar ist.

3 Die Gemüsebrühe, stückige Tomaten, Butter, 1 EL Essig und Koriander dazugeben. Alles aufkochen und bei schwacher bis mittlerer Hitze ca. 5 Min. köcheln lassen.

4 Den restlichen Knoblauch und die Sahne unterrühren und noch ca. 2 Min. ziehen lassen. Die Suppe mit Salz, Pfeffer, Essig und Cayennepfeffer abschmecken.

5 Das Basilikum waschen, trocken schütteln und in Streifen schneiden. Die Suppe auf tiefe Teller verteilen und mit dem Basilikum bestreuen.

VARIANTE

TOMATENSUPPE MIT MOZZARELLA-HACKBÄLLCHEN

- Für die Hackfleischbällchen ½ Kugel Mozzarella (ca. 65 g) in 12 Würfel schneiden. 1 Knoblauchzehe schälen und fein würfeln. 400 g Rinderhackfleisch mit Knoblauch und 2 TL getrockneten Thymian mischen, mit Salz und Pfeffer würzen.
- Das Hackfleisch in 12 Portionen teilen und diese zu flachen Kreisen formen. Je ein Stück Mozzarella in die Mitte setzen, das Hackfleisch rundherum verschließen und zu gleichmäßigen Kugeln rollen.
- Die Schritte 1 bis 3 wie in dem Rezept oben beschrieben ausführen. Während die Suppe köchelt, die Hackbällchen in 2 EL Olivenöl rundherum braun braten.
- Die Suppe wie oben beschrieben fertigstellen und auf tiefe Teller verteilen. Die Hackbällchen darauf anrichten und mit dem Basilikum bestreuen.

GEMÜSE-BOHNEN-TOPF MIT CHILI-KICK

Gesund und schnell – und richtig lecker!

Für 2 Personen
Zubereitungszeit ca. 20 Min.
pro Portion ca. 345 kcal

1 dicke Möhre
1 große rote Spitzpaprika
3 getrocknete Tomaten
(in Öl; 2 EL vom Einlegeöl)
1 EL Olivenöl
1 weiße Zwiebel
1 Knoblauchzehe
500 ml Gemüsebrühe
2 Zweige Thymian (ersatzweise
½ TL getrockneter Thymian)
1 Lorbeerblatt
1 Dose weiße Bohnen
(240 g Abtropfgewicht)
50 g Kabanossi
3 Stängel Petersilie
Salz · 1 Prise Chiliflocken

1 Die Möhre putzen, schälen und längs vierteln, dann die Viertel quer in dünne Scheibchen schneiden oder hobeln. Die Spitzpaprika längs halbieren, die Kerne entfernen. Die Hälften waschen und zuerst längs in Streifen, dann quer in Stückchen schneiden.

2 Die Tomaten mit einer Gabel aus dem Glas nehmen und über einem Schmortopf abtropfen lassen, 2 EL von dem Einlegeöl und das Olivenöl in den Topf geben und sanft erhitzen. Inzwischen die Tomaten fein schneiden. Zwiebel und Knoblauch schälen und hacken. Beides im heißen Öl ca. 1 Min. bei kleiner Hitze andünsten.

3 Die Tomatenwürfel darüberstreuen. Die Spitzpaprikastreifen und Möhrenscheibchen unterrühren und alles 4 Min. unter ständigem Rühren weiterdünsten. Die Gemüsebrühe angießen, den Topfinhalt bei größerer Hitze aufkochen und kurz offen köcheln lassen.

4 Inzwischen den Thymian waschen und trocken schütteln. Die Blättchen abstreifen, diese und das Lorbeerblatt zum Gemüse geben. Die Bohnen in ein Sieb abgießen und abtropfen lassen, dann zum Gemüse in den Topf geben. Den Eintopf anschließend zugedeckt noch ca. 5 Min. bei kleiner Hitze köcheln lassen.

5 Inzwischen die Kabanossi klein würfeln, in den Gemüse-Bohnen-Topf geben und ca. 2 Min. heiß werden lassen. Die Petersilie waschen und trocken schütteln, die Blätter abzupfen und fein schneiden.

6 Den Gemüse-Bohnen-Topf zum Schluss vorsichtig mit Salz und Chiliflocken abschmecken, auf zwei große Suppenschalen verteilen und mit der Petersilie bestreut sofort servieren.

KARTOFFELEINTOPF MIT SENFCREME

Deftiges zum Aufwärmen

Für 2 Personen
Zubereitungszeit ca. 30 Min.
pro Portion ca. 470 kcal

1 große Zwiebel
400 g Kartoffeln
2 Möhren
400 g Rosenkohl
60 g Speckwürfel
1 TL getrockneter Majoran
2 EL Crème fraîche
1 TL mittelscharfer Senf
1 TL flüssiger Honig
Salz · Pfeffer

1 Die Zwiebel schälen und fein würfeln. Die Kartoffeln und die Möhren schälen und beides ebenfalls in kleine Würfel schneiden. Den Rosenkohl putzen, waschen und die Röschen je nach Größe halbieren oder vierteln.

2 Die Speckwürfel in einem Topf ohne Fett unter Rühren auslassen. Die Zwiebelwürfel dazugeben und kurz andünsten, den Majoran unterrühren. Kartoffeln, Möhren und Rosenkohl dazugeben. 350 ml Wasser angießen, das Ganze zum Kochen bringen und ca. 20 Min. köcheln lassen, bis die Kartoffeln gar sind.

3 Inzwischen die Crème fraîche mit dem Senf und dem Honig glatt rühren. Mit Salz abschmecken. Den Eintopf mit Salz und Pfeffer abschmecken. Die Senfcreme vor dem Genuss auf die Portionen geben.

TO-GO-TIPP
Zum Mitnehmen den Eintopf heiß in einen **Thermosbehälter** füllen. Oder in eine gut schließende Transportbox und später in der Mikrowelle aufwärmen. Die Senfcreme extra mitnehmen.

TORTELLINI-SUPPE MIT SPINAT

Lunch to go ganz einfach!

Für 2 Personen
Zubereitungszeit ca. 20 Min.
pro Portion ca. 365 kcal

4 getrocknete Tomaten (in Öl)
20 g Parmesan
100 g TK-Blattspinat (aufgetaut)
1 TL Gemüsebrühe (Instant)
2 EL Basilikumpesto (aus dem Glas)
Salz · Pfeffer
250 g frische Tortellini
(mit Ricotta-Spinat-Füllung; aus dem Kühlregal)
Außerdem:
2 Schraub- oder Vorratsgläser (je ca. 500 ml)

1 Die getrockneten Tomaten in einem Sieb abtropfen lassen und in feine Streifen oder Würfel schneiden. Den Parmesan fein reiben.

2 Für einen Lunch to go zuerst den Spinat auf 2 geeignete Schraub- oder Vorratsgläser verteilen. Nacheinander Brühepulver, Pesto, Salz, Pfeffer, Tortellini, Tomaten und Parmesan darüberschichten. Die Gläser verschließen und in den Kühlschrank stellen.

3 Vor dem Essen am besten die Gläser Raumtemperatur annehmen lassen. Pro Glas 300 ml Wasser aufkochen und zu den Zutaten ins Glas gießen. Dann dieses verschließen und 5–10 Min. stehen lassen, dabei immer wieder kräftig schwenken, damit alles gleichmäßig heiß wird. Die Tortellini-Suppe in einen tiefen Teller oder eine Schale füllen und genießen.

GENUSS-TIPP

Wer mag, nimmt den geriebenen **Parmesan** in einem Extra-Töpfchen mit und streut ihn erst zum Schluss auf die heiße Suppe.

KICHERERBSEN-TOMATEN-SUPPE

Lässt an grauen Tagen die Sonne aufgehen

Für 4 Personen
Zubereitungszeit ca. 25 Min.
pro Portion ca. 205 kcal

2 Zwiebeln
2 Knoblauchzehen
200 g Möhren
2 Dosen Kichererbsen
(je 265 g Abtropfgewicht)
2 EL Olivenöl
2 EL Honig
2 TL gemahlener Koriander
1 TL gemahlener Kreuzkümmel
Zimtpulver
2 Dosen stückige Tomaten (je 400 g)
600 ml Gemüsebrühe
1 Handvoll Minzeblätter
1 Bio-Zitrone
20 g Butter
Salz · Pfeffer

1 Die Zwiebeln und den Knoblauch schälen. Die Zwiebeln grob, den Knoblauch fein würfeln. Die Möhren schälen und in Scheiben schneiden. Die Kichererbsen in ein Sieb abgießen, kalt abbrausen und abtropfen lassen.

2 Das Olivenöl in einem Topf erhitzen und die Zwiebelwürfel darin anbraten. Die Möhren kurz mitbraten. Knoblauch und Honig hinzufügen und kurz karamellisieren. Koriander und Kreuzkümmel sowie 1 Prise Zimt dazugeben und kurz mitdünsten.

3 Dosentomaten, Kichererbsen und die Gemüsebrühe hinzufügen. Aufkochen und 8–10 Min. köcheln lassen.

4 Die Minze waschen, trocken schütteln und in Streifen schneiden. Die Zitrone heiß waschen und abtrocknen, die Schale abreiben. Etwas Saft auspressen.

5 Die Suppe von der Kochstelle nehmen und die Butter darin schmelzen lassen. Minze und Zitronenschale unterrühren. Die Suppe mit Salz, Pfeffer, Zitronensaft und Honig abschmecken und servieren.

VARIANTE

KICHERERBSENSUPPE MIT LAMMWÜRSTCHEN

- Die Kichererbsen-Tomaten-Suppe wie oben in den Schritten 1 bis 5 beschrieben zubereiten.
- 4 Merguez-Würstchen (würzige Lammbratwürstchen) in etwas Öl in einer Pfanne rundherum anbraten. Aus der Pfanne nehmen, in Scheiben schneiden und kurz in der Suppe ziehen lassen.

VEGGIE-CHILI MIT AVOCADO-SALSA

Tex-Mex heute mal vegan

Für 2 Personen
Zubereitungszeit ca. 30 Min.
pro Portion ca. 660 kcal

Für das Chili:
1 große Zwiebel
1 rote Paprika
200 g Mais (aus der Dose)
1 Dose Kidneybohnen
(240 g Abtropfgewicht)
2 TL Öl
ca. 1 TL Chilipulver
1 TL gemahlener Kreuzkümmel
200 g stückige Tomaten
(aus der Dose)
Salz · Pfeffer
Für die Avocado-Salsa:
4 Stängel Koriandergrün
2 TL Öl
½ Avocado
1 TL Limettensaft
(ersatzweise Zitronensaft)
Salz · Pfeffer
2 Tortillawraps

1 Für das Chili die Zwiebel schälen und in feine Würfel schneiden. Die Paprika waschen und halbieren, die Trennwände und Kerne entfernen, dann die Hälften in Würfel schneiden. Den Mais in ein Sieb abgießen und kalt abspülen. Die Kidneybohnen ebenfalls in ein Sieb abgießen, kalt abspülen und abtropfen lassen.

2 Das Öl in einem Topf erhitzen. Zwiebelwürfel darin unter Rühren andünsten. Paprikawürfel und Mais dazugeben und unter Rühren 2–3 Min. dünsten. Das Chilipulver und den Kreuzkümmel dazugeben und unterrühren.

3 Die Kidneybohnen hinzufügen, dann die stückigen Tomaten und 100 ml Wasser dazugeben. Alles zum Kochen bringen, mit Salz und Pfeffer würzen und bei mittlerer Hitze offen 15–20 Min. köcheln lassen.

4 Inzwischen für die Salsa das Koriandergrün waschen und trocken schütteln, die Blättchen abzupfen, fein hacken und mit dem Öl mischen.

5 Die Avocadohälfte schälen, das Fruchtfleisch klein würfeln und mit Limettensaft und Korianderöl verrühren Die Salsa mit Salz und Pfeffer würzen.

6 Das Chili mit Salz, Pfeffer und eventuell Chilipulver abschmecken. Den Tortillawrap in einer Pfanne oder einem Toaster kurz erwärmen. Das Veggie-Chili mit der Avocado-Salsa und dem Tortillawrap genießen.

TO-GO-TIPP

Das Chili ist perfekt zum Mitnehmen geeignet, denn aufgewärmt schmeckt der herzhafte Eintopf fast noch besser. Mit Bohnen, Gemüse und Avocado macht er als gesundes Mittagessen bis zum Feierabend satt. Dafür das Chili heiß in einen **Thermosbehälter** geben. Oder auskühlen lassen, bis zur Verwendung kalt stellen und vor dem Essen erwärmen. Die Avocado-Salsa in ein dicht schließendes Gefäß füllen. Den Tortillawrap in einer Pfanne oder einem Toaster kurz erwärmen.

SCHNELLES RATATOUILLE

Allround-Talent aus Frankreich

Für 2 Personen
Zubereitungszeit ca. 25 Min.
pro Portion ca. 245 kcal

1 Aubergine (ca. 300 g)
Salz
1 Zucchino (ca. 300 g)
1 gelbe Paprika
2 Schalotten
2 Knoblauchzehen
6 TL Olivenöl
1 TL getrockneter Thymian
Pfeffer
1 Dose stückige Tomaten (400 g)

1 Die Aubergine putzen, waschen und in ca. ½ cm große Würfel schneiden. Diese mit etwas Salz bestreuen und kurz ziehen lassen. Den Zucchino putzen und waschen, dann längs halbieren, die Hälften quer in dünne Scheiben schneiden oder hobeln.

2 Die Paprika waschen und halbieren, Trennwände und Kerne entfernen, die Hälften in kurze, schmale Streifen schneiden. Schalotten und Knoblauch schälen und fein würfeln. Die Auberginenwürfel trocken tupfen.

3 2 TL Öl in einem weiten Topf erhitzen. Die Auberginenwürfel darin rundum 2–3 Min. anbraten, dann herausnehmen. Das übrige Öl im Topf erhitzen. Zucchini und Paprika darin unter Rühren 2–3 Min. anbraten. Schalotten und Knoblauch dazugeben und kurz mitbraten.

4 Die Aubergine hinzufügen, den Thymian unterrühren und alles mit Salz und Pfeffer würzen. 100 ml Wasser und die stückigen Tomaten dazugeben. Alles aufkochen und zugedeckt ca. 10 Min. köcheln lassen.

5 Den Deckel vom Topf nehmen und das Ratatouille eventuell etwas einkochen. Mit Salz und Pfeffer abschmecken. Dazu schmecken z. B. Baguette, Bandnudeln oder Reis und 1 gekochtes Ei.

SERBISCHES BLITZ-REISFLEISCH

Klassiker verschärft gut

Für 4 Personen
Zubereitungszeit ca. 30 Min.
pro Portion ca. 665 kcal

400 g Rinder-Minutensteaks (aus der Hüfte)
2 Zwiebeln
1 Pck. TK-Balkangemüse (ca. 500 g, Erbsen oder Bohnen, Mais, Paprika)
3 EL Öl
300 g 10-Minuten-Langkornreis
Salz · Pfeffer
1 TL edelsüßes Paprikapulver
350 ml Rinderbrühe
200 ml Tomatensaft
200 g Tomaten
½ Bund Petersilie
3 EL scharfes Ajvar (Paprikapaste)

1 Das Fleisch trocken tupfen und in Streifen schneiden. Die Zwiebeln schälen und würfeln. Das Balkangemüse antauen lassen. Das Öl in einem breiten Schmortopf erhitzen, die Fleischstreifen und Zwiebelwürfel darin bei großer Hitze unter Rühren in 3–4 Min. braun anbraten. Balkanmischung und Reis dazugeben, kurz andünsten und mit Salz, Pfeffer und Paprika würzen.

2 Die Brühe angießen und den Tomatensaft hinzufügen. Alles unter Rühren aufkochen und zugedeckt bei mittlerer Hitze 10–12 Min. köcheln lassen, bis der Reis gar ist. Dabei gelegentlich umrühren und bei Bedarf 1 Schuss Wasser dazugeben.

3 Inzwischen die Tomaten waschen und ohne die Stielansätze in Spalten schneiden. Die Petersilie abbrausen und trocken schütteln, die Blätter fein hacken. Ajvar und Tomaten mit in den Topf geben und heiß werden lassen. Das Reisfleisch mit Salz und Pfeffer würzen und mit gehackter Petersilie bestreut servieren.

ZWIEBEL-LAMM-TOPF MIT DATTELN

Inspiriert von der orientalischen Küche

Für 2 Personen
Zubereitungszeit ca. 25 Min.
pro Portion ca. 520 kcal

200 g Lammrücken (Lammlachse)
2 Zwiebeln
250 g Süßkartoffeln
60 g getrocknete Datteln
3 Zweige Oregano
3 Stängel Minze
2 EL Olivenöl
2 EL Tomatenmark
400 ml Gemüsebrühe
Salz · Pfeffer
1 Zimtstange
50 g Langkornreis (parboiled)

1 Das Lammfleisch in ca. 2 cm große Würfel schneiden. Die Zwiebeln schälen und erst halbieren, dann quer in dünne Halbringe schneiden. Die Süßkartoffeln schälen und ebenfalls in ca. 2 cm große Würfel schneiden.

2 Die Datteln halbieren und entsteinen. Den Oregano und die Minze waschen und trocken tupfen, die Blätter abzupfen und etwas kleiner hacken.

3 In einem Topf 1 EL Öl erhitzen, das Fleisch darin rundum anbraten, dann herausnehmen und beiseitestellen.

4 Das restliche Öl im Topf erhitzen und die Zwiebelwürfel darin goldgelb anbraten. Das Tomatenmark dazugeben und anrösten. Alles mit der Gemüsebrühe ablöschen und mit Salz und Pfeffer würzen. Die Zimtstange dazugeben und alles aufkochen. Den Reis unterrühren und zugedeckt bei mittlerer Hitze ca. 5 Min. köcheln.

5 Dann die Süßkartoffeln, die Datteln und drei Viertel der Kräuter unterrühren. Das Fleisch dazugeben und alles zugedeckt bei mittlerer Hitze ca. 10 Min. garen, bis die Süßkartoffeln bissfest sind. (Achtung: Nicht zu lange garen, sonst zerfallen die Süßkartoffeln!)

6 Zum Servieren die Zimtstange entfernen, den Eintopf mit Salz und Pfeffer abschmecken und mit den restlichen Kräutern bestreuen.

GUT ZU WISSEN

Süßkartoffeln sind fix geschält, weil sie sehr groß sind. Meist reicht daher schon 1 Exemplar für 2 Personen. Klein geschnitten sind die süßlichen Knollen im Nu gegart und deshalb gute Zutaten für die **schnelle Küche.** Süßkartoffeln verleihen Currys, Suppen und Eintöpfen eine leichte Süße und können in den verschiedensten Gerichten einfach mal Kartoffeln oder auch Kürbis ersetzen. Probieren Sie's aus.

DER LIEBLINGSKLASSIKER

BLITZ-GULASCH MIT GREMOLATA

Aromatische italienische Variante

Für 2 Personen
Zubereitungszeit ca. 30 Min.
pro Portion ca. 355 kcal

Für das Gulasch:
10 g getrocknete Steinpilze
200 g Rinderfilet
1 große Zwiebel
4 TL Olivenöl
2 TL Mehl
2 TL edelsüßes Paprikapulver
2 TL Tomatenmark
200 g TK-grüne-Bohnen in Stücken
Salz · Pfeffer
Für die Gremolata:
2 TL Pinienkerne
6 Stängel Petersilie
1 Bio-Zitrone
2 TL Öl
Salz

1 Für das Gulasch die getrockneten Steinpilze in einer Schüssel mit 300 ml kochendem Wasser übergießen und kurz darin ziehen lassen. Das Rinderfilet trocken tupfen und in kleine Würfel schneiden. Die Zwiebel schälen und in kleine Würfel schneiden. Die Steinpilze in ein feines Sieb abgießen und dabei das Einweichwasser auffangen. Die Pilze klein schneiden.

2 Das Olivenöl in einem Topf erhitzen. Das Fleisch darin unter Wenden kräftig anbraten. Die Zwiebelwürfel dazugeben und kurz mitbraten. Mit Mehl und Paprikapulver bestäuben. Das Tomatenmark unterrühren.

3 Die Einweichflüssigkeit von den Steinpilzen dazugeben und alles aufkochen. Die Bohnen dazugeben und das Ganze zugedeckt ca. 8 Min. köcheln lassen, bis die Bohnen aufgetaut sind. Den Deckel abnehmen und das Gulasch in 2–3 Min. etwas einkochen.

4 Inzwischen für die Gremolata die Pinienkerne in einer Pfanne ohne Fett kurz anrösten, dann herausnehmen und grob hacken. Die Petersilie waschen und trocken schütteln, dann fein hacken.

5 Die Zitrone heiß waschen und abtrocknen, die Schale abreiben. Die Pinienkerne, die Petersilie, die Zitronenschale und das Öl verrühren. Mit Salz abschmecken.

6 Das Gulasch mit Salz und Pfeffer kräftig abschmecken. Die Gremolata vor dem Servieren auf das Gulasch geben. Dazu schmeckt Bauernbrot oder Bandnudeln.

TO-GO-TIPP
Zum Mitnehmen das Gulasch heiß in einen **Thermosbehälter** füllen. Oder auskühlen lassen, in eine dicht schließende Lunchbox packen und vor Ort aufwärmen. Die Gremolata separat verpacken und vor dem Essen auf das Gulasch geben. Das Gulasch lässt sich perfekt vorab zubereiten, denn aufgewärmt am nächsten Tag schmeckt es noch besser.

TAUSCH-TIPP
Preiswerter wird das Blitz-Gulasch, wenn Sie statt des edlen Rinderfilets **Schweinefilet** oder **Putenschnitzel** dafür verwenden.

KICHERERBSENEINTOPF MIT KABANOSSI

Wunderbarer Sattmacher

Für 2 Personen
Zubereitungszeit ca. 20 Min.
pro Portion ca. 900 kcal

1 Dose Kichererbsen
(265 g Abtropfgewicht)
2 rote Paprika
1 Stange Lauch
1 Knoblauchzehe
1 EL Olivenöl
800 ml Gemüsebrühe
2 Kabanossi (je 150 g)
½ TL gemahlener Kreuzkümmel · Salz

1 Die Kichererbsen abgießen und abspülen. Die Paprika waschen und halbieren, dann die Samen und Trennwände entfernen. Die Hälften würfeln. Den Lauch putzen, längs aufschneiden und sorgfältig auch zwischen den Blattschichten waschen, dann in schmale Ringe schneiden. Den Knoblauch schälen und fein hacken.

2 Das Olivenöl in einem Topf erhitzen und die Paprikawürfel darin bei starker Hitze 1 Min. anbraten. Die Lauchringe 1 Min. mitbraten. Knoblauch, Kichererbsen und Brühe einrühren. Die Kabanossi in ca. 5 mm dicke Scheiben schneiden und dazugeben.

3 Alles aufkochen, mit Kreuzkümmel würzen und bei mittlerer Hitze 10 Min. köcheln lassen. Den Eintopf mit Salz abschmecken.

LINSENEINTOPF MIT CHORIZO

Rustikaler Genuss

Für 2 Personen
Zubereitungszeit ca. 25 Min.
pro Portion ca. 640 kcal

1 Möhre
1 Zwiebel
200 g Chorizo im Ring
(ersatzweise Mettenden oder Krakauer)
1 kleiner Zweig Rosmarin
1 EL Olivenöl
100 g gelbe oder rote Linsen
500 ml Gemüsebrühe
100 g Kirschtomaten · Salz

1 Die Möhre schälen und in ca. 1 cm große Würfel schneiden. Die Zwiebel schälen und ebenfalls würfeln.

2 Die Chorizo der Länge nach halbieren, die Hälften quer in ca. 1 cm dicke Scheiben schneiden. Den Rosmarin waschen und trocken schütteln.

3 Das Olivenöl in einem Topf erhitzen und Möhre, Zwiebel und Chorizo darin bei starker Hitze 2 Min. anbraten. Die Linsen einrühren, die Brühe zugießen, den Rosmarin dazugeben. Aufkochen und zugedeckt bei mittlerer Hitze ca. 15 Min. köcheln lassen.

4 Die Tomaten waschen, halbieren und kurz im Eintopf erwärmen. Den Rosmarin entfernen und den Eintopf mit Salz abschmecken.

ZUCCHINICREMESUPPE MIT OMELETT

Kleines feines Süppchen

Für 2 Personen
Zubereitungszeit ca. 20 Min.
pro Portion ca. 360 kcal

2 Zucchini
1 Zwiebel
1 EL Olivenöl
400 ml Gemüsebrühe
2 Eier (M)
Salz
1 EL Butter
100 g Sahne
1 TL getrockneter Thymian
1 TL Zitronensaft

1 Die Zucchini putzen, waschen und grob in Würfel schneiden. Die Zwiebel schälen und ebenfalls würfeln. Das Olivenöl in einem Topf erhitzen und beides darin 2 Min. anschwitzen. Die Brühe zugießen, aufkochen und bei mittlerer Hitze ca. 10 Min. köcheln lassen.

2 Inzwischen die Eier verquirlen und salzen. Die Butter in einer Pfanne (24 cm Ø) erhitzen. Die Eier hineingießen und zugedeckt bei mittlerer Hitze 2–3 Min. stocken lassen. Das Omelett auf Küchenpapier abkühlen lassen, aufrollen und in 1 cm breite Scheiben schneiden.

3 Die Sahne zur Suppe geben und diese mit dem Pürierstab fein mixen. Mit Thymian, Zitronensaft und Salz abschmecken und mit den Eierschnecken servieren.

KRÄUTERSUPPE MIT SHRIMPS

Viel Eiweiß und Geschmack

Für 2 Personen
Zubereitungszeit ca. 20 Min.
pro Portion ca. 395 kcal

250 g Knollensellerie
1 Zwiebel
1 EL Rapsöl
500 ml Gemüsebrühe
100 g Shrimps (in Lake)
150 g Crème fraîche
1 EL gemischte TK-Gartenkräuter
1 TL Zitronensaft
Salz

1 Das Selleriestück und die Zwiebel schälen und in Würfel schneiden. Das Rapsöl in einem Topf erhitzen und beides darin ca. 2 Min. anschwitzen.

2 Die Gemüsebrühe mit in den Topf gießen, das Ganze aufkochen und zugedeckt bei mittlerer Hitze ca. 12 Min. köcheln lassen.

3 Inzwischen die Shrimps abgießen, unter kaltem Wasser abspülen und abtropfen lassen. Den Topf von der Kochstelle ziehen. Die Crème fraîche und die Gartenkräuter zum Gemüse geben und alles mit dem Pürierstab fein mixen.

4 Die Shrimps in der Suppe erwärmen. Die Suppe mit Zitronensaft und Salz abschmecken und servieren.

SPARGELSUPPE MIT LACHS UND ZITRONENGRAS

Frühlingsfrisch mit asiatischem Touch

Für 4 Personen
Zubereitungszeit ca. 30 Min.
pro Portion ca. 155 kcal

250 g grüner Spargel
4 größere Champignons oder Egerlinge
2 Frühlingszwiebeln
2 Stängel Zitronengras (Asialaden)
200 g mageres Lachsfilet
1 EL Sojasauce
2 TL Sesamöl
¼ TL Sambal Oelek
1 Stück Ingwer (ca. 2 cm)
800 ml Gemüsefond (ersatzweise Gemüsebrühe) · Salz

1 Den Spargel waschen und die unteren Enden kappen. Die Spitzen abtrennen, die Stangen im unteren Drittel schälen und schräg in ca. 1 cm lange Stücke schneiden. Die Pilze mit angefeuchtetem Küchenpapier abreiben und die Stielenden abschneiden, dann die Pilze in dünne Scheiben schneiden oder hobeln. Die Frühlingszwiebeln putzen, waschen und in Ringe schneiden.

2 Vom Zitronengras die äußeren Hüllblätter ablösen, die Stängel waschen und in ca. 5 cm lange Stücke schneiden. Diese auf ein Holzbrett legen und mit der Breitseite eines schweren Messers leicht klopfen, damit sie mehr Aroma abgeben.

3 Das Lachsfilet kalt abspülen, gut trocken tupfen und in knapp 1 cm große Stücke schneiden. Die Sojasauce mit Sesamöl und Sambal Oelek in einer Schale verrühren. Das Lachsfilet hineinlegen. Den Ingwer schälen und zuerst in Scheiben, dann in feine Streifen schneiden.

4 Den Gemüsefond mit dem Zitronengras in einen Topf geben, zum Kochen bringen und 5 Min. sanft köcheln lassen. Den Spargel dazugeben und ca. 3 Min. in der Brühe garen. Die Pilze und die Frühlingszwiebelringe einstreuen und 1 Min. mitgaren. Zuletzt den Lachs in die Brühe geben und 1 Min. garen.

5 Das Zitronengras entfernen. Die Suppe in vier Schalen anrichten und mit den Ingwerstreifen bestreuen.

VARIANTE

SPARGELSUPPE MIT GORGONZOLA

- 500 g grünen Spargel waschen und putzen, im unteren Drittel schälen und in 1 cm lange Stücke schneiden. In 800 ml kochendem Salzwasser ca. 4 Min. garen, dann in ein Sieb abgießen und dabei den Sud auffangen.
- 1 Zwiebel schälen, in kleine Würfel schneiden und in 1 EL Butter andünsten. Mit 2 TL Mehl bestäuben und anschwitzen. Dann den Spargelsud dazugießen und aufkochen. 150 g TK-Erbsen in die Suppe geben und diese ca. 5 Min. köcheln lassen. Die Spargelstücke und 100 g Sahne einrühren.
- 100 g Gorgonzola in Würfel schneiden, diese unterheben und schmelzen lassen. Die Suppe mit Salz und Pfeffer abschmecken und mit 2 EL frisch gehacktem Basilikum bestreut servieren.

LINSEN-DAL MIT KOKOSREIS

Veganes Soulfood

Für 2 Personen
Zubereitungszeit ca. 25 Min.
pro Portion ca. 525 kcal

60 g Basmatireis
2 TL Kokosraspel
Salz · 2 Schalotten
1 Stück Ingwer (ca. 4 cm)
4 TL Öl
2 TL gemahlene Kurkuma
120 g rote Linsen
1 TL Fenchelsamen
200 g TK-Erbsen
1 TL gemahlener Kreuzkümmel
Pfeffer

1 Den Reis zusammen mit den Kokosraspeln in einem kleinen Topf ohne Fett bei mittlerer Hitze unter Wenden kurz anrösten. 120 ml Wasser angießen und salzen. Aufkochen und den Reis zugedeckt bei kleiner Hitze 20–25 Min. garen, dabei ab und zu umrühren.

2 Inzwischen Schalotten und Ingwer schälen und fein würfeln. 2 TL Öl in einem Topf erhitzen. Schalotten und Ingwer darin unter Rühren andünsten. Mit der Kurkuma bestäuben, die Linsen und 400 ml Wasser dazugeben und aufkochen. Bei mittlerer Hitze offen ca. 12 Min. kochen, bis die Linsen gerade eben zerfallen.

3 Das übrige Öl in einer kleinen Pfanne erhitzen. Die Fenchelsamen darin kurz anrösten, die TK-Erbsen, den Kreuzkümmel und 4–5 EL Wasser dazugeben. Zugedeckt ca. 5 Min. dünsten, bis die Erbsen aufgetaut sind. Mit Salz und Pfeffer abschmecken. Die Erbsenmischung unter das Linsen-Dal rühren und mit Salz abschmecken. Dal mit dem Kokosreis genießen.

VEGGIE-KOKOSSUPPE

Thailändisch inspiriert

Für 4 Personen
Zubereitungszeit ca. 20 Min.
pro Portion ca. 630 kcal

1 Dose Kokosmilch (400 g)
1 ½ EL rote Currypaste
800 g TK-Asia-Gemüse (ungewürzt)
800 ml Gemüsebrühe
½ Limette
4 EL Sojasauce · Salz

1 Von der dicken Creme auf der Kokosmilch 3 EL abnehmen, in einen großen Topf geben, erhitzen und 2–3 Min. köcheln lassen. 1 EL Currypaste dazugeben und 2 Min. bei mittlerer Hitze darin anbraten. In der Kokoscreme bilden sich beim Braten kleine Löcher. Wenn deren Ränder die Farbe der Currypaste annehmen, hat sich das Aroma der Gewürze maximal entfaltet.

2 Das gefrorene Gemüse mit in den Topf geben und ca. 2 Min. mitbraten. Dann die Gemüsebrühe angießen. Die Suppe aufkochen und zugedeckt bei mittlerer Hitze 5 Min. köcheln lassen. Die Limettenhälfte auspressen.

3 Die restliche Kokosmilch zur Suppe geben und diese erneut erhitzen, aber nicht mehr kochen. Dann mit Limettensaft, Sojasauce, Salz sowie nach Belieben mit der restlichen Currypaste abschmecken. Die Suppe auf vier Schalen verteilen und sofort servieren.

MISO-SUPPE MIT TOFU UND MIE-NUDELN

Wohlgefühl durch Wohlgeschmack

Für 2 Personen
Zubereitungszeit ca. 25 Min.
pro Portion ca. 375 kcal

100 g Tofu
2 EL Sojasauce
1 zarte Möhre
1 kleine, dünne Stange Lauch
1 Stück Ingwer (ca. 1 cm)
1 EL Sesamöl
gut 600 ml Gemüsebrühe
50 g Instant-Mie-Nudeln
100 g Miso-Paste (Sojabohnenpaste)
1 EL Mirin (Reiswein, nach Belieben; ersatzweise süßer Sherry)
1 Bund Koriandergrün

1 Den Tofu in ca. 2 cm große Würfel schneiden, diese in einer Tasse mit 1 EL Sojasauce beträufeln. Die Möhre putzen, schälen und in sehr dünne Scheibchen hobeln.

2 Die Lauchstange putzen, dann quer in dünne Ringe schneiden oder hobeln. Die Scheibchen in einem Sieb gründlich waschen und abtropfen lassen. Den Ingwer schälen und reiben oder sehr fein würfeln.

3 Das Sesamöl in einem Topf erhitzen. Den Ingwer darin bei kleiner Hitze 30 Sek. andünsten, dann die Gemüsebrühe dazugießen und zum Kochen bringen.

4 Die Nudeln in kleinen Stücken vom Block abbrechen und zusammen mit den Möhrenscheiben und Lauchringen in die kochende Brühe geben. Aufkochen, dann die Hitze reduzieren und die Tofuwürfel dazugeben.

5 Die Miso-Paste durch ein Sieb in die heiße Suppe drücken und nach Belieben den Mirin darunterrühren. Alles bei kleinster Hitze zugedeckt noch ca. 5 Min. ziehen, aber keinesfalls kochen lassen, damit sich das Miso-Aroma nicht verflüchtigt.

6 Inzwischen das Koriandergrün waschen und trocken schütteln. Die Blättchen abzupfen. Die Suppe mit der übrigen Sojasauce (1 EL) abschmecken, mit den Korianderblättchen bestreuen und sofort genießen.

GUT ZU WISSEN

Die geringelten **Mie-Nudeln** finden Sie als kompakten Block mittlerweile in jedem gut sortierten Supermarkt. Sie haben nur kurze, also »bequeme« Garzeiten und sind darum blitzschnell fertig. Sie müssen gar nicht mehr gekocht, sondern nur kurz zum Quellen mit heißem Wasser übergossen oder in eine Suppe eingelegt werden. Die Weizennudeln aus Südostasien bringen Glück, sagen die Menschen in Asien. Und zusammen mit der Misopaste machen sie jedes Süppchen zum **One-Pot-Umami** – zum Kräfte-Wecker auf magische Art.

TORTELLONI IN KOKOSBRÜHE

Exotisch und sahnig

Für 2 Personen
Zubereitungszeit ca. 20 Min.
pro Portion ca. 420 kcal

450 ml Gemüsebrühe
200 g Kokosmilch (aus der Dose)
1 Stängel Zitronengras (Asialaden)
1 Stück Ingwer (ca. 3 cm)
1 getrocknete rote Chilischote
200 g Spinat-Ricotta-Tortelloni (Kühlregal)
100 g Shiitake (Pilze; ersatzweise Egerlinge)
125 g Kirschtomaten
½ Bund Koriandergrün
Salz · Pfeffer

1 Die Gemüsebrühe mit der Kokosmilch in einem Topf aufkochen. Das Zitronengras waschen, die harten Außenblätter entfernen und die unteren 10 cm mit einem Messerrücken flach klopfen. Den Ingwer schälen. Zitronengras, Ingwer und Chilischote jeweils als Ganzes in die Brühe geben. Die Tortelloni dazugeben und bei schwacher Hitze 4 Min. garen.

2 Die Shiitake mit einem trockenen Tuch abreiben und von den Stielen befreien. Die Kappen in Scheiben schneiden. Die Kirschtomaten waschen und halbieren.

3 Die Pilze und die Tomaten in die Brühe geben, alles kurz aufkochen. Den Koriander abbrausen und trocken schütteln, die Blätter abzupfen und grob hacken.

4 Vor dem Servieren das Zitronengras, den Ingwer und die Chilischote entfernen. Die Suppe mit Salz und Pfeffer würzen und mit dem Koriandergrün bestreuen.

MIE-NUDELSUPPE MIT GARNELEN

Eins, zwei … fertig!

Für 2 Personen
Zubereitungszeit ca. 20 Min.
pro Portion ca. 425 kcal

3 TL Gemüsebrühe (Instant)
4 TL gelbe Currypaste
2 EL Mango-Chutney
150 g Kirschtomaten
160 g Mie-Nudeln
150 g Garnelen
(geschält; frisch oder TK)
3 Frühlingszwiebeln
Salz · 1 EL Zitronensaft
4 Stängel Basilikum

1 In einem Topf 700 ml Wasser mit Gemüsebrühpulver, Currypaste und Mango-Chutney zum Kochen bringen.

2 Die Tomaten waschen, halbieren und zusammen mit den Nudeln in den Topf geben. Die Suppe zugedeckt bei kleiner bis mittlerer Hitze ca. 3 Min. köcheln lassen.

3 Die Garnelen abbrausen und mit in die Suppe geben. Alles bei kleiner Hitze noch ca. 3 Min. ziehen lassen, bis die Mie-Nudeln bissfest und die Garnelen gar sind.

4 Inzwischen die Frühlingszwiebeln putzen, waschen und in feine Ringe schneiden. Das Basilikum waschen und trocken tupfen, die Blätter abzupfen.

5 Die Nudelsuppe mit Salz und Zitronensaft abschmecken. Kurz vor dem Servieren Frühlingszwiebeln und Basilikum in die Suppe geben und unterrühren.

VIETNAMESISCHE PHO-NUDELSUPPE

Die Nr. 1 der vietnamesischen Küche

Für 4 Personen
Zubereitungszeit ca. 30 Min.
pro Portion ca. 195 kcal

150 g Asia-Reisnudeln
1 Zwiebel
1 Stück Ingwer (ca. 3 cm)
3 Knoblauchzehen
2 rote Chilischoten
3 Frühlingszwiebeln
1 Handvoll Minzeblättchen
200 g braune Champignons
150 g Mungbohnensprossen
1,2 l Gemüsefond
(ersatzweise Gemüsebrühe)
½ TL Zimtpulver
2 Stück Sternanis
6 Gewürznelken
3 EL helle Sojasauce
3 TL brauner Zucker
150 g küchenfertiger Spinat
Salz · 1 Bio-Limette

1 Die Reisnudeln nach Packungsanweisung in heißem Wasser einweichen oder in kochendem Wasser garen, kalt abschrecken und abtropfen lassen.

2 Die Zwiebel, den Ingwer und den Knoblauch schälen. Zwiebel halbieren und in Streifen schneiden. Ingwer und Knoblauch fein würfeln. Die Chilischoten aufschlitzen, entkernen und waschen.

3 Die Frühlingszwiebeln putzen, waschen und in Ringe schneiden. Die Minze waschen und trocken tupfen. Die Champignons putzen, trocken abreiben und in dicke Scheiben schneiden. Die Sprossen in einem Sieb kalt abspülen und abtropfen lassen.

4 Die Nudeln zu Nestern drehen und auf Schalen verteilen. Die Frühlingszwiebeln und die Minze dazugeben.

5 Den Gemüsefond in einen Topf geben. Die Zwiebeln, den Ingwer, den Knoblauch und die Chilis dazugeben, Gewürze, Sojasauce und Zucker hinzufügen. Alles aufkochen und bei mittlerer Hitze 5 Min. kochen.

6 Den Fond durch ein Sieb gießen, zurück in den Topf geben und aufkochen. Die Pilze und Sprossen darin 3 Min. garen. Beides mit dem Schaumlöffel herausnehmen und neben den Nudeln anrichten.

7 Den Spinat in den Würzfond geben und zusammenfallen lassen, dann mit dem Schaumlöffel herausheben und ebenfalls in die Suppenschalen geben.

8 Die Suppe mit Salz abschmecken und in die Schalen auf die Einlagen gießen. Die Limette waschen, vierteln und zum Nachwürzen mit der Suppe servieren.

VARIANTE

PHO BO – RINDFLEISCHSUPPE

- Die Suppe wie oben im Rezept in den Schritten 1 bis 3 beschrieben vorbereiten. Dabei den Gemüsefond nach Belieben durch Rinderfond ersetzen.
- 250 g Rinderfilet in hauchdünne Scheiben schneiden und mit den Nudeln, den Frühlingszwiebeln und der Minze auf den Tellern anrichten.
- Die Suppe wie in den weiteren Schritten beschrieben mit den Würzzutaten kochen. Die Suppe jedoch zusätzlich mit 1 EL Fischsauce abschmecken.
- Zum Schluss noch einmal aufkochen und kochend heiß auf die Teller verteilen, damit das Rindfleisch darin etwas garen kann. Wie beschrieben servieren.

KOKOSSUPPE MIT HÄHNCHEN UND GLASNUDELN

Schenkt löffelweise Asienträume

Für 2 Personen
Zubereitungszeit ca. 25 Min.
pro Portion ca. 430 kcal

1 Zwiebel
1 Stück Ingwer (ca. 2 cm)
100 g Hähnchenbrustfilet
100 g Zuckerschoten
75 g Mungbohnensprossen
1 EL Öl
1 TL grüne Currypaste
250 ml Hühnerbrühe
1 kleine Dose Kokosmilch (ca. 165 g)
50 g Glasnudeln
2–3 Stängel Koriandergrün
2 EL Sojasauce

1 Die Zwiebel und den Ingwer schälen und in feine Würfel schneiden. Das Hähnchenbrustfilet trocken tupfen und in schmale Streifen schneiden. Die Zuckerschoten putzen und waschen, dann schräg halbieren. Die Mungbohnensprossen in einem Sieb kalt abbrausen.

2 Das Öl in einem Topf erhitzen und die Zwiebel- und Ingwerwürfel darin unter Rühren anbraten. Die Currypaste hinzufügen, das Hähnchenfleisch dazugeben und darin rundum anbraten.

3 Die Hühnerbrühe und die Kokosmilch dazugießen und alles aufkochen. Die Zuckerschoten hinzufügen und das Ganze offen ca. 5 Min. garen.

4 Inzwischen die langen Glasnudeln in einer Schüssel mit kochend heißem Wasser übergießen und ca. 5 Min. quellen lassen. Dann mit einer Schere kleiner schneiden, in ein Sieb abgießen und abtropfen lassen.

5 Das Koriandergrün waschen und trocken tupfen, die Blätter abzupfen und fein hacken. Zum Servieren die Glasnudeln auf tiefe Teller oder Schalen verteilen.
Die Sprossen zur Suppe geben, alles nochmals aufkochen und mit der Sojasauce würzen. Die Suppe auf die Glasnudeln geben und mit Koriander bestreuen.

GUT ZU WISSEN

Kokosmilch entsteht nicht in der Frucht, sondern wird erzeugt. Dazu püriert man das Fruchtfleisch mit Wasser. Die Masse wird ausgepresst, und heraus kommt die aromatische Kokosmilch. Ultrahocherhitzt kommt sie als Konserve in den Handel. Kokosmilch gibt asiatischen Spezialitäten eine exotische, süßlich-sahnige Note. Sie ist besonders in der thailändischen Küche unverzichtbar und mildert z. B. die Schärfe in Thai-Currys.

ASIATISCHE REISSUPPE MIT HUHN

Schnelles Suppenvergnügen mit Würze und Biss

Für 4 Personen
Zubereitungszeit ca. 30 Min.
pro Portion ca. 560 kcal

1 Stück Ingwer (ca. 3 cm)
2 Knoblauchzehen
1 rote Chilischote
250 g Hähnchenbrustfilet
2 EL Öl
1,25 l Hühnerbrühe
125 g 10-Minuten-Naturreis (s. Tipp)
600 g TK-Asia-Gemüse (ungewürzt)
Salz · Pfeffer
2–3 EL Sojasauce (z. B. Shoyu)
1–2 EL Limettensaft
4 Stängel Koriandergrün
50 g Sprossen-Mix (z. B. Linsen, Rettich, Alfalfa; Kühlregal)

1 Den Ingwer und den Knoblauch schälen und in feine Würfel schneiden. Die Chilischote waschen, putzen und mitsamt den Kernen in feine Ringe schneiden. Das Fleisch trocken tupfen und in feine Streifen schneiden.

2 Das Öl in einem großen Topf erhitzen und die Fleischstreifen darin bei mittlerer Hitze unter Wenden ca. 2 Min. anbraten, dann herausnehmen. Ingwer, Chili und Knoblauch kurz im Topf anbraten. Die Brühe angießen und aufkochen. Den Reis einstreuen und ca. 5 Min. kochen.

3 Das gefrorene Gemüse zur Suppe geben, diese bei starker Hitze erneut aufkochen und alles weitere 5 Min. garen. Die Suppe mit Salz, Pfeffer, Sojasauce und Limettensaft abschmecken. Das Fleisch dazugeben und in 2–3 Min. heiß werden lassen.

4 Inzwischen das Koriandergrün abbrausen und trocken schütteln, die Blätter abzupfen. Die Sprossen in einem Sieb kalt abbrausen und abtropfen lassen. Die Suppe auf vier Schalen verteilen, mit Sprossen und Koriander bestreuen und servieren.

TUNING-TIPP

Soll die Suppe noch gehaltvoller und sättigender werden? Dann machen Sie es wie die Chinesen: Zum Schluss 2 **Eier** verquirlen und unter Rühren in die fertige Suppe geben. Alles kurz aufkochen und die Eier stocken lassen.

GUT ZU WISSEN

Alle üblichen **Reissorten** wie weißer Langkornreis, brauner Naturreis, Basmati-Reis, Duftreis, Risotto-Reis etc. gibt es im gut sortierten Supermarkt auch **vorgegart.** Sie heißen dann Express-, Duo- oder Pronto-Reis. Eine weitere praktische Variante für die Schnelle Küche sind die 8-Minuten-Kochbeutel.

PASTA UND NUDELN

GELIEBTES SOULFOOD

Nudeln gehen immer

Fast jeder mag sie, und wenn man sich im Freundeskreis mal umhört, bekommt man auf die Frage »Was kochst du, wenn es schnell gehen muss?« meist ein knappes »Nudeln!« als Antwort. Grund genug, Express-Produkten wie Rigatoni, Tagliatelle, Fusilli & Co. in diesem Buch ein eigenes Kapitel zu widmen.

Asia-Blitz-Nudeln

Doch die Italiener bleiben nicht länger unter sich, denn ihre asiatischen Kollegen bestechen durch superkurze Garzeiten und finden unter den Blitz-Köchen immer mehr Anhänger. Fix im Wok mit Gemüse und Fleisch oder Garnelen gebrutzelt machen sie den schnellen Klassikern von der Halbinsel, wie Spaghetti Aglio e Olio und Pasta Pomodoro, Konkurrenz. Lesen Sie hier, welche Nudelvariationen das Asiaregal für Sie bereithält.

Mie-Nudeln finden Sie als kompaktes Nudelknäuel im Supermarkt oder Asialaden. Sie bestehen aus Weizenmehl, Salz, Wasser und Eiern – letztere sind aber nicht zwingend. Die vor allem im südostasiatischen Raum beliebten Nudeln werden einfach in eine Schüssel gelegt, mit kochend heißem Wasser übergossen und sind dann nach 4–5 Min. Quellzeit verzehrfertig. In Asien isst man sie gerne zusammen mit Gemüse und Fleisch oder Fisch im Wok gebraten als Bami Goreng oder als Einlage in Suppen.

Aus Mungbohnenstärke werden die durchscheinenden **Glasnudeln** hergestellt. Wenn sie keine weiteren Mehle enthalten, sind sie deshalb auch glutenfrei. Die hauchdünnen Fadennudeln genießt man in Asien als Füllung in Frühlings- oder Sommerrollen, als Einlage in würzigen Brühen oder als Basis für scharfen Glasnudelsalat. Sie garen nur sehr kurz in heißem Wasser und sind deshalb eine perfekte Zutat in der schnellen Küche.

MIE-NUDELN können Sie direkt in der Suppe oder im Thai-Curry garen – in wenigen Minuten sind sie al dente.

Reisnudeln bestehen vor allem aus Reismehl, das ihnen nach dem Kochen ihr milchiges Aussehen verleiht. Sie sind als lange Nudeln in unterschiedlichen Breiten zu bekommen, von spaghettidünn bis tagliatellebreit. In ihren Ursprungsländern werden sie ganz unterschiedlich in der Küche zubereitet. In Vietnam sind sie Einlage in einer wunderbar anis- und chiliwürzigen Suppenbrühe, Pho genannt, und in Thailand werden sie als Phad Thai (gebratene Nudeln) serviert.

Kochzeiten sinnvoll nutzen

Während das Wasser für die Pasta aufkocht oder auch schon die Nudeln darin garen, haben Sie meistens genügend Zeit, um eine **schnelle Sauce** zuzubereiten. Lassen Sie diese wertvollen Minuten nicht ungenutzt verstreichen, in denen es eigentlich nichts zu tun gibt, als darauf zu achten, dass das Nudelwasser nicht überkocht.

Noch schneller sprudelt das Wasser für die Pasta im Topf, wenn Sie es vorher im **Wasserkocher** aufkochen, dann erst in den Nudeltopf umfüllen und darin erneut aufkochen. Diese Methode spart außerdem etwas Strom. Zudem sollten Sie das Wasser erst salzen, wenn es kocht; Salzwasser hat nämlich einen höheren Siedepunkt als ungesalzenes Wasser.

ITALIENISCHE PASTA aus Hartweizen gart je nach Form und Größe zwischen fünf und zwölf Minuten.

ASIA-NUDELN aus Reis oder Stärke sind noch schneller fertig. Glasnudeln & Co. müssen nur in heißem Wasser quellen.

Pasta aus dem Kühlregal

Besonders schnell ist vorgekochte frische Pasta. Der Griff ins Kühlregal des Supermarkts lohnt sich also, wenn die Zeit drängt. Innerhalb von zwei Minuten Kochzeit schwimmen die Nudeln schon an der Oberfläche des Nudelwassers – ein sicheres Zeichen dafür, dass sie gar sind. Laut einer Studie verwendet sie jeder zweite Haushalt in Deutschland. Vielleicht sind sie auch deshalb so beliebt, weil neben den puren Klassikern, wie Tagliatelle, Fettuccine und Gnocchi, auch gefüllte Sorten, wie Ravioli und Tortellini, für Abwechslung auf dem Pastateller sorgen.

Gefüllte Pasta aus der Kühlung ist supereasy für die schnelle Küche. Ravioli oder Tortellini verstecken in ihrem Inneren meistens Ricotta und Spinat, vier Käsesorten oder Fleisch. Sie müssen sie nur noch 2–3 Min. in kochendem Salzwasser garen, und dann steht das Essen schon beinahe auf dem Tisch. Weil die gefüllten Nudeln schon für sich viel Geschmack bieten, wird die Sauce zur Nebensache. Für ganz Eilige reicht flüssige Butter und Parmesan. Wer ein paar Salbeiblätter zu Hause hat, kann die in der Butter noch knusprig braten. Perfekt dazu sind auch das Tomatensugo oder das Pesto von Seite 121.

Spätzle & Co.

Spätzle sind typisch für die Küche in Deutschlands genießerischem Süden und Südwesten. Man kann sie in lang oder kurz (sogenannte Knöpfle) kaufen. Anders als Spaghetti oder Rigatoni kombiniert man sie gerne mit Fleisch und Braten- oder Rahmsauce, in Schwaben sogar mit Linsen und Wiener Würstchen. Anders als die anderen genannten Pastasorten können Sie Spätzle sehr schnell selbst zubereiten; noch schneller geht es natürlich mit dem Produkt aus dem Kühlregal. Gegart werden sie entweder in kochendem Salzwasser; man kann sie aber, wenn es noch schneller gehen muss, auch nach Packungsanweisung in etwas Butter und Wasser in der Pfanne oder in der Mikrowelle erhitzen.

Gnocchi sind Mini-Kartoffelknödelchen, die in der Regel nur aus Kartoffeln, Salz und Mehl hergestellt werden. Die Variante aus dem Kühlregal kann, genauso wie Spätzle, in kochendem Salzwasser oder zusammen mit etwas Fett in der Pfanne tellerfertig gemacht werden. Geschmacklich sind sie eine Mischung aus Pasta und Knödel, und darum kann man sie mit fast allem kombinieren: von Sauce Bolognese bis Rahmgeschnetzeltes, von Spargel bis Kürbis. Sie harmonieren mit Fisch, Fleisch, Gemüse, Pilzen und Käse, sie schmecken mit Sauce oder ohne und sind deshalb auch die perfekte Zutat, um mit ihnen als Basis noch alles Mögliche zu verbraten, was im Kühlschrank so herumliegt.

Fingernudeln, Bubenspitzle oder Baunzen sind andere Begriffe für **Schupfnudeln**. Und je nachdem, ob sie in Österreich, Baden, der Pfalz, in Schwaben oder Bayern auf den Tisch kommen, setzt sich ihr Teig unterschiedlich zusammen. Mal wird dafür ein Kartoffelteig mit den Händen in Form »geschupft«, mal ein Gemisch aus Mehl und Eiern. Vor dem Servieren kommen die Nudeln dann entweder in kochendes Salzwasser, in heißes Frittierfett oder in eine Bratpfanne.

So vielfältig wie die Zubereitungsarten sind die Kombinationsmöglichkeiten der länglichen Nudeln mit den spitzen Enden: Schnell in der Pfanne sind sie in der herzhaften Variante gemeinsam mit Sauerkraut – nach Belieben mit oder ohne Speck – oder als süßer Sattmacher mit Beerensauce wie im Rezept Seite 296. Schupfnudeln aus dem Kühlregal sind in der Regel bereits vorgegart und es genügt, sie in wenigen Minuten in einer Pfanne oder in der Mikrowelle zu erhitzen, um daraus das gewünschte Blitzgericht zu zaubern.

Und dazu: Saucen auf Vorrat

Pesto und Tomatensugo lassen sich gut vorab zubereiten. Pesto hält sich im Kühlschrank mindestens zwei Wochen, und Sugo heiß in Schraubgläser gefüllt oder eingefroren sogar Monate. Sie sind der Ratzfatz-Joker, wenn wirklich keine Zeit ist. Zudem lassen sie sich nach Wunsch und Zeitbudget prima aufpeppen. Sugo mit Hackbällchen oder angebratenem Hackfleisch, mit Gemüse oder Thunfisch. Pesto wird mit Sahne und Schinken zur cremigen Pastasauce, auch gebratene Pilze, Fisch oder Fleisch machen mehr aus der Pesto-Pasta.

FÜR DEN VORRAT
Selbst gemachten Tomatensugo kochend heiß in Gläser füllen, sofort luftdicht verschließen und auskühlen lassen.

Damit die Saucen nicht schimmeln, müssen Sie sie unbedingt in **sterilisierte Schraubgläser** füllen. Dazu die Gläser zunächst sauber abspülen. Dann Deckel und Gläser in einen großen Topf legen, mit Wasser bedecken, dieses zum Kochen bringen und 5–10 Min. kochen lassen. Die Deckel und Gläser mithilfe einer Grillzange oder eines Kochlöffelstiels aus dem Topf angeln und umgedreht auf einem sauberen Geschirrtuch abtropfen lassen.

Zwei Must-have-Rezepte

Tomatensugo selbst gemacht (für 8 Portionen): 2 Zwiebeln und 3 Knoblauchzehen schälen und in Würfel schneiden. 2 EL Olivenöl in einem Topf erhitzen, die Zwiebel- und Knoblauchwürfel darin andünsten. 2 TL Zucker und 2 EL Tomatenmark dazugeben und karamellisieren. 800 g stückige Tomaten aus der Dose und 200 ml Gemüsebrühe dazugeben und die Sauce ca. 10 Min. offen köcheln lassen. Den Sugo mit Salz, Pfeffer und getrocknetem Oregano abschmecken, kochend heiß in sauber ausgespülte Schraubgläser abfüllen, verschließen und die Gläser ca. 5 Min. auf den Kopf stellen. Dann die Gläser umdrehen und vollständig auskühlen lassen. So hält sich die Sauce im Kühlschrank ca. 6 Wochen.

Rucola-Pesto selbst gemacht (für 8 Portionen): 6 EL Walnusskerne in einer Pfanne ohne Fett bei mittlerer Hitze rösten. 2 Bund Rucola von groben Stielen befreien, waschen, trocken schleudern und grob hacken. 2 Knoblauchzehen schälen. Walnüsse, Rucola, Knoblauch, 6 EL frisch geriebenen Parmesan, 150 ml Olivenöl sowie Salz und Pfeffer in einen hohen Rührbecher geben und mit dem Pürierstab fein pürieren. Das Pesto in saubere Schraubgläser füllen, mit Olivenöl bedecken und kühl und dunkel lagern. So hält sich das Pesto mindestens 2 Wochen. Statt Rucola und Walnüsse schmecken auch getrocknete Tomaten und Mandeln, Bärlauch und Haselnüsse oder Basilikum und Pinienkerne ganz wunderbar.

ZEITSPAR-PLUS: VORRÄTE ANLEGEN

Nudeln, Mehl, Hülsenfrüchte, Dosentomaten, Antipasti, Essig, Öl, Kartoffeln, Zwiebeln, Knoblauch und Pesto sind lange haltbar und perfekte Zutaten für die Express-Nudelküche, denn wenn's pressiert, nervt die lange Feierabendschlange an der Supermarktkasse noch mehr. Legen Sie sich einen kleinen Vorrat dieser Zutaten an. Ist die letzte Packung angebrochen oder die letzte Zwiebel geschält, setzen Sie die Zutat gleich auf die Einkaufsliste.

SOMMER-BOLOGNESE

Schnelle Sommer-Variante des geliebten Klassikers

Für 4 Personen
Zubereitungszeit ca. 25 Min.
pro Portion ca. 340 kcal

2 Knoblauchzehen
5 Zweige Thymian
2 EL Olivenöl
400 g mageres Rinderhackfleisch
2 EL Tomatenmark
1 TL Pul Biber
(türkische Chiliflocken)
Salz · Pfeffer
500 g Nudeln
(z. B. Tagliatelle oder Penne)
½ Bio-Zitrone
50 g Parmesan
400 g Kirschtomaten
1 Bund Basilikum

1 Den Knoblauch schälen und fein hacken. Den Thymian waschen und trocken schütteln, die Blättchen abstreifen.

2 Das Öl in einer Pfanne erhitzen. Hackfleisch darin unter Wenden in ca. 5 Min. kräftig krümelig anbraten. Knoblauch, Thymian und Tomatenmark einrühren, 1–2 Min. anrösten. Mit Pul Biber, Salz und Pfeffer würzen.

3 175 ml Wasser einrühren und alles unter gelegentlichem Rühren bei mittlerer Hitze ca. 5 Min. köcheln lassen, bis die Flüssigkeit fast verdampft ist.

4 Die Nudeln nach Packungsanweisung in reichlich Salzwasser bissfest garen.

5 Inzwischen die Zitrone heiß waschen und abtrocknen, die Schale fein abreiben. 2 EL Zitronensaft auspressen. Den Parmesan reiben. Die Tomaten waschen, trocken tupfen und halbieren. Basilikum waschen und trocken schütteln, die Blätter von den Stielen zupfen.

6 Zitronensaft und -schale unter die Hackfleischmischung rühren und diese mit Salz und Pfeffer abschmecken. Die Hackfleischmischung sowie Tomaten und Basilikum unter die frisch gekochten Nudeln heben. Die Nudeln auf Tellern anrichten und mit Parmesan bestreuen.

VARIANTE

VEGGIE-BOLOGNESE

- Knoblauch und Thymian verarbeiten wie oben beschrieben. Statt Hackfleisch 400 g Tofu mit einer Gabel krümelig zerdrücken und mit 2 EL Sojasauce mischen.
- In Schritt 2 das Öl in einer Pfanne erhitzen und darin Tofu und Knoblauch anbraten, dann Thymian und Tomatenmark einrühren und kurz mitbraten. Mit Pul Biber, Salz und Pfeffer würzen.
- Weiter verfahren wie im Rezept in Schritt 3–6 beschrieben. Zuletzt die Tofu-Bolognese unter die frisch gekochten Nudeln heben und mit Parmesan bestreuen.

BLITZ-NUDELN MIT LACHS UND SPINAT

Wenige Zutaten, wenig Aufwand, aber ganz viel Geschmack!

Für 4 Personen
Zubereitungszeit ca. 15 Min.
pro Portion ca. 575 kcal

2 EL Sonnenblumenkerne
250 g Kirschtomaten
150 g geräucherter Lachs
500 g frische Bandnudeln
(aus dem Kühlregal)
200 g Baby-Spinat · 1 EL Olivenöl
100 g Doppelrahmfrischkäse
mit Knoblauch und Kräutern
Salz · Pfeffer

1 Für die Nudeln 2 l Wasser im Wasserkocher aufkochen. Inzwischen in einer großen Pfanne die Sonnenblumenkerne ohne Fett anrösten, dann herausnehmen. Die Kirschtomaten waschen und halbieren. Den Räucherlachs in schmale Streifen schneiden.

2 Das Wasser in einen Topf umfüllen, salzen und erneut aufkochen. Die Nudeln hineingeben, umrühren und nach Packungsanweisung bissfest garen.

3 Während die Nudeln kochen, den Spinat verlesen, waschen und abtropfen lassen. Das Olivenöl in der Pfanne erhitzen und den Spinat darin unter Wenden in 2–3 Min. zusammenfallen lassen.

4 Für die Sauce mit einer Kelle 125 ml vom Nudelwasser abnehmen und in eine Schüssel geben. Den Frischkäse darunterrühren, dann die Mischung zum Spinat geben und unterrühren. Die Spinatsauce 2–3 Min. köcheln lassen und mit Salz und Pfeffer fein abschmecken.

5 Die Nudeln abgießen, abtropfen lassen und unter die Sauce rühren. Die Tomatenhälften und den Lachs untermischen. Abschmecken und anrichten. Die Sonnenblumenkerne zum Bestreuen separat dazu reichen.

TOMATEN-SAHNE-TORTELLINI

Einfach genial mit frisch-herber Rucola-Note

Für 2 Personen
Zubereitungszeit ca. 20 Min.
pro Portion ca. 530 kcal

150 g Sahne
1 TL Tomatenmark
1 Knoblauchzehe
1 Handvoll Kirschtomaten
Salz
Cayennepfeffer
300 g frische Tortellini
(aus der Kühltheke; Füllung nach Belieben)
½ Bund Rucola

1 In einem Topf 3 l Wasser aufkochen. Währenddessen in einer Pfanne die Sahne mit dem Tomatenmark verrühren und bei mittlerer Hitze erwärmen. Den Knoblauch schälen und halbieren, dann zur Sahnemischung geben und darin ziehen lassen.

2 Die Kirschtomaten waschen und in Viertel schneiden. Unter die Sauce rühren und alles mit je 1 Prise Salz sowie Cayennepfeffer würzen.

3 Sobald das Wasser kocht, 3 TL Salz und die Tortellini hineingeben, dann umrühren und die Nudeln nach Packungsangabe in 2–4 Min. bissfest kochen.

4 Inzwischen den Rucola waschen, grobe Stiele entfernen und die Blätter kleiner zupfen. Wenn die auf der Packung angegebene Kochzeit abgelaufen ist und alle Tortellini oben schwimmen, die Nudeln zunächst mit einem Schaumlöffel herausheben und dann in einem Sieb ca. ½ Min. abtropfen lassen.

5 Knoblauchhälften aus der Sahne fischen und wegwerfen (sie sollten die Sauce nur ganz leicht aromatisieren). Tortellini und Rucola zur Sauce geben und untermischen. Auf zwei Teller verteilen und sofort servieren.

PASTA MIT KÜRBIS UND SALBEI

One-Pot-Rezept – spart Zeit und Töpfe

Für 2 Personen
Zubereitungszeit ca. 30 Min.
pro Portion ca. 725 kcal

½ kleiner Hokkaido-Kürbis
(ca. 250 g Fruchtfleisch)
½ dünne Stange Lauch
8 frische Salbeiblätter
½ Bio-Zitrone
2 EL Olivenöl
1 EL Butter
150 g kurze Nudeln
(z. B. Casarecce oder dünne Makkaroni)
100 g Sahne
450 ml kräftige Gemüsebrühe
Salz · Pfeffer
Piment d'Espelette (Chilipulver)
30 g Parmesan (nach Belieben)

1 Die Kürbishälfte waschen. Die Kerne und das faserige Fruchtfleisch entfernen. Unschöne Stellen der Schale abschneiden und den Kürbis in ca. 1 cm groß würfeln.

2 Den Lauch halbieren, gründlich waschen und quer in dünne Scheiben schneiden. Die Salbeiblätter mit Küchenpapier trocken abreiben. 1 Salbeiblatt hacken. Die Zitronenhälfte heiß waschen und abtrocknen, die Schale fein abreiben, den Saft auspressen.

3 Das Öl zusammen mit der Butter in einem Topf stark erhitzen. Die ganzen Salbeiblättchen darin bei großer Hitze unter Rühren kurz braten, mit einem Schaumlöffel herausnehmen, auf Küchenpapier abtropfen lassen.

4 Die Kürbiswürfel und den Lauch im verbliebenen Fett bei kleiner Hitze ca. 1 Min. unter Rühren andünsten. Die Nudeln darunterrühren. Die Sahne und die Gemüsebrühe dazugießen und alles bei großer Hitze zugedeckt aufkochen. Dann die Hitze reduzieren.

5 Mit Salz, Pfeffer, Piment d'Espelette und 1 TL abgeriebener Zitronenschale sowie dem gehackten Salbei würzen. Nach Packungsanweisung der Nudeln bei kleiner Hitze offen ca. 10 Min. köcheln lassen. Mehrmals umrühren und eventuell noch etwas Wasser angießen.

6 Inzwischen den Parmesan (falls verwendet) reiben. Wenn die Nudeln bissfest gegart sind und die Flüssigkeit fast vollständig aufgenommen haben, den Topf vom Herd nehmen. Das Gericht mit Zitronensaft, Salz und Pfeffer abschmecken und mit Salbei und nach Belieben Parmesan bestreut servieren.

GENUSS-TIPP
Salbei hat heilende Kräfte. Und mit Kürbis und Lauch hilft er wunderbar, trübes Wintergrau einfach zu ignorieren. Denn stehen die Nudeln mit dem würzigen Grün und den Würfeln in Orange erst mal auf dem Tisch – dann sieht die Welt doch gleich bunter aus.

SIZILIANISCHE MANGOLDSAUCE

Lecker mit Rosinen und Pinienkernen

Für 4 Personen
Zubereitungszeit ca. 30 Min.
pro Portion ca. 220 kcal

1 Zwiebel
1 Knoblauchzehe
400 g Mangold
(ersatzweise Blattspinat)
2 EL Öl
50 g Rosinen
½ TL Zimtpulver
1 TL flüssiger Honig
Salz · Pfeffer
40 g geröstete Pinienkerne
50 g frisch geriebener Parmesan

1 Zwiebel und Knoblauch schälen und in feine Würfel schneiden. Den Mangold waschen und trocken schütteln, die Blätter von den Stielen schneiden. Stiele putzen und in kleine Stücke schneiden, Blätter grob hacken.

2 Das Öl in einer weiten Pfanne erhitzen. Die Zwiebel- und Knoblauchwürfel darin andünsten. Mangoldstiele dazugeben und unter Wenden 2–3 Min. mitbraten. Die Mangoldblätter dazugeben und unter Wenden in weiteren 2–3 Min. zusammenfallen lassen.

3 Die Rosinen, das Zimtpulver und den Honig sowie 50 ml Wasser dazugeben und alles zugedeckt weitere ca. 5 Min. dünsten. Mit Salz und Pfeffer abschmecken. Frisch gekochte Nudeln (z. B. Penne) untermischen. Mit Pinienkernen und Parmesan bestreuen.

ZITRONENSAUCE MIT SPARGEL

Frühlings-Rezept für Spargel-Fans

Für 4 Personen
Zubereitungszeit ca. 30 Min.
pro Portion ca. 305 kcal

500 g grüner Spargel
Salz
1 Bio-Zitrone
1 Bund Basilikum
2 ganz frische Eigelb (M)
2 EL Schmand
75 g frisch geriebener Parmesan
4 EL Olivenöl
Pfeffer
2 EL gehackte Pistazienkerne

1 Den Spargel waschen, die Enden abschneiden. Die Stangen im unteren Drittel schälen, dann schräg in ca. 3 cm lange Stücke schneiden. In Salzwasser in 8–10 Min. bissfest garen.

2 Inzwischen die Zitrone heiß waschen und abtrocknen, die Schale fein abreiben. Die Zitrone halbieren und von einer Hälfte den Saft auspressen. Das Basilikum waschen und trocken schütteln, die Blätter von den Stielen zupfen und in Streifen schneiden. Den Spargel abgießen und abtropfen lassen, warm halten.

3 Die Eigelbe zusammen mit dem Schmand in eine Rührschüssel geben und mit einem Schneebesen verquirlen. Den Parmesan, das Öl, den Zitronensaft und die Zitronenschale dazugeben und unterrühren. Mit Salz und Pfeffer würzen. Frisch gekochte Nudeln wie z. B. Linguine unter die cremige Sauce heben, bis sie damit überzogen sind. Spargel und Basilikum daruntermischen. Mit Pistazien bestreut anrichten.

GNOCCHI MIT AUSTERNPILZEN UND KIRSCHTOMATEN

Kleine Kartoffelnudeln – großer Genuss!

Für 2 Personen
Zubereitungszeit ca. 20 Min.
pro Portion ca. 375 kcal

200 g Austernpilze
100 g Kirschtomaten
1 rote Spitzpaprika
4 frische Salbeiblätter (nach Belieben)
1 Knoblauchzehe
200 g Gnocchi (Kühlregal)
1 EL Butter
1 EL Olivenöl
100 ml Gemüsebrühe
2 EL Crème fraîche
Salz · Pfeffer

1 Die Austernpilze mit einem feuchten Küchenpapier abreiben und dicke sowie harte Stielenden abschneiden. Die Pilze in Streifen schneiden. Die Tomaten waschen und halbieren. Paprika waschen, den Stiel abschneiden und die Kerne und Trennwände mit einem Messer entfernen, die Schote in Ringe schneiden.

2 Die Salbeiblättchen waschen, trocken tupfen und fein hacken. Die Knoblauchzehe schälen und fein hacken.

3 Falls nötig, die Gnocchi nach Packungsangabe in wenig heißem Wasser zugedeckt ca. 2 Min. vorgaren. Butter und Olivenöl in einer Pfanne stark erhitzen. Die Austernpilze darin bei großer Hitze 1–2 Min. unter Rühren anbraten. Den gehackten Salbei bis auf einen kleinen Rest sowie den Knoblauch darüberstreuen.

4 Die Hitze etwas reduzieren, die (eventuell vorgegarten) Gnocchi sowie die Paprikaringe mit in die Pfanne geben und ca. 2 Min. unter gelegentlichem Rühren mitbraten.

5 Die Kirschtomaten dazugeben und ca. 1 Min. mitbraten, dann die Gemüsebrühe dazugießen und die Crème fraîche unterrühren. Das Ganze kurz einköcheln lassen, mit Salz und Pfeffer abschmecken, mit dem restlichen Salbei bestreuen und servieren.

SPEED-TIPP

Noch schneller geht's, wenn Sie die Pilze einfach in fertiger **Kräuterbutter** anbraten. Übrige Gnocchi lassen sich übrigens gut einfrieren.

TAUSCH-TIPP

Lust auf zartes Fleisch? Statt der Austernpilze können Sie 1 **Kalbsschnitzel** in Streifen schneiden und mitbraten.

ZUCCHINI-MINZE-NUDELN

Mmhh, mit Mascarpone!

Für 2 Personen
Zubereitungszeit ca. 25 Min.
pro Portion ca. 650 kcal

1 Zucchino (ca. 150 g)
1 Knoblauchzehe
2 Frühlingszwiebeln
1 Bio-Limette
2–3 Stängel Minze
80 g Mascarpone
Salz · Pfeffer
Zucker
200 g Dinkel-Fusilli (Spiralnudeln)
2 EL Olivenöl

1 Den Zucchino waschen, putzen, längs halbieren und quer in Scheiben schneiden. Den Knoblauch schälen und fein hacken. Die Frühlingszwiebeln waschen, putzen und in feine Ringe schneiden.

2 Die Limette heiß waschen und abtrocknen, die Schale auf der Küchenreibe fein abreiben, den Saft auspressen (soll 2 EL ergeben). Die Minze waschen und trocken schütteln, die Blätter abzupfen.

3 Den Mascarpone, Limettensaft und -schale sowie die Minzeblätter und je 1 kräftige Prise Salz, Pfeffer und Zucker im Mixer oder in einem hohen Rührbecher mit dem Pürierstab fein pürieren.

4 In einem großen Topf 2 l Wasser aufkochen und salzen. Die Nudeln darin nach Packungsangabe bissfest garen. Inzwischen das Öl in einer Pfanne erhitzen. Zucchini, Knoblauch und Frühlingszwiebeln darin 3–4 Min. braten, dabei mehrmals wenden. Salzen und pfeffern.

5 Die Nudeln in ein Sieb abgießen und abtropfen lassen, dann mit dem Pfanneninhalt mischen. Die Mascarpone-Sauce darübergießen. Sofort servieren.

ZWIEBEL-TOMATEN-PASTA

Tolles Aroma durch Karamell-Zwiebeln

Für 2 Personen
Zubereitungszeit ca. 20 Min.
pro Portion ca. 710 kcal

1 große rote Zwiebel
1 Knoblauchzehe
6 getrocknete Tomaten (in Öl + 4 EL Einlegeöl)
150 g Kirschtomaten
Salz · 200 g Penne rigate
½ TL Zucker
2 EL Pinienkerne
2 Stängel Basilikum
Pfeffer

1 Die Zwiebel schälen, halbieren und in dünne Spalten schneiden. Den Knoblauch schälen und fein hacken.

2 Die getrockneten Tomaten abtropfen lassen, dabei das Öl auffangen. Die getrockneten Tomaten in feine Würfel schneiden. Die Kirschtomaten waschen und halbieren.

3 In einem großen Topf 2 l Wasser aufkochen und salzen. Die Nudeln darin nach Packungsangabe bissfest garen. Inzwischen 4 EL vom Tomatenöl in einer großen Pfanne bei mittlerer Hitze erhitzen. Die Zwiebeln und den Knoblauch hineingeben, Zucker und 1 Prise Salz darüberstreuen und alles ca. 3 Min. anbraten.

4 Pinienkerne, getrocknete Tomaten und Kirschtomaten in die Pfanne geben und ca. 5 Min. mitbraten, dabei die Pfanne einige Male kräftig rütteln, damit sich nichts am Pfannenboden ansetzt.

5 Das Basilikum waschen und trocken schütteln, die Blätter von den Stielen abzupfen und zerkleinern. Die Nudeln in ein Sieb abgießen. Den Pfanneninhalt salzen und pfeffern, die Nudeln dazugeben und alles vorsichtig durchmischen. Zum Servieren die Basilikumblättchen darüberstreuen.

GORGONZOLASAUCE

Sahnig italienisch

Für 4 Personen
Zubereitungszeit ca. 25 Min.
pro Portion ca. 360 kcal

150 ml Milch
100 g Sahne
200 g Gorgonzola
300 g junger Blattspinat
2 EL trockener Weißwein
Salz · Pfeffer
frisch geriebene Muskatnuss
2 EL geröstete Sonnenblumenkerne

1 Die Milch zusammen mit Sahne in einen Topf geben und erhitzen. Den Gorgonzola in Würfel schneiden und unter Rühren in der Milchmischung schmelzen lassen. Die Sauce ca. 10 Min. köcheln lassen, dabei öfter umrühren und darauf achten, dass sie nicht überkocht.

2 Inzwischen Spinat verlesen, waschen, gut abtropfen lassen und grob hacken. Wein unter die Sauce rühren und den Spinat dazugeben. Unter Rühren weitere 2–3 Min. köcheln, bis der Spinat zusammengefallen ist.

3 Die Sauce mit Salz, Pfeffer und Muskat würzen. Frisch gekochte Nudeln wie z. B. Tagliatelle untermischen, die Sonnenblumenkerne daraufstreuen.

PASTA TONNATA

Einfach und aromatisch

Für 4 Personen
Zubereitungszeit ca. 25 Min.
pro Portion ca. 390 kcal

1 Zwiebel
1 Knoblauchzehe
2 Stangen Staudensellerie
2 Dosen Thunfisch in Öl
(je 185 g Abtropfgewicht)
2 EL Olivenöl
100 ml Gemüsebrühe
150 g Sahne
abgeriebene Schale und 1 EL Saft
von 1 Bio-Zitrone
5 TL Kapern (aus dem Glas)
Salz · Pfeffer · 50 g Rucola

1 Die Zwiebel und den Knoblauch schälen und würfeln. Sellerie putzen, waschen und klein schneiden. Den Thunfisch abgießen, abtropfen lassen und zerpflücken.

2 Das Olivenöl erhitzen. Zwiebel, Knoblauch und Sellerie darin andünsten. Brühe und Sahne dazugießen und aufkochen. 5 Min. köcheln lassen. Zitronenschale, -saft und Thunfisch einrühren und das Ganze pürieren.

3 Die Kapern abgießen und zusammen mit 1 TL der Einlegeflüssigkeit unterrühren. Die Sauce salzen, pfeffern und erneut erhitzen. Den Rucola waschen, trocken schütteln und klein schneiden. Frisch gekochte Nudeln wie z. B. Spaghetti unter die Thunfischsauce mischen und zum Servieren Rucola daraufstreuen.

PIKANTE VIER-KÄSE-SAUCE

Soooo cremig!

Für 4 Personen
Zubereitungszeit ca. 25 Min.
pro Portion ca. 335 kcal

60 g Bergkäse
50 g Fontina
(ersatzweise Raclettekäse)
50 g Parmesan
60 g milder Gorgonzola
1 Knoblauchzehe
40 g Butter
1 EL Mehl
150 ml Milch
25 ml trockener Weißwein
Salz · Pfeffer
2 EL gehackte Petersilie

1 Bergkäse, Fontina und Parmesan grob reiben. Gorgonzola würfeln. Den Knoblauch schälen und fein würfeln.

2 Die Butter in einem Topf erhitzen, den Knoblauch darin andünsten. Mit Mehl bestäuben und anschwitzen. Die Milch und den Weißwein einrühren und das Ganze ca. 5 Min. köcheln lassen, aber nicht kochen.

3 Alle 4 Sorten Käse in die Sauce rühren und schmelzen lassen. Die Sauce mit Salz und Pfeffer würzen. Frisch gekochte Nudeln wie z. B. Casarecce unter die Sauce mischen und das Gericht mit Petersilie bestreuen.

SPECK-TOMATEN-SAUCE

Scharf und würzig

Für 4 Personen
Zubereitungszeit ca. 25 Min.
pro Portion ca. 160 kcal

100 g Pancetta
2 Zwiebeln
2–3 Peperoncini (je nach gewünschter Schärfe)
Zucker
2 Dosen stückige Tomaten (je 400 g)
Salz · Pfeffer
50 g Kapern (aus dem Glas)
30 ml Wodka (nach Belieben)

1 Die Pancetta in kleine Würfel schneiden. Die Zwiebeln schälen und fein würfeln. Die Peperoncini zerbröseln.

2 Die Pancettawürfel in einem weiten Topf ohne Fett knusprig auslassen, dann herausnehmen. Die Zwiebelwürfel im Speckfett andünsten. Die Peperoncini und 1 Prise Zucker dazugeben. Die Dosentomaten dazugießen, die Sauce salzen und pfeffern, dann aufkochen und ca. 15 Min. köcheln lassen. Dabei öfter umrühren.

3 Die Kapern abtropfen lassen und grob hacken, dann zusammen mit Pancetta und nach Belieben dem Wodka unter die Tomatensauce rühren. Diese unter Rühren erhitzen, aber nicht kochen, und mit Salz, Pfeffer und Zucker abschmecken. Frisch gekochte Nudeln wie z. B. Bandnudeln daruntermischen.

DER LIEBLINGSKLASSIKER

LASAGNE MIT ZUCCHINI

Schicht für Schicht ein Genuss

Für 4 Personen
Zubereitungszeit ca. 25 Min.
Backzeit 40 Min.
pro Portion ca. 800 kcal

2 Dosen stückige Tomaten (je 400 g)
2 EL Aceto balsamico bianco
3 EL Honig
4 EL italien. TK-Kräuter
Salz · Pfeffer
2 grobe Bratwürste (ca. 150 g)
200 g Crème fraîche
2 Prisen frisch geriebene Muskatnuss
150 g geriebener Käse (Fertigprodukt)s
400 g Zucchini
1 EL Olivenöl
16 Lasagneplatten
(ohne Vorkochen; ca. 260 g)
Außerdem:
Auflaufform (ca. 35 × 25 cm)

1 Den Backofen auf 200° vorheizen. Für die Tomatensauce die Dosentomaten mit 400 ml Wasser, dem Essig, 2 EL Honig und den Kräutern verrühren. Mit Salz und Pfeffer würzen. Das Brät der Bratwürste aus der Haut drücken und mit der Tomatensauce verrühren, bis es sich gleichmäßig verteilt hat.

2 In einer kleinen Schüssel die Crème fraîche mit 100 ml kaltem Wasser glatt verrühren. Mit Salz und Muskat würzen, dann 50 g Reibekäse untermischen.

3 Die Zucchini waschen, putzen und in dünne Scheiben schneiden. Das Olivenöl in einer Pfanne erhitzen. Die Zucchinischeiben darin ca. 5 Min. beidseitig anbraten. Den restlichen Honig dazugeben und die Zucchini damit glasieren. Mit Salz und Pfeffer würzen.

4 Zunächst 300 ml von der Tomatensauce in die Auflaufform geben. Dann darauf nebeneinander 4 Nudelplatten legen und wieder 300 ml Sauce sowie je ein Drittel der Crème-fraîche-Mischung und der Zucchinischeiben verteilen. Diese Schichtung zweimal wiederholen und mit den übrigen Nudelplatten und der restlichen Tomatensauce abschließen.

5 Die Lasagne im heißen Ofen (Mitte) 20 Min. backen, dann mit dem restlichen Käse bestreuen und in weiteren 20 Min. fertig backen. Dabei gegen Ende eventuell kurz den Ofengrill dazuschalten.

RAVIOLI-GRATIN MIT SPINAT

Vegetarischer Italien-Hit alla Mamma

Für 4 Personen
Zubereitungszeit ca. 20 Min.
Backzeit 10 Min.
pro Portion ca. 530 kcal

1 Zwiebel · 1 Knoblauchzehe
2 EL Olivenöl
500 g TK-Blattspinat
50 ml Gemüsebrühe
50 g Sahne · Salz
500 g Ravioli mit Käsefüllung
(aus dem Kühlregal)
4 Tomaten · 250 g Mozzarella
Pfeffer · frisch geriebene Muskatnuss
1–2 TL Zitronensaft
Fett für die Form
Basilikumblätter zum Garnieren
Außerdem:
Auflaufform (ca. 25 × 25 cm)
Fett für die Form

1 Ofen auf 220° vorheizen. Zwiebel und Knoblauch schälen und fein würfeln, in einem Topf im heißen Öl glasig dünsten. Spinat, Brühe und Sahne hinzufügen. Spinat zugedeckt bei mittlerer Hitze unter gelegentlichem Rühren 10–12 Min. nach Packungsangabe dünsten.

2 Inzwischen in einem Topf Wasser aufkochen und salzen. Die Ravioli dazugeben, das Wasser wieder aufkochen und die Ravioli bei schwacher Hitze ca. 2 Min. ziehen lassen. In ein Sieb abgießen, kalt abschrecken und abtropfen lassen. Tomaten waschen, vom Stielansatz befreien und in 1 cm dicke Scheiben schneiden. Den Mozzarella abtropfen lassen und in Scheiben schneiden.

3 Den Spinat mit Salz, Pfeffer, Muskatnuss und Zitronensaft würzen. Zwei Drittel in die gefettete Auflaufform geben. Ravioli und Tomatenscheiben gefächert einschichten. Mit übrigem Spinat und Mozzarella bedecken. Das Gratin im Ofen (Mitte) 10–15 Min. überbacken. Mit dem Basilikum bestreut servieren.

ITALIENISCHER NUDELAUFLAUF

Hübsch bunt und schmeckt Kindern

Für 4 Personen
Zubereitungszeit ca. 20 Min.
Backzeit 15 Min.
pro Portion ca. 885 kcal

250 g kurze Nudeln (z. B. Fusilli, Penne)
Salz · 1 EL Butter
1 EL Mehl · 250 ml Milch
200 g Sahne
3 Eier (M) · Pfeffer
frisch geriebene Muskatnuss
4 EL Olivenöl
1 kg TK-Pfannengemüse italienisch
250 g Kirschtomaten
50 g TK-Kräuter italienisch
150 g geriebener italienischer Hartkäse
Außerdem:
Auflaufform (ca. 35 × 25 cm) oder
2 Portionsformen
Fett für die Form

1 Die Nudeln in reichlich kochendem Salzwasser nach Packungsangabe bissfest garen, in ein Sieb abgießen und abtropfen lassen. Den Ofen auf 200° vorheizen Butter in einem Topf erhitzen, Mehl darin anschwitzen. Milch und Sahne dazugießen, unter gelegentlichem Rühren ca. 5 Min. köcheln, dann etwas abkühlen lassen. Eier einrühren, mit Salz, Pfeffer und Muskat würzen.

2 In einer großen Pfanne das Öl erhitzen, das TK-Pfannengemüse hineingeben und bei mittlerer Hitze unter gelegentlichem Rühren 3–4 Min. braten. Die Kirschtomaten waschen, halbieren und zusammen mit den TK-Kräutern unter das Gemüse mischen. Vom Herd nehmen, die Nudeln unterheben, salzen und pfeffern.

3 Die Auflaufform(en) einfetten, die Hälfte der Mischung einschichten und mit 75 g Käse bestreuen. Die restlichen Gemüsenudeln daraufgeben und die Béchamelsauce daraufgießen, den übrigen Käse daraufstreuen. Im Ofen (Mitte) ca. 15 Min. überbacken.

MAKKARONI-SCHINKEN-AUFLAUF

Stillt großen Hunger für wenig Geld

Für 4 Personen
Zubereitungszeit ca. 25 Min.
Backzeit 30 Min.
pro Portion ca. 675 kcal

150 g TK-Erbsen · Salz
250 g Makkaroni
150 g gekochter Schinken
(in dickeren Scheiben)
2 Frühlingszwiebeln · 1–2 TL Butter
4 Eier (M) · 100 ml Milch
200 g Sahne · Cayennepfeffer
frisch geriebene Muskatnuss
120 g geriebener Bergkäse
Außerdem:
ofenfeste Form oder 4 Portionsformen
Butter für die Form(en)

1 Die Erbsen auf einen Teller geben und antauen lassen. In einem Topf 2,5 l Wasser aufkochen, 2 ½ TL Salz und die Makkaroni hineingeben, umrühren und die Nudeln nach Packungsangabe in ca. 10 Min. bissfest kochen. Dann die Nudeln in ein Sieb abgießen, kalt überbrausen und abtropfen lassen.

2 Den Kochschinken in Streifen schneiden. Von den Frühlingszwiebeln die Wurzeln und einen Teil des Grüns abschneiden, den Rest waschen und in Ringe schneiden. Backofen auf 180° vorheizen, die große Form oder 4 Portionsformen mit Butter ausstreichen. Makkaroni, Schinken, Erbsen und Frühlingszwiebeln mischen und darin verteilen.

3 In einer Schüssel Eier, Milch und Sahne mit je ½ TL Salz, Cayennepfeffer und Muskat verrühren. Die Mischung auf die Nudeln gießen und den Käse daraufstreuen. Den Auflauf im vorgeheizten Backofen (Mitte) je nach Formgröße 20–30 Min. überbacken, bis die Oberfläche schön gebräunt ist. Den Auflauf vor dem Portionieren ca. 10 Min. ruhen lassen.

SPÄTZLE-PFIFFERLING-GRÖSTL

Das beste Seelenfutter im Herbst

Für 2 Personen
Zubereitungszeit ca. 30 Min.
pro Portion ca. 560 kcal

200 g Pfifferlinge
1 Schalotte · ½ Bund glatte Petersilie
50 g Emmentaler oder Bergkäse am Stück
1 EL Butterschmalz
300 g Spätzle (Kühlregal)
100 g Sahne
50 ml kräftige Gemüsebrühe
Salz · schwarzer Pfeffer
frisch geriebene Muskatnuss
Piment d'Espelette oder Chilischrot

1 Die Pfifferlinge putzen, dabei die Stielenden kürzen. Haften Erdreste an den Pilzen, diese rundum mit Mehl bestäuben; das bindet auch zwischen den Lamellen sitzenden Schmutz. Dann ganz kurz in stehendem kaltem Wasser waschen und in einem Sieb kalt abbrausen. Mit Küchenpapier sehr gut trocken tupfen.

2 Die Schalotte schälen und fein würfeln. Die Petersilie kalt abbrausen und trocken schütteln. Die Blättchen abzupfen und hacken. Den Emmentaler oder Bergkäse in sehr kleine Würfel schneiden oder reiben.

3 In einer großen Pfanne das Butterschmalz stark erhitzen. Die Pfifferlinge darin bei starker Hitze unter Rühren 3–5 Min. braten. Die Hälfte der Petersilie und die Schalottenwürfel einrühren und kurz mitbraten. Dann die Spätzle dazugeben und unter Rühren 2–3 Min. mitbraten. Die Sahne und die Gemüsebrühe angießen und bei starker Hitze leicht einkochen.

4 Alles mit Salz, Pfeffer und Muskat sowie 1 kleinen Prise Piment d'Espelette oder Chilischrot würzen. Die Käsewürfel über die Pilzspätzle streuen und schmelzen lassen, dann unterrühren. Das Gröstl mit der restlichen Petersilie bestreuen und sofort servieren.

SCHUPFNUDELN MIT SCHNITZELSTREIFEN

Hilft gegen jedes Seelentief

Für 2 Personen
Zubereitungszeit ca. 30 Min.
pro Portion ca. 680 kcal

1 Stange Lauch
150 g braune Champignons (Egerlinge)
2 kleine Schnitzel (»Minutenschnitzel«; je ca. 150 g, von Kalb, Schwein oder Pute)
2 EL Butter
250 g Schupfnudeln (Kühlregal) · Salz
Piment d'Espelette
(ersatzweise Chiliflocken)
100 ml Gemüsebrühe
200 g Sahne
1 Handvoll Kirschtomaten
½ Bund Schnittlauch

1 Den Lauch putzen, in Ringe schneiden und gründlich waschen. Die Pilze putzen, bei Bedarf mit einem Tuch abreiben und feinblättrig schneiden oder halbieren. Die Schnitzel trocken tupfen und in Streifen schneiden.

2 In einer Pfanne 1 EL Butter erhitzen. Die Schupfnudeln hineingeben und bei mittlerer Hitze unter Wenden goldbraun anbraten, dann herausnehmen.

3 Die Hitze erhöhen. Die restliche Butter (1 EL) in die Pfanne geben und die Schnitzelstreifen darin rundherum ca. 2 Min. anbraten, sodass sie knapp gar sind. Das Fleisch mit Salz und Piment d'Espelette würzen, aus der Pfanne nehmen und zu den Schupfnudeln geben.

4 Die Champignons in die Pfanne geben und bei großer Hitze 3–4 Min. unter Rühren braten, die Lauchringe dazugeben und 2–3 Min. mitbraten. Ebenfalls mit Salz und Piment d'Espelette leicht würzen.

5 Die Brühe und die Sahne dazugießen, aufkochen und cremig einkochen. Die Kirschtomaten waschen und halbieren. Die Tomaten zur Pilzmischung in die Pfanne geben und kurz mitkochen. Schupfnudeln und Schnitzelstreifen ebenfalls wieder dazugeben und erhitzen.

6 Den Schnittlauch waschen, trocken schütteln und in feine Röllchen schneiden. Die Schupfnudel-Schnitzel-Pfanne abschmecken. Auf Teller verteilen, mit dem Schnittlauch und eventuell noch etwas Piment d'Espelette bestreuen und heiß servieren.

LINGUINE MIT SEETEUFEL

Ein Fest für Fischliebhaber

Für 2 Personen
Zubereitungszeit ca. 30 Min.
pro Portion ca. 805 kcal

1 kleine Knolle Fenchel mit Grün
1 Schalotte
200 g Seeteufelfilet
100 g Sahne
Salz
200 g Linguine
2 EL neutrales Öl
1 EL Butter
1 TL Fenchelsamen
Pfeffer
4 EL Anisschnaps (z. B. Pernod)
100 ml trockener Weißwein

1 Den Fenchel waschen, zartes Grün abschneiden und beiseitelegen. Die Knolle längs halbieren und den Strunk keilförmig herausschneiden. Die Fenchelhälften in feine Streifen schneiden.

2 Die Schalotte schälen und fein hacken. Das Fischfilet mit Küchenpapier trocken tupfen und in ca. 2 cm große Würfel schneiden. Die Sahne steif schlagen.

3 In einem Topf 2 l Wasser aufkochen, 2 TL Salz und die Linguine hineingeben. Umrühren und die Nudeln nach Packungsangabe in ca. 10 Min. bissfest kochen.

4 Das Öl in einer Pfanne erhitzen, Fenchel und Schalotte darin ca. 3 Min. bei mittlerer Hitze anbraten. 2 EL Wasser dazugeben und alles in ca. 5 Min. zugedeckt weich dünsten und leicht salzen.

5 In einer zweiten Pfanne die Butter bei mittlerer Hitze schmelzen. Fisch und Fenchelsamen darin ca. 3 Min. braten, leicht salzen und pfeffern, dann herausnehmen. Den Anisschnaps und den Wein in die Pfanne geben und ca. 3 Min. bei starker Hitze einkochen. Die Schlagsahne einrühren, die Sauce salzen und pfeffern.

6 Die Linguine in ein Sieb abgießen und mit den Fischwürfeln, der Fenchelmischung sowie der Sauce mischen. Das Fenchelgrün hacken und darüberstreuen.

TAUSCH-TIPP
Seeteufel ist ein Knorpelfisch und damit völlig grätenfrei. Damit kriegt man auch viele Fisch-Skeptiker rum. Als Alternative schmeckt frisches **Lachsfilet.** Das hat zwar im Gegensatz zu Seeteufel Gräten, aber nur wenige große.

DER LIEBLINGSKLASSIKER

SPAGHETTI MIT VENUSMUSCHELN

Schmeckt nach Urlaub am Meer

Für 2 Personen
Zubereitungszeit ca. 25 Min.
pro Portion ca. 570 kcal

500 g küchenfertige frische Venusmuscheln
2 Schalotten
1 Knoblauchzehe
2 vollreife Tomaten
Salz
200 g Spaghetti
2 EL Olivenöl
100 ml trockener Weißwein
½ TL getrockneter Oregano
Pfeffer
1 EL Butter

1 Die Muscheln in der Spüle in reichlich kaltem Wasser gründlich waschen. Zum Abtropfen in ein Sieb geben. Offene Muscheln aussortieren und wegwerfen.

2 Die Schalotten schälen und fein hacken. Den Knoblauch schälen und halbieren, ggf. den grünen Trieb entfernen. Den Knoblauch ebenfalls fein hacken.

3 Die Tomaten an der Unterseite kreuzförmig einritzen und für ca. 1 Min. in kochendes Wasser legen, dann herausheben und sofort kalt abschrecken. Die Tomaten häuten und quer halbieren, die Kerne herausdrücken. Das Fruchtfleisch ohne die Stielansätze fein würfeln.

4 In einem Topf 2 l Wasser aufkochen, 2 TL Salz und die Spaghetti hineingeben, umrühren und die Nudeln nach Packungsangabe in ca. 8 Min. bissfest kochen.

5 Inzwischen in einem großen Topf das Olivenöl erhitzen. Schalotten und Knoblauch darin bei mittlerer Hitze in 1–2 Min. unter Rühren glasig andünsten. Muscheln, Wein, Tomatenwürfel und Oregano dazugeben und alles 5–6 Min. zugedeckt schmoren, dabei den geschlossenen Topf einmal kräftig rütteln, damit sich die Muscheln besser öffnen können. Alles mit Salz und Pfeffer würzen. Alle Muscheln, die sich nicht geöffnet haben, unbedingt aussortieren und wegwerfen.

6 Die Nudeln in ein Sieb abgießen und ca. ½ Min. abtropfen lassen. Dann zu den offenen Muscheln in den Topf geben. Die Butter dazugeben und alles gut durchmischen. Die Spaghetti in tiefe Teller verteilen, dabei einen Teil der leeren Muschelschalen aussortieren.

SPAGHETTI MIT SCHARFEM ZITRONENÖL UND GARNELEN

Zitronig-scharfer Muntermacher

Für 2 Personen
Zubereitungszeit ca. 25 Min.
pro Portion ca. 735 kcal

100 g TK-Garnelen (geschält, gegart)
1 kleine Zwiebel
2 Knoblauchzehen
1 Stück Ingwer (ca. 1 cm)
½ Bio-Zitrone
6 EL Olivenöl · Salz
200 g Spaghetti oder Linguine
1 getrocknete rote Chilischote
2 EL TK-Petersilie
30 g Parmesan

1 Die Garnelen in einem Sieb mit kaltem Wasser abbrausen, bis die Eisschicht weggetaut ist, dann im Sieb weiter auftauen lassen. Währenddessen 2 l Wasser in einen großen Topf geben und zum Kochen bringen.

2 Inzwischen Zwiebel, Knoblauch und Ingwer schälen und fein hacken. Die Zitrone heiß waschen und abtrocknen, 1 TL Schale fein abreiben. 4 EL Olivenöl in einer Pfanne sanft erhitzen.

3 Wenn das Wasser im Topf kocht, 1 TL Salz dazugeben, dann die Nudeln hineingeben und nach Packungsangabe in 8–10 Min. bissfest kochen. Inzwischen Zwiebel, Knoblauch und Ingwer im heißen Olivenöl bei kleiner Hitze ca. 4 Min. andünsten, anschließend die getrocknete Chilischote ohne den Stiel dazukrümeln.

4 Die Garnelen gut trocken tupfen. Das Olivenöl in der Pfanne stärker erhitzen. Die Garnelen hineingeben und unter Rühren bei mittlerer bis großer Hitze ca. 4 Min. von allen Seiten braten. Petersilie und Zitronenschale bis auf einen kleinen Rest dazugeben und die Pfanne vom Herd ziehen. Die restlichen 2 EL Öl unterrühren.

5 Die fertig gegarten Nudeln in ein Sieb abgießen und sofort mit dem Würzöl und den Garnelen mischen. Die Pasta auf zwei großen Tellern anrichten und mit restlicher Petersilie und Zitronenschale bestreut servieren. Den Parmesan in Spänen darüberhobeln.

AROMA-TIPP
Rohe und ungeschälte **Garnelen** bleiben beim Braten schön saftig. Sie können auch bereits gegarte und geschälte nehmen, dürfen sie dann aber nur sehr kurz braten; sonst werden sie trocken.

KRÄUTERNUDELN MIT TOMATEN-PESTO

Sommerlich aromatisch

Für 2 Personen
Zubereitungszeit ca. 20 Min.
pro Portion ca. 675 kcal

200 g Spaghettini · Salz
2 EL italienische TK-Kräuter
1 Knoblauchzehe
4 getrocknete Tomaten (in Öl)
2 EL Pinienkerne
4 EL Olivenöl
2 TL Aceto balsamico
2 EL geriebener Hartkäse
(z. B. Parmesan oder Grana Padano)
Pfeffer · 200 g Kirschtomaten

1 Die Nudeln nach Packungsangabe in 2 l gesalzenem Wasser bissfest garen. Die Kräuter auftauen lassen.

2 Inzwischen den Knoblauch schälen und grob hacken. Die getrockneten Tomaten abtropfen lassen und ebenfalls hacken. Knoblauch und Tomaten mit den Pinienkernen, Olivenöl und Essig mit dem Pürierstab oder im Blitzhacker fein pürieren.

3 Den geriebenen Käse untermischen, das Pesto salzen und pfeffern. Kirschtomaten waschen und halbieren.

4 Die Nudeln in ein Sieb abgießen und noch heiß mit Tomaten, Kräutern und Tomaten-Pesto mischen.

AROMA-TIPP

Das Öl, in dem die **getrockneten Tomaten** eingelegt sind, hat ein wunderbares Aroma. Es lohnt sich, es mitzuverwenden. Fangen Sie das Öl auf, wenn Sie die Tomaten abtropfen lassen, und verwenden Sie es anstelle von Olivenöl.

NUDELN MIT SCHARFER PAPRIKACREME

Mit Erdnuss-Topping

Für 2 Personen
Zubereitungszeit ca. 25 Min.
pro Portion ca. 575 kcal

1 große rote Paprika
1 kleine Zwiebel
1 Knoblauchzehe
1 EL neutrales Öl
1 TL rosenscharfes Paprikapulver
Salz · Pfeffer
200 g Bucatini (lange, dünne Röhrennudeln)
2 EL geröstete Erdnusskerne
120 g Frischkäse
1–2 TL Zitronensaft · Zucker

1 Die Paprika waschen und halbieren, dann von weißen Trennwänden und Samen befreien. Die Hälften in kleine Würfel schneiden. Die Zwiebel schälen und fein hacken. Den Knoblauch schälen und fein hacken.

2 Das Öl in einer Pfanne erhitzen. Zwiebel, Knoblauch und Paprika darin 3 Min. bei mittlerer Hitze braten. Mit Paprikapulver, Salz und Pfeffer würzen. Beiseitestellen.

3 Die Nudeln in einem großen Topf in 2 l Salzwasser nach Packungsangabe in ca. 10 Min. bissfest kochen. Die Erdnüsse im Mörser grob zerstoßen oder mit einem Messer klein hacken.

4 Inzwischen die Paprikamischung mit dem Frischkäse im Mixer oder in einem hohen Gefäß mit dem Pürierstab fein pürieren. Die Creme mit Salz, Zitronensaft und 1 Prise Zucker abschmecken.

5 Die Nudeln in ein Sieb abgießen und auf zwei Teller verteilen. Zum Servieren die Paprikacreme darauf verteilen und das Ganze mit den Erdnüssen bestreuen.

NUDELN MIT RINDERFILET UND GRÜNEM PFEFFER

Genial für Gäste und noch dazu schnell gemacht

Für 2 Personen
Zubereitungszeit ca. 20 Min.
pro Portion ca. 820 kcal

250 g Rinderfilet
2 Schalotten · Salz
200 g Bandnudeln
(z. B. Reginette mit gewelltem Rand)
2 EL neutrales Öl · Pfeffer
100 ml trockener Weißwein
100 g Crème fraîche
1–2 EL grüner Pfeffer (aus dem Glas)

1 Das Filet quer zur Faser in ca. ½ cm dicke Scheiben schneiden. Die Scheiben dann in ½ cm breite und 3–4 cm lange Streifen schneiden. Die Schalotten schälen und fein hacken.

2 In einem Topf 2 l Wasser aufkochen. 2 TL Salz und die Nudeln hineingeben, umrühren und die Nudeln nach Packungsangabe in ca. 9 Min. bissfest kochen.

3 Während der Garzeit der Nudeln das Öl in eine Pfanne geben und erhitzen. Die Filetstreifen darin in 2–3 Min. bei starker Hitze anbraten, bis sie rundherum braun sind. Die Fleischstreifen mit Salz und Pfeffer würzen und auf einen Teller geben.

4 Schalotten zum Bratensatz in die Pfanne geben und darin ca. ½ Min. unter Rühren anbraten, bis sie hellgelb sind. Wein dazugießen und bei mittlerer bis starker Hitze etwa auf die Hälfte einkochen. Die Crème fraîche und den grünen Pfeffer in die Pfanne geben, unterrühren und die Sauce einkochen, bis sie schön sämig ist.

5 Dann die Fleischstreifen in die Sauce geben und darin zugedeckt bei schwacher Hitze noch ziehen lassen, bis die Nudeln fertig sind.

6 Die Nudeln in ein Sieb abgießen und abtropfen lassen. Auf zwei Teller verteilen und die Rinderfiletstreifen mit der Sauce darauf verteilen.

TAUSCH-TIPP
Wer die Schärfe des grünen Pfeffers nicht mag, nimmt 1 EL **rosa Pfefferbeeren**, zerstößt sie im Mörser und rührt sie zum Schluss unter die Sauce.

NUDELN MIT HÄHNCHENBRUST UND MANGO

Mit exotisch-fruchtigem Touch

Für 2 Personen
Zubereitungszeit ca. 30 Min.
pro Portion ca. 750 kcal

1 Hähnchenbrustfilet (ca. 250 g)
1 Knoblauchzehe
Cayennepfeffer
1 TL geröstetes Sesamöl (Asialaden)
3 Frühlingszwiebeln
1 reife Mango · Salz
200 g Pappardelle (breite Bandnudeln)
2 EL neutrales Öl
4 EL Sherry medium
(ersatzweise Orangensaft)
1 EL Mango-Chutney
(aus dem Glas; ersatzweise Honig)

1 Das Hähnchenbrustfilet mit Küchenpapier trocken tupfen. Das Filet längs halbieren und die Hälften quer in dünne Streifen schneiden. Den Knoblauch schälen und halbieren, ggf. den grünen Trieb entfernen. Den Knoblauch fein hacken. ½ TL Cayennepfeffer über das Fleisch streuen und dieses mit dem Knoblauch und dem Sesamöl in einer Schüssel mischen.

2 Die Frühlingszwiebeln waschen und putzen, weiße und grüne Teile getrennt in feine Ringe schneiden.

3 Die Mango schälen, das Fruchtfleisch vom Kern schneiden. Der Kern im Inneren ist abgeplattet, deshalb erst das Fruchtfleisch an den beiden flachen Seiten entlang des Kerns am Stück abschneiden und würfeln, dann den Rest vom Kern lösen und klein schneiden.

4 In einem Topf 2 l Wasser aufkochen, 2 TL Salz und die Nudeln hineingeben, umrühren und die Pappardelle in ca. 10 Min. bissfest kochen.

5 Inzwischen das Öl in einer großen Pfanne erhitzen. Das marinierte Hähnchenfleisch und die weißen Frühlingszwiebeln hineingeben und 3–4 Min. bei starker Hitze braten, dabei immer wieder wenden.

6 Nun den Sherry und das Mango-Chutney unterrühren und das Ganze mit 1 kräftigen Prise Salz würzen. Die Mangowürfel und das Frühlingszwiebelgrün dazugeben und die Hitze reduzieren.

7 Die Bandnudeln in ein Sieb abgießen und ca. ½ Min. abtropfen lassen, dann in die Pfanne geben und vorsichtig unterheben. Die Nudeln mit Hähnchen und Mango auf zwei Teller verteilen und servieren.

VARIANTE

NUDELN MIT ENTE UND ORANGENSAUCE

- Für 2 Personen 1 Entenbrustfilet (ca. 280 g) trocken tupfen. Die Haut mit einem scharfen Messer rautenförmig einritzen, Filet mit Salz und Pfeffer würzen, mit der Hautseite in eine kalte Pfanne legen. Bei mittlerer Hitze ca. 7 Min. braten, bis die Haut goldbraun ist. Wenden und ca. 5 Min. weiterbraten. Herausnehmen und ca. 10 Min. zugedeckt ruhen lassen.
- Wie oben beschrieben 200 g Pappardelle bissfest kochen und 2 Frühlingszwiebeln in Ringe schneiden. Entenbrust quer in Scheiben schneiden. Das Entenfett aus der Pfanne abgießen.
- Die Pfanne wieder erhitzen. 100 ml Orangensaft und 1 TL abgeriebene Bio-Orangenschale sowie 1 EL Crème fraîche hineingeben und ca. 3 Min. einkochen. Die Frühlingszwiebelringe unterrühren und die Sauce abschmecken. Die Nudeln mit Entenbrust und Orangensauce auf zwei Teller verteilen und servieren.

ENTEN-WOK MIT GLASNUDELN

Köstlich-Pikantes aus dem Wok

Für 2 Personen
Zubereitungszeit ca. 30 Min.
pro Portion ca. 575 kcal

100 g Glasnudeln (s. Tipp)
1 Knoblauchzehe
1 Stück Ingwer (ca. 2 cm)
je 1 frische rote und grüne Chilischote
½ Bund Koriandergrün
2 Stängel Thai-Basilikum (s. Tipp)
2 Stängel Minze
30 g ungesalzene Erdnusskerne
250 g Entenbrustfilet
2 EL Limettensaft
2 EL Fischsauce (Asialaden)
1 EL brauner Zucker
1 EL Erdnussöl
Salz · Pfeffer

1 Die Glasnudeln mit heißem Wasser übergießen und ca. 5 Min. quellen lassen. In ein Sieb abgießen, abtropfen lassen und in ca. 4 cm große Stücke schneiden.

2 Den Knoblauch und den Ingwer schälen und hacken. Die Chilis waschen, putzen und längs aufschneiden. Die Kerne herausschaben, die Chilihälften fein würfeln.

3 Das Koriandergrün, das Thai-Basilikum und die Minze waschen und trocken schütteln. Die Kräuterblättchen abzupfen und bis auf einen kleinen Rest fein hacken. Die Erdnüsse ebenfalls hacken.

4 Das Entenbrustfilet mit Küchenpapier trocken tupfen. Das Filet mit der Hautseite nach oben auf eine Arbeitsfläche legen. Die Haut samt der Fettschicht darunter mit einem scharfen Messer entfernen. Das Fleisch quer in ca. 1 cm breite Scheiben schneiden.

5 Limettensaft mit Fischsauce und Zucker verrühren. Den Wok oder eine hohe Pfanne erhitzen, Erdnüsse darin ohne Fett anrösten, bis sie duften, dann herausnehmen.

6 Das Erdnussöl im Wok erhitzen. Die Entenfleischscheiben zusammen mit Knoblauch, Ingwer und Chiliwürfeln mit in die Pfanne geben, unter Rühren ca. 5 Min. bei starker Hitze anbraten und mit Salz und Pfeffer würzen. Danach die Hitze reduzieren.

7 Die Glasnudeln, die Erdnüsse und das Limettendressing zum Fleisch geben und daruntermischen. Die gehackten Kräuter unterrühren und die Kräuterblättchen über den Enten-Nudel-Wok streuen.

TAUSCH-TIPP

Sie bekommen **Thai-Basilikum** im Asialaden und manchmal auch im Supermarkt. Sollten Sie es nicht finden, nehmen Sie europäisches Basilikum.

GUT ZU WISSEN

Glasnudeln müssen nicht gekocht werden, weil sie so fein sind. **Glasnudeln** werden aus Mungbohnen, Erbsen oder anderen stärkehaltigen Früchten hergestellt. Bei der Produktion wird das Stärkemehl mit Wasser vermischt und zu hauchdünnen, langen Nudeln verarbeitet, die getrocknet werden. Nach dem Einweichen in heißem Wasser sind sie zunächst durchsichtig. Man kann sie am besten mit einer Küchenschere zerkleinern.

GEMÜSE-NUDEL-WOK MIT TOFU

Mit japanischen Zutaten

Für 4 Personen
Zubereitungszeit ca. 30 Min.
pro Portion ca. 410 kcal

250 g fester Tofu
50 ml Teriyaki-Sauce (japanische Würzsauce)
½ TL Wasabipaste (grüner Meerrettich)
je 1 rote und gelbe Paprika
4 Frühlingszwiebeln
150 g Shiitake (Pilze)
200 g Soba-Nudeln (ersatzweise Mie-Nudeln)
Salz · 4 EL Erdnussöl
1–2 EL Sesamöl · Pfeffer
½ Bund Koriandergrün
(ersatzweise Petersilie)

1 Den Tofu in ca. 1 cm große Würfel schneiden. In einer kleinen Schüssel die Teriyaki-Sauce mit dem Wasabi verrühren und den Tofu darin wenden.

2 Die Paprika waschen, vierteln, putzen, entkernen und in feine Streifen schneiden. Die Frühlingszwiebeln waschen, putzen und schräg in ca. 2 cm lange Stücke schneiden. Die Shiitake entstielen, die Hüte abreiben und vierteln. Die Nudeln nach Packungsangabe in kochendem Salzwasser 3–4 Min. garen.

3 Inzwischen 2 EL Erdnussöl in einem Wok oder in einer hohen Pfanne erhitzen. Den Tofu abtropfen lassen und im Öl 2–3 Min. scharf anbraten, dann herausnehmen.

4 Die Paprikawürfel und die Pilze zusammen mit dem übrigen Erdnussöl in den Wok geben und 2–3 Min. anbraten. Die Frühlingszwiebeln hinzufügen, 1 Min. weiterbraten, dann die Nudeln und den Tofu dazugeben und untermischen.

5 Das Ganze mit der Teriyaki-Marinade, Sesamöl, Salz und Pfeffer abschmecken. Korianderblätter von den Stielen zupfen und über die Gemüsenudeln streuen.

GEMÜSE-NUDEL-WOK MIT HACKFLEISCH

Preiswerter Asia-Genuss

Für 2 Personen
Zubereitungszeit ca. 30 Min.
pro Portion ca. 520 kcal

125 g Mie-Nudeln (Asialaden)
1 Zwiebel
2 Knoblauchzehen
2 Chinakohlblätter (ca. 100 g)
1 rote Paprika
1 Tomate · 1 EL Erdnussöl
150 g gemischtes Hackfleisch
Salz · Pfeffer
1 EL Fischsauce (Asialaden)
1 EL Limettensaft
1 TL Sambal Oelek
½ TL brauner Zucker
½ Bund Koriandergrün

1 Nudeln nach Packungsangabe in ca. 5 Min. bissfest kochen, abgießen, kalt abschrecken, abtropfen lassen.

2 Die Zwiebel und den Knoblauch schälen und hacken. Die Kohlblätter putzen, waschen und in Streifen schneiden. Die Paprika waschen, längs halbieren und von Stielansatz, weißen Trennwänden und Samen befreien. Die Hälften würfeln. Die Tomate waschen, halbieren, entkernen und ohne den Stielansatz würfeln.

3 Zuerst den Wok erhitzen, dann darin das Erdnussöl heiß werden lassen. Das Hackfleisch darin bei starker Hitze ca. 3 Min. unter ständigem Rühren krümelig braten. Mit Salz und Pfeffer würzen. Zwiebel und Knoblauch ca. 2 Min. mitbraten. Chinakohl, Paprika und Tomate dazugeben und unter Rühren ca. 2 Min. mitbraten.

4 Die Nudeln unter die Hackfleisch-Gemüse-Mischung heben. Fischsauce, Limettensaft und Sambal Oelek mit dem Zucker verrühren und unterrühren. Zuletzt das Koriandergrün waschen und trocken schütteln, die Blättchen abzupfen, hacken und darüberstreuen.

SCHARFE ERDNUSS-BRATNUDELN

Schnell gemacht und wunderbar aromatisch

Für 4 Personen
Zubereitungszeit ca. 30 Min.
pro Portion ca. 585 kcal

300 g asiatische Reis-Bandnudeln
2 geh. EL Erdnussmus (aus dem Glas)
4 EL Sojasauce
1 ½ TL Sambal Oelek
300 g Tofu
400 g Mini-Pak-Choi
200 g Zuckerschoten
1 Bund Frühlingszwiebeln
250 g Shiitake (Pilze)
4 EL Erdnussöl
Salz · Pfeffer

1 Die Bandnudeln in lauwarmem Wasser ca. 30 Min. einweichen. Inzwischen das Erdnussmus mit 3 EL Sojasauce, 1 TL Sambal Oelek und 150 ml Wasser in einer kleinen Schüssel gründlich verrühren.

2 Den Tofu trocken tupfen und in ca. 1 cm große Würfel schneiden. Den Pak Choi und die Zuckerschoten sowie die Frühlingszwiebeln waschen und putzen. Den Pak Choi in ca. 3 cm breite Streifen schneiden, die Zuckerschoten waschen und schräg halbieren. Die Frühlingszwiebeln in ca. 1 cm lange Stücke schneiden. Die Pilze putzen, die Stiele entfernen und die Kappen je nach Größe halbieren oder vierteln.

3 Im Wok oder in einer hohen Pfanne 2 EL Erdnussöl erhitzen. Den Tofu darin unter Wenden in ca. 5 Min. rundum goldbraun braten. Herausnehmen, auf einen Teller geben und mit der übrigen Sojasauce beträufeln.

4 Das übrige Öl im Wok erhitzen, die Zuckerschoten, Pilze und Frühlingszwiebeln darin bei starker Hitze unter Rühren ca. 2 Min. braten. Die Nudeln abgießen und gut abtropfen lassen, zusammen mit dem Pak Choi hinzufügen und unter Wenden in 2–3 Min. kräftig anbraten. Die Erdnuss-Würzmarinade dazugeben, aufkochen und mit Salz und Pfeffer sowie dem übrigen Sambal Oelek abschmecken. Den Tofu darüberstreuen, alles 1–2 Min. ziehen lassen, dann servieren.

GUT ZU WISSEN

Reisnudeln stammen ursprünglich aus China, sind aber inzwischen in ganz Südostasien beliebt. Sie werden nicht vorgekocht, sondern nur eingeweicht, damit sie beim anschließenden Braten und Dünsten nicht ihre glatte, bissfeste Konsistenz verlieren.

MIE-NUDELN MIT RINDFLEISCH IN TERIYAKI-SAUCE

Unkompliziert und so was von lecker

Für 2 Personen
Zubereitungszeit ca. 25 Min.
Marinierzeit 30 Min.
pro Portion ca. 630 kcal

1 rote Chilischote
1 Knoblauchzehe
5 EL Teriyaki-Sauce
(japanische Würzsauce; s. Tipp)
1 EL Sesamöl
200 g Rumpsteak
150 g chinesische Weizennudeln
4 Frühlingszwiebeln
6 Mini-Maiskölbchen (aus dem Glas)
150 g Champignons
1 EL Fenchelsamen
1 EL Koriandersamen
2 EL neutrales Öl
150 ml Rinderbrühe

1 Die Chilischote waschen, putzen und längs aufschneiden. Die Kerne herausschaben und die Chilihälften sehr fein würfeln (danach die Hände waschen!). Den Knoblauch schälen und in dünne Scheiben schneiden. Die Scheibchen mit den Chiliwürfeln, der Teriyaki-Sauce und dem Sesamöl mischen.

2 Das Fleisch mit Küchenpapier trocken tupfen und quer in 1 cm breite Streifen schneiden. Auf einem tiefen Teller mit der Marinade mischen. Zugedeckt im Kühlschrank ca. 30 Min. ziehen lassen.

3 Die Nudeln nach Packungsangabe in ca. 5 Min. bissfest kochen, dann abgießen, kalt abschrecken und gut abtropfen lassen. Die Frühlingszwiebeln putzen, waschen und schräg in Stücke schneiden. Die Maiskölbchen abtropfen lassen und längs halbieren. Die Champignons abreiben und in Scheiben schneiden.

4 Das Fleisch in einem Sieb abtropfen lassen und dabei die Marinade auffangen. Fenchel- und Koriandersamen im Mörser grob zerstoßen. Den Wok oder eine hohe Pfanne erhitzen. Die Gewürze darin ca. 30 Sek. anrösten und herausnehmen. 1 EL Öl in den heißen Wok geben. Die Fleischstreifen darin bei starker Hitze unter Rühren in ca. 2 Min. braun braten, dann herausnehmen.

5 1 weiteren EL Öl im Wok erhitzen. Die Pilzscheiben darin unter Rühren ca. 2 Min. braten, Frühlingszwiebeln und Maiskölbchen ca. 1 Min. mitbraten. Fleisch und Gewürze untermischen. Marinade und Brühe angießen, ca. 1 Min. köcheln lassen, dann Nudeln unterrühren.

GUT ZU WISSEN

Teriyaki ist eine japanische Würzsauce aus Sojasauce, Reiswein, Zucker, Essig und Gewürzen. Sie finden sie in Asialäden und großen Supermärkten.

MIE-NUDELN MIT KORIANDER-PESTO

Raffiniertes Asia-Pesto

Für 2 Personen
Zubereitungszeit ca. 20 Min.
pro Portion ca. 780 kcal

200 g Mie-Nudeln · Salz
1 Bund Koriandergrün
1 Knoblauchzehe
½ rote Chilischote
1 kleine Bio-Limette
1 Prise Zucker
40 g Cashewkerne (geröstet, gesalzen)
60 ml Erdnussöl
1 TL Sesamöl
Pfeffer

1 Die Mie-Nudeln gemäß Packungsangabe in heißem Salzwasser zubereiten.

2 Inzwischen das Koriandergrün abbrausen und trocken schütteln, dann die Blätter abzupfen und hacken. Den Knoblauch schälen und grob hacken. Die halbe Chilischote waschen, entkernen und kleiner schneiden. Die Limette heiß waschen und abtrocknen, die Schale dünn abreiben und den Saft auspressen.

3 Koriander, Knoblauch, Chili, Zucker und Cashewkerne zusammen mit Limettensaft und -schale im Blitzhacker zerkleinern. Erdnuss- und Sesamöl langsam daruntermixen, sodass eine geschmeidige Paste entsteht. Das Pesto mit Salz und Pfeffer würzen.

4 Die Nudeln abgießen und tropfnass mit dem Pesto verrühren. Auf vorgewärmten Tellern anrichten.

BANDNUDELN MIT KOKOS-ERDNUSS-SAUCE

Cremig mit Schärfe-Kick

Für 2 Personen
Zubereitungszeit ca. 20 Min.
pro Portion ca. 710 kcal

250 g Bandnudeln (z. B. breite Reisnudeln)
Salz · 300 g Romanesco oder Brokkoli
100 g Kokosmilch (aus der Dose)
250 ml Gemüsebrühe
2 EL Erdnusscreme mit Stückchen (»Crunchy«)
1 EL Limettensaft
1–2 EL helle Sojasauce
½ TL brauner Zucker
½ TL Sambal Oelek
4 Stängel Petersilie

1 Die Nudeln nach Packungsangabe in 2 l kochendem Salzwasser bissfest garen. Den Romanesco oder Brokkoli waschen, putzen und in kleine Röschen teilen. 3 Min. vor Ende der Garzeit zu den Nudeln geben und bei mittlerer Hitze mitkochen. Dann zusammen in ein Sieb gießen, abschrecken und abtropfen lassen.

2 Inzwischen die Kokosmilch mit der Gemüsebrühe und der Erdnusscreme verrühren. Aufkochen und bei mittlerer Hitze 5 Min. einkochen. Mit Limettensaft, Sojasauce, Zucker und Sambal Oelek scharf würzen.

3 Die Petersilie waschen, trocken schütteln, von groben Stielen befreien und grob hacken. Die Gemüsenudeln auf zwei Tellern anrichten und die Erdnusssauce darauf verteilen. Mit der Petersilie garniert servieren.

LIMETTENNUDELN MIT KOKOSGARNELEN

Schmeckt dank Limette herrlich frisch

Für 2 Personen
Zubereitungszeit ca. 25 Min.
pro Portion ca. 650 kcal

125 g breite Asia-Reisnudeln
250 g rohe und ungeschälte Riesengarnelen (frisch oder TK und aufgetaut; s. Tipp S. 148)
1 Stängel Zitronengras (Asialaden; s. Tipp)
1 Zwiebel · 2 Knoblauchzehen
1 Stück Ingwer (ca. 2 cm)
1 rote Chilischote
1 Bio-Limette · 2 EL neutrales Öl
2 EL Kokosraspel
1 EL Butter · 100 g TK-Erbsen
100 g Kokosmilch (aus der Dose)
50 ml Hühnerbrühe
Salz · Pfeffer

1 Die Reisnudeln nach Packungsangabe in ca. 3 Min. bissfest kochen. Die Nudeln in ein Sieb abgießen, kalt abschrecken und gut abtropfen lassen.

2 Die Garnelen in einem Sieb kalt abbrausen, abtropfen lassen und mit Küchenpapier trocken tupfen.

3 Vom Zitronengras die äußeren holzigen Blätter entfernen und das weiße Innere grob hacken. Zwiebel, Knoblauch und Ingwer schälen und fein hacken. Die Chilischote waschen, putzen und längs aufschneiden. Die Kerne herausschaben, die Chilihälften in feine Würfel schneiden (danach die Hände waschen!).

4 Limette heiß waschen, trocken reiben und halbieren. Von einer Hälfte die Schale fein abreiben und den Saft auspressen. Die andere Hälfte in Scheiben schneiden.

5 Zuerst den Wok erhitzen, dann darin 1 EL Öl heiß werden lassen. Das Zitronengras, den Ingwer, die Chili und die Hälfte des Knoblauchs darin unter Rühren ca. 1 Min. anbraten. Die Kokosraspel dazugeben und ca. 1 Min. mitrösten, dann alles herausnehmen.

6 Im Wok 1 weiteren EL Öl erhitzen. Garnelen hineingeben und in 2–3 Min. unter Rühren rosa braten. Herausnehmen und nach Belieben aus den Schalen lösen. Die Kokosmischung zurück in den Wok geben, die Garnelen darin wenden und erneut erhitzen. Die Kokosgarnelen herausnehmen und warm halten.

7 Für die Limettennudeln die Butter im Wok erhitzen. Die Zwiebeln und den restlichen Knoblauch mit den (unaufgetauten) Erbsen hineingeben und darin bei schwacher Hitze andünsten.

8 Kokosmilch, Brühe und Limettenschale zu den Nudeln geben und bei starker Hitze aufkochen. Limettensaft hinzufügen und die Sauce mit Salz und Pfeffer würzen.

9 Die Nudeln in den Wok geben und mit der Sauce verrühren. Limettennudeln und Garnelen auf zwei Tellern anrichten. Mit den Limettenscheiben garnieren.

PROFI-TIPP

Die Stängel des **Zitronengrases** liefern ein frisches Zitrusaroma, jedoch ohne das Gericht zu säuern. Die schilfartigen äußeren Blätter sind so spröde, dass sie beim Kochen hart bleiben, weshalb sie vorher entfernt werden. Schneidet man den unteren, hellen Teil in feine Scheiben oder Würfel, kann man diese gut mitessen.
Möchten Sie ein Gericht nur leicht mit Zitronengras **aromatisieren,** können Sie den ganzen Stängel mitkochen und vor dem Servieren herausnehmen. Vor dem Kochen am besten den unteren Teil des Zitronengrasstängels mit einem Fleischklopfer oder einem Messergriff flach klopfen; das setzt mehr Aroma frei.

VEGETARISCH SATT

LUST AUF GEMÜSE

Schnelle Veggie-Zutaten

Lange Schmorzeiten, wie sie beispielsweise Braten und Ragouts benötigen, fallen bei vegetarischen Gerichten immer weg. Darum bieten sie besonders viele Möglichkeiten, wenn die Zeit am Herd drängt. Und mit diesen Ratzfatz-Zutaten steht dem schnellen Veggie-Glück rein gar nichts mehr im Wege.

Ursprünglich stammt **Polenta,** der nahrhafte Maisbrei, aus Italien. Bereits die Römer aßen ihn kombiniert mit Gemüse oder Fleisch. Von Natur aus ist der Maisgrieß – aus dem man einen Brei kochen kann, aber auch Schnitten, die in Olivenöl angebraten werden – eher Slow- als Fastfood. Die Italiener verwenden dafür sogar einen speziellen Topf, der übers Feuer gehängt wird. Darin rührt man die Polenta mit einem Holzkochlöffel – etwa eine Stunde lang und immer in dieselbe Richtung.

Bei der schnellen Küche jedoch sitzt man dank vorgegarter **Instant-Polenta** bereits nach 5–10 Min. am Tisch. Wer möchte, gart die Polenta statt nur in Wasser zusätzlich in Milch und rührt noch geriebenen Parmesan oder Bergkäse unter. Zum cremigen Brei passt z. B. eines unserer schnellen Gemüse von Seite 170: Wie wäre es mit gebratenem grünem Spargel oder einem Pilzragout?

Eine perfekte Alternative zu Reis, der relativ lange kochen muss, bis er auf den Tisch kann, ist **Couscous**. Für seine Herstellung wird Grieß aus Hartweizen, Gerste oder Hirse angefeuchtet und zu winzigen Kügelchen zerrieben. In Nordafrika und in der orientalischen Küche gart Couscous häufig über dem Dampf eines anderen Gerichts, z. B. einer Gemüsesauce oder einem Ragout, zu dem dann Couscous als Beilage serviert wird.

Wer nicht über einen passenden Dämpfeinsatz verfügt, der gart die Körnchen fix im Topf. Dazu nach Packungsanweisung Wasser, Salz und Olivenöl zum Kochen bringen, den Couscous hineinstreuen und ca. 5 Min. quellen lassen, bis er die Flüssigkeit vollständig aufgesaugt hat. Nun müssen Sie den Couscous nur noch mit einer Gabel auflockern, und fertig ist die Beilage zum orientalischen Curry oder die Basis für ein Taboulé, den klassischen Couscoussalat aus dem Nahen Osten mit Gurke, Tomate, Zwiebeln und viel Petersilie.

INSTANT-POLENTA ist einen tolle Zutat für die Schnelle Küche. Mit gedünstetem Spinat z. B. ist das Essen in nur 15 Minuten fertig. Schneller geht's kaum.

Fixer als jeder Pizza-Bote

Wer den **Pizzateig** nicht selbst macht, sondern zum fertigen Teig aus dem Kühlregal greift, der hat in kürzester Zeit seine Lieblingspizza ofenfrisch und knusprig auf dem Teller. Dafür zuallererst den Backofen samt einem Backblech auf die maximale Temperatur vorheizen. Den Fertig-Pizzateig inklusive mitgeliefertes Backpapier entrollen und auf ein umgedrehtes Backblech legen. Nun mit Käse und Tomaten sowie nach Herzenslust und Vorratslage mit weiteren Zutaten belegen und einen Schluck Olivenöl darübersprenkeln. Die Pizza auf das heiße Blech im Backofen gleiten lassen und ca. 10 Min. backen, bis der Rand goldbraun ist und der Belag kräftig Blasen wirft. Ein weiterer Vorteil dabei: Auch das Aufräumen Ihrer Küche hält sich in Grenzen, da der Fertigteig ja weder geknetet noch auf der bemehlten Arbeitsfläche ausgerollt werden muss.

HOKKAIDO ist die schnellste unter den Kürbissorten, denn das Schälen entfällt: einfach Kerne raus, fertig!

Halloumi und Ofenkäse

Eiweißreich und superschnell gebraten ist **Halloumi** eine ideale Sattmacherzutat für die fixe Veggie-Küche. Weil der pH-Wert des zyprischen Käses, der aus einer Mischung aus Schafs- und Ziegenmilch sowie Kuhmilch besteht, über 5,9 liegt, schmilzt er nicht, wenn es heiß wird. Egal ob er auf dem Grill oder in der Pfanne liegt, er bräunt nur appetitlich, behält aber seine Form und bleibt schnittfest. Er schmeckt toll zu gebratenem Gemüse, zu Ratatouille oder als sättigendes Topping für einen bunten Salat.

Während ein **Ofenkäse** im Backofen brutzelt, sind rasch Blumenkohl- und Brokkoliröschen oder Möhrenstücke gekocht, die dann à la Käsefondue in den cremigen Ofenkäse gedippt werden. Fertig ist das schnelle Abendessen. Wer noch weniger Lust auf Küchenarbeit hat, der schneidet einfach knuspriges Baguette auf und taucht es in den Käse.

GRÜNER SPARGEL muss, wenn überhaupt, nur im unteren Drittel geschält werden. Das spart Zeit.

Schnell geputzte Gemüsesorten

Auch wer kaum Zeit zum Kochen hat, kann frische Zutaten verarbeiten und braucht nur wenige Fertigprodukte. Das Motto: Gemüse ja, viel Schnippeln nein! Mit diesen fixen Sorten klappt es perfekt mit dem gesunden Fast Food:

Drillinge sind ganz kleine Kartoffeln. Stammen sie aus der neuen Ernte, ist die Schale hauchdünn und sehr sauber. Nur kurz waschen, und schon sind sie startklar für Topf, Ofen oder Pfanne. Die kleinen Knollen sind rasch gegart und können samt Schale verzehrt werden.

Hokkaido-Kürbis kann samt Schale verarbeitet werden und ist deshalb geradezu prädestiniert als Blitzgemüse. Die Frucht einfach halbieren, mit einem Löffel die Kerne herauskratzen, das Fruchtfleisch wie gewünscht zerkleinern und in Ofengemüse, Püree, ein Gratin, in eine Pastasauce oder in ein asiatisches Curry verwandeln. Die Kürbisstücke sind je nach Größe in kochendem Salzwasser oder im vorgeheizten Ofen in 5–15 Min. weich.

Von April bis zum 24. Juni ist in Deutschland **Spargelzeit.** Sie bringt frischen Genuss ohne lange Transportwege aus der Region. Die Qualität stimmt, wenn die Stangen prall, fest und wenig biegsam sind. Die Enden sind nicht trocken, und die Stangen quietschen, wenn man sie aneinander reibt. Für die schnelle Küche bietet sich vor allem **grüner Spargel** an. Schälen muss man ihn nur im unteren Drittel, wenn dort helle Stellen zu sehen sind. Ist das nicht der Fall, dann kann er direkt weiterverarbeitet werden. In Stücke geschnitten und in einer Pfanne in etwas Olivenöl angebraten ist grüner Spargel in 5 Min. al dente. Mit Salz und Pfeffer würzen und als vitaminreiche Beilage zu kurzgebratenem Fleisch oder Fisch genießen oder als Spargelsalat.

ZEITSPAR-PLUS: EINMAL KOCHEN, ZWEIMAL ESSEN

Geschickte Planung zahlt sich in der Veggie-Küche für Zeitlose aus. Denn ganz oft lässt sich am einen Tag mit nur einem winzigen zeitlichen Mehraufwand eine größere Menge vorab zubereiten, aus der am nächsten Tag im Handumdrehen ein völlig neues Gericht gezaubert werden kann. Es ist beispielsweise kein Aufwand, statt 500 g ein ganzes Kilo Kartoffeln zu kochen. Dann gibt es heute Pellkartoffeln mit Kräuterquark und morgen die Kartoffel-Tortilla von Seite 190 oder ein Gröstel. Wer mehr Gemüse gart, als unmittelbar notwendig ist, der hat am nächsten Tag schon die Zutaten für Gemüseküchlein oder eine Suppe am Start. Auch eine Nudelsauce ist daraus fix gekocht. Blattspinat in doppelter Menge mit Zwiebeln und Knoblauch andünsten – heute mit Spiegelei und Kartoffeln genießen, morgen eine Lasagne oder Quiche servieren.

In Deutschland verkaufte **Austernpilze** sind ausnahmslos Zuchtware und daher das ganze Jahr über zu haben. Anders in Südostasien, wo die Pilze an Baumstämmen wachsen, gedeiht Zuchtware auf Stroh. Deshalb sind die Kappen, die Sie im Super- oder auf dem Wochenmarkt kaufen können, kaum verschmutzt. Es genügt, eventuelle Verunreinigungen mit einem trockenen Pinsel oder mit Küchenpapier zu entfernen. Sehr praktisch für schnelle Gerichte: Austernpilze mögen keine lange Garzeit, egal ob sie gebraten, gedünstet, gegrillt oder gekocht werden; sie wurden nur zäh werden.

HALLOUMI-KÄSE und gebratenes Gemüse sind fix gekocht und supergesund. Wertvolles Eiweiß und Vitamine füllen leere Tanks wieder auf.

Paprika können roh oder gegart gegessen werden. Die Schoten waschen, halbieren, den Stiel samt Kerngehäuse herausbrechen, mit einem Messer die weißen Trennwände wegschneiden und schon kann das knackige Fruchtfleisch in Kräuterquark gedippt von der Hand in den Mund wandern. Oder Sie schnippeln es in einen gemischten Salat, zaubern daraus im Handumdrehen mit anderen Quickie-Zutaten ein Paprika-Geschnetzeltes oder das Hirsotto von Seite 204.

Tomaten müssen Sie nur waschen, halbieren und die Stielansätze entfernen – bei Kirschtomaten entfällt sogar letzteres. Und dann haben Sie viele kulinarische Möglichkeiten, die roten, aromatischen Früchte in Szene zu setzen: Kalt als Salat, Bruschetta oder Caprese oder warm in Ratatouille, auf der Pizza, als Pastasauce oder mit Feta im Ofen gebacken – so steht ganz fix etwas Gutes auf dem Tisch.

Zucchini sind im Sommer allgegenwärtig. Wer sie anbaut, der hat meistens viel zu viele davon. Darum bekommt man sie vom Nachbarn mit dem grünen Daumen gerne mal geschenkt. Und wenn man den nicht hat, kauft man sie für wenig Geld im Supermarkt oder auf dem Markt. Zucchini werden gewaschen und an beiden Enden gekappt. Danach kann man sie in Raspel, Würfel, Scheiben, Streifen oder Halbmonde schneiden oder längs halbieren, aushöhlen und füllen. Sie schmecken roh, gebraten, frittiert, gekocht, gebacken und gedünstet und sind wegen ihres weichen Fruchtfleisches superschnell gar.

ZEITSPAR-PLUS: EINKAUFSLISTE SCHREIBEN

Mahlzeiten zu planen kostet Sie kaum Zeit. Wer für drei bis vier Tage vorausplant, was er kochen möchte, der spart sich viel Zeit – und zwar im Supermarkt. Kennen Sie das auch: Heute haben Sie Lust auf Pizza, aber es ist kein Käse im Haus? Also, auf dem Rückweg von der Arbeit rein in den Supermarkt. Am nächsten Tag entscheiden Sie sich für Spaghetti Carbonara, aber der Speck ist alle ... Tägliche Einkäufe sind Zeiträuber. Auch wenn Sie nur ein einziges Teil kaufen, bleibt die Schlange an der Kasse immer gleich lang. Das ist Zeit, die Ihnen im wohlverdienten Feierabend fehlt, der ja dazu da ist, um sich vom anstrengenden Tag zu erholen. Schreiben Sie einen Einkaufszettel, auf dem Sie alle Zutaten für Ihre Wunschgerichte in den nächsten Tagen notieren. Dann finden Sie vielleicht sogar ein Zeitfenster für den Einkauf, in dem der Andrang nicht so groß ist wie an den Abenden, an denen alle anderen noch den Speck für die Spaghetti Carbonara einkaufen.

KARTOFFEL-GEMÜSE-PFANNE MIT SPIEGELEI

Bunte Bratkartoffeln sorgen für gute Laune

Für 2 Personen
Zubereitungszeit ca. 30 Min.
pro Portion ca. 375 kcal

200 g sehr kleine Frühkartoffeln (z. B. Drillinge)
2 Beta-Urmöhren (ca. 150 g)
1 kleiner roter Apfel
1 grüne Paprika
8 kleine Schalotten
½ milde rote Chilischote
3 Zweige Thymian
3 EL Olivenöl
2 Prisen brauner Zucker
Meersalz (z. B. Fleur de Sel)
2 Eier (M)

1 Die Kartoffeln gründlich waschen und ggf. abbürsten, dann mit Küchenpapier trocken tupfen und halbieren oder vierteln, sodass die Stücke ca. 2 cm groß sind. Die Möhren putzen, schälen und schräg in 1 cm dicke Scheiben schneiden.

2 Den Apfel waschen und vierteln, das Kerngehäuse entfernen. Die Viertel längs oder quer halbieren. Die Paprika waschen und halbieren, weiße Trennwände und Kerne entfernen. Die Hälften in Stücke schneiden. Die Schalotten schälen. Die halbe Chilischote waschen und in Ringe schneiden. Den Thymian waschen und trocken schütteln, die Blättchen abzupfen.

3 Das Olivenöl in einer Pfanne stark erhitzen. Die Kartoffeln hineingeben und bei großer Hitze unter Rühren ca. 2 Min. braten. Die Hitze reduzieren, die Möhren und Schalotten dazugeben und unterrühren. Alles bei kleiner Hitze zugedeckt ca. 5 Min. ganz leicht braten, dabei das Gemüse ein paar Mal wenden.

4 Nach 5 Min. Garzeit die Apfel- und Paprikastücke mit in die Pfanne geben und alles zugedeckt weitere 5–6 Min. braten, dabei wieder mehrmals wenden.

5 Chili und Thymian zur Kartoffelmischung geben. Alles mit dem Zucker und Meersalz würzen und bei größerer Hitze ca. 3 Min. braten, bis Schalotten, Möhren, Paprika, Apfel und Kartoffeln leicht gebräunt und weich sind. Das Gemüse abschmecken und an den Rand schieben.

6 Die Hitze reduzieren. Eventuell noch etwas Öl in die Mitte der Pfanne träufeln. Die Eier aufschlagen und zu Spiegeleiern braten. Diese mit Meersalz würzen und in 1 Min. garen. Das Gericht in der Pfanne servieren.

ZITRONENFENCHEL MIT EI UND KRÄUTERSCHMAND

Superfix und easy

Für 2 Personen
Zubereitungszeit ca. 15 Min.
pro Portion ca. 330 kcal

Für Eier und Fenchel:
3 Eier (M)
1 Knolle Fenchel (ca. 300 g)
½ Bio-Zitrone
1 EL Olivenöl
Salz
Für die Sauce:
100 g Schmand
25 g TK-Gartenkräuter (ersatzweise ½ Bund Dill oder Thymian)
Salz · Pfeffer

1. Die Eier in einen Topf mit Wasser geben, aufkochen und in 10 Min. hart kochen. Inzwischen den Fenchel waschen, putzen und auf dem Gemüsehobel längs in Streifen hobeln. Die Zitronenhälfte heiß waschen, trocknen, die Schale fein abreiben und den Saft auspressen. Zitronenschale für die Sauce beiseitelegen.

2. Das Olivenöl in einer Pfanne erhitzen, den Fenchel darin 2 Min. unter Wenden anbraten. Zitronensaft und ½ TL Salz dazugeben und das Gemüse mit geschlossenem Deckel in 5 Min. bei mittlerer Hitze bissfest garen.

3. Für die Sauce den Schmand zusammen mit Kräutern und Zitronenschale in eine Schüssel geben. Gründlich verrühren und mit Salz und Pfeffer abschmecken.

4. Zum Anrichten die Eier pellen und längs vierteln. Das Fenchelgemüse auf zwei Teller verteilen. Die Eierviertel daraufsetzen und das Ganze mit Kräuterschmand beträufelt servieren.

GRÜNKERN-RAHM-WIRSING-PFANNE

Erfreut im Winter Magen und Seele

Für 2 Personen
Zubereitungszeit ca. 20 Min.
Garzeit 30 Min.
pro Portion ca. 525 kcal

1 Zwiebel
½ kleiner Wirsing (ca. 350 g)
40 g mittelalter Gouda
½ TL grüner Pfeffer
(in Lake; nach Belieben)
1 EL Öl
125 g Grünkern
Salz
100 g Sahne
2 EL körniger Senf
Pfeffer

1 Die Zwiebel schälen und in kleine Würfel schneiden. Die Wirsinghälfte waschen, äußere unschöne Blätter entfernen und das Stück nochmals halbieren. Den Strunk herausschneiden und die Wirsingblätter in fingerbreite Streifen schneiden. Den Gouda reiben. Den grünen Pfeffer (falls verwendet) hacken.

2 Das Öl in einer Pfanne mit Deckel erhitzen. Zwiebelwürfel darin bei mittlerer Hitze 3–4 Min. anschwitzen. Wirsing, grünen Pfeffer und Grünkern dazugeben, salzen und alles gut verrühren. Die Sahne mit dem Senf verquirlen und zusammen mit 350 ml Wasser angießen.

3 Die Mischung aufkochen und bei kleinster Hitze zugedeckt ca. 30 Min. köcheln lassen, bis der Grünkern weich ist, aber noch etwas Biss hat. Falls nötig, noch etwas Wasser dazugeben.

4 Die Grünkernpfanne mit Salz und Pfeffer abschmecken. Den Käse darüberstreuen und kurz bei geschlossenem Deckel schmelzen lassen. Die Pfanne sofort servieren.

POLENTA MIT PILZGEMÜSE

Herbstlicher Herzenswärmer

Für 2 Personen
Zubereitungszeit ca. 25 Min.
pro Portion ca. 530 kcal

250 g Champignons
1 kleiner Zucchino
500 ml Milch
1 Knoblauchzehe
Kräutersalz
100 g Instant-Polenta (Maisgrieß)
1 EL italienische TK-Kräuter
2 EL Öl
2 EL Walnusskerne
2 EL getrocknete Cranberrys
Pfeffer
½–1 EL Aceto balsamico bianco
frisch geriebene Muskatnuss (nach Belieben)

1 Die Champignons putzen und in dicke Scheiben schneiden. Den Zucchino waschen, putzen, längs halbieren und quer ebenfalls in dicke Scheiben schneiden.

2 Die Milch in einem Topf erhitzen, den Knoblauch schälen und dazupressen. Die Milch mit Kräutersalz würzen. Maisgrieß dazurieseln lassen und unter Rühren aufkochen. Polenta 10 Min. bei geringer Hitze mehr ziehen als köcheln lassen, dabei immer wieder mal umrühren. Nach ca. 5 Min. die italienischen Kräuter dazugeben.

3 Das Öl in eine Pfanne geben und erhitzen. Darin die Champignons und den Zucchino bei mittlerer Hitze ca. 5 Min. anbraten. Die Walnusskerne und Cranberrys dazugeben und alles weitere 2–3 Min. braten.

4 Polenta mit Kräutersalz, Pfeffer, Essig und nach Belieben Muskat abschmecken. Das Pilz-Zucchini-Gemüse mit Kräutersalz und Pfeffer abschmecken. Die Polenta auf Teller verteilen und das Gemüse darauf anrichten.

TAUSCH-TIPPS

Maispolenta ist besonders in Norditalien vom Speiseplan nicht wegzudenken. Instant-Polenta ist ideal für die schnelle Küche, denn sie ist in wenigen Minuten gar, braucht also nicht stundenlang gerührt zu werden. Es gibt unzählige Rezeptvarianten, darunter viele, bei denen man die Polenta durch Zugabe von Kräutern oder Käse verfeinert. Z. B. **Polenta mit Lauch und Petersilie:** Dafür 1 kleine Stange Lauch putzen, waschen und in Streifen schneiden. In 20 g Butter bei schwacher Hitze 10 Min. dünsten. ½ Bund gehackte Petersilie und 1 fein gewürfeltes Sardellenfilet dazugeben. Polenta wie beschrieben zubereiten und die Lauch-Petersilien-Mischung unterheben.

SPITZKOHL-SCHMARREN MIT TOFU

Herzhaft vegetarisch

Für 4 Personen
Zubereitungszeit ca. 30 Min.
pro Portion ca. 305 kcal

½ Spitzkohl (ca. 400 g)
4 Frühlingszwiebeln
100 g Räuchertofu oder Tofu
4 Eier (M) · Salz
120 g Mehl
1 TL Backpulver · Pfeffer
frisch geriebene Muskatnuss
125 ml Milch
1 EL Öl · 1 EL Butter
2 EL Petersilienblätter

1 Die Spitzkohlhälfte putzen und nochmals längs durchschneiden. Den Strunk herausschneiden, den Kohl in 1 cm breite Streifen schneiden. Die Frühlingszwiebeln putzen, waschen und schräg in 1 cm breite Stücke schneiden. Den Räuchertofu oder Tofu klein würfeln.

2 Die Eier trennen. Die Eiweiße und 1 Prise Salz mit den Quirlen des Handrührgeräts zu steifem Schnee schlagen. Mehl und Backpulver mischen. Die Eigelbe mit ½ TL Salz, Pfeffer, Muskat, Milch und der Mehl-Backpulver-Mischung verrühren. Den Eischnee unterheben.

3 Öl und Butter in einer beschichteten Pfanne (26 cm Ø) erhitzen. Den Spitzkohl darin bei mittlerer Hitze unter Rühren ca. 2 Min. braten. Die Frühlingszwiebeln dazugeben und ca. 2 Min. mitbraten. Salzen und pfeffern.

4 Den Teig in die Pfanne gießen und bei mittlerer Hitze 5–6 Min. braten. Die Masse vierteln, vorsichtig wenden und weitere 5–6 Min. braten. Alles mit zwei Gabeln in Stücke zupfen. Die Tofuwürfel dazugeben und kurz mitbraten. Den Schmarren auf Tellern anrichten und mit Petersilie bestreut servieren.

MANGOLD-ROTE-BETE-FRITTATA

Kann man immer neu variieren

Für 4 Personen
Zubereitungszeit ca. 30 Min.
pro Portion ca. 330 kcal

200 g Mangold
300 g gegarte Rote Bete (vakuumverpackt)
1 Zwiebel
150 g Ziegenfrischkäse
6 Eier (M)
Salz · Pfeffer
2 EL Olivenöl
1 EL Butter
2 EL geriebener italienischer Hartkäse
2 EL Dillspitzen

1 Den Backofen auf 250° vorheizen. Mangold putzen und waschen, Blätter in feine Streifen schneiden, Stiele fein würfeln. Rote Bete in 1 ½ cm große Würfel schneiden. Zwiebel schälen und fein hacken. Ziegenfrischkäse, Eier, Salz und Pfeffer mit dem Pürierstab glatt pürieren.

2 Öl und Butter in einer ofenfesten beschichteten Pfanne (26 cm Ø) erhitzen. Zwiebel und Mangoldstiele dazugeben und bei mittlerer Hitze in ca. 3 Min. glasig dünsten. Das Mangoldgrün dazugeben und bei starker Hitze unter Rühren 3–4 Min. dünsten, bis die Flüssigkeit verdampft ist. Rote Bete untermischen. Die Eier-Käse-Mischung darübergießen und zugedeckt in ca. 5 Min. stocken lassen, dabei die Pfanne öfter schwenken.

3 Wenn die Frittata auf der Unterseite goldbraun und oben fast gestockt ist, die Pfanne in den heißen Ofen (Mitte) schieben und die Frittata in 3–5 Min. fertig backen. Dann auf die Teller verteilen, mit Käse und Dill bestreuen und heiß oder lauwarm servieren.

EXPRESS-PIZZA AUS DER PFANNE

Lieblingsessen im Turbogang

Für 2 Personen
Zubereitungszeit ca. 20 Min.
pro Portion ca. 425 kcal

Für den Boden:
200 g geriebener Emmentaler
Für den Belag:
50 g Kirschtomaten
1 kleine Handvoll Baby-Spinat (25 g)
50 g eingelegte Peperoni
(aus dem Glas)
½ kleine rote Zwiebel
1 TL getrocknete italienische Kräuter
Außerdem:
Backpapier

1 Für den Boden eine Pfanne (mit Deckel) auf mittlere Hitze vorheizen. Einen Bogen Backpapier auf die Größe des Pfannenbodens zuschneiden und in die Pfanne legen. 150 g geriebenen Emmentaler gleichmäßig in der Pfanne verteilen und 10–12 Min. backen, bis der Käse schmilzt und am Boden braun wird.

2 Inzwischen für den Belag die Kirschtomaten waschen, trocken tupfen und in dünne Scheiben schneiden. Den Spinat verlesen, waschen, trocken schütteln und grob hacken. Die Peperoni abtropfen lassen und in Ringe schneiden. Die Zwiebelhälfte schälen und ebenfalls in feine Ringe schneiden.

3 Die Kräuter auf den Käseboden in der Pfanne streuen. Dann Tomatenscheiben, Zwiebelringe, Spinat (bis auf einen kleinen Rest) und Peperoni darauf verteilen und alles mit dem restlichen Käse bestreuen.

4 Den Deckel auf die Pfanne legen und die Pizza weitere ca. 8 Min. garen. Vor dem Servieren die restlichen Spinatblätter auf die Pizza streuen.

VARIANTE

BLUMENKOHL-PIZZA

- Der reine Käse-Boden ist Ihnen zu würzig? Dann probieren Sie diesen hervorragenden Veggie-Pizzaboden aus Blumenkohl, der zu jedem Belag passt. Dafür den Backofen auf 180° vorheizen und mit Backpapier belegen.
- 300 g Blumenkohl putzen, waschen und in kleine Röschen teilen. Die Röschen im Blitzhacker fein-bröselig zerkleinern. 180 g Gouda grob reiben. 1 Knoblauchzehe schälen und fein hacken.
- Blumenkohlbrösel, Gouda, Knoblauch und 1 Ei (M) in einer Schüssel gut vermischen. Aus der Mischung auf dem Backblech 2 runde Pizzaböden formen.
- Die Böden flach drücken und im vorgeheizten Ofen (Mitte) ca. 15 Min. backen. Die Böden herausnehmen und nach Belieben belegen, dann im heißen Ofen in ca. 10 Min. fertig backen.

PIZZA VEGETALE

Schneller als der Pizza-Flitzer

Für 4 Personen
Zubereitungszeit ca. 10 Min.
Backzeit 20 Min.
pro Portion ca. 585 kcal

250 g Tomatenpüree
(aus dem Glas oder Tetrapak)
1 EL Tomatenmark
2 TL Zucker
3 EL Olivenöl
je 1 TL getrockneter Rosmarin und Oregano
2 EL TK-Zwiebeln
2 Knoblauchzehen
Salz · Pfeffer
1 kleiner Zucchino
200 g Ziegengouda (in Scheiben)
1 Packung Fertig-Pizzateig
(400 g; Kühlregal)
150 g marinierte Auberginenscheiben
(Fertigprodukt)
50 g schwarze Oliven (ohne Stein)
1 Handvoll Basilikumblättchen
Außerdem:
Backpapier

1 Den Backofen auf 250° vorheizen. Für die Sauce Tomatenpüree und Tomatenmark mit Zucker, Öl, Kräutern und Zwiebeln verrühren. Den Knoblauch schälen und dazupressen. Die Sauce mit Salz und Pfeffer abschmecken. Den Zucchino waschen, putzen und in Scheiben schneiden. Die Käsescheiben vierteln.

2 Das Backpapier auf ein Backblech legen und den Teig darauf ausbreiten. Die Sauce auf dem Teig verteilen. Den Boden zuerst mit Ziegengouda, dann mit Zucchini- und Auberginenscheiben sowie Oliven belegen.

3 Die Pizza im heißen Backofen (Mitte) nach Packungsanweisung des Teigs in 15–20 Min. knusprig backen. Das Basilikum nach Belieben grob hacken und kurz vor Ende der Backzeit auf die Pizza streuen.

TARTELETTES AUX TOMATES

Blitzschneller Genuss à la française

Für 4 Personen
Zubereitungszeit ca. 25 Min.
Backzeit 30 Min.
pro Portion ca. 315 kcal

500 g sehr kleine Datteltomaten
4 TL scharfer Senf
4 TL Ahornsirup oder Agavendicksaft
2 Knoblauchzehen
1 Pck. Filo- oder Yufkateig
(10 Blatt, 250 g; aus dem Kühlregal)
Salz · Pfeffer
2 EL italienische TK-Kräuter
2 EL Pinienkerne
Außerdem:
Backpapier

1 Den Backofen auf 200° vorheizen. Die Datteltomaten waschen und halbieren. Den Senf mit dem Ahornsirup oder Agavendicksaft verrühren, die Knoblauchzehen schälen und dazupressen.

2 Vom Filo- oder Yufkateig 8 Blätter jeweils doppelt zusammenfalten, sodass kleine Quadrate entstehen. Die übrigen 2 Teigblätter jeweils in 4 Quadrate schneiden, diese auf die gefalteten Quadrate legen.

3 Die Teigstapel jeweils mit Knoblauchsenf bestreichen. Die Ränder rundherum jeweils ca. ½ cm einklappen und fest andrücken. Die Tomatenhälften mit den Schnittflächen nach oben auf die Tartelettes setzen. Alles mit Salz und Pfeffer würzen und mit den Kräutern sowie den Pinienkernen bestreuen.

4 Je 2 Tartelettes mit etwas Abstand dazwischen auf zwei Bögen Backpapier setzen. Beide Bögen nacheinander auf ein Backblech ziehen und die Tartelettes im Ofen (Mitte) 12–15 Min. backen, bis der Teig leicht gebräunt ist. Die fertigen Tartelettes aus dem Ofen nehmen und kurz abkühlen lassen, dann servieren.

PORTOBELLO-CHEESEBURGER

Blitzschnelles Veggie-Fast-Food

Für 2 Personen
Zubereitungszeit ca. 15 Min.
pro Portion ca. 465 kcal

Für die Pilze:
4 Portobello-Pilze (ersatzweise Riesenchampignons)
1 EL Olivenöl
Für die Füllung:
200 g Halloumi
1 EL Olivenöl
2 Blätter Lollo bianco
60 g gegrillte Paprika (aus dem Glas)
Für die Sauce:
1 Knoblauchzehe
50 g Joghurt
Salz · Pfeffer

1 Die Pilze putzen, die Stiele entfernen. Eine Pfanne stark erhitzen und die Pilze darin für 3 Min. ohne Fett auf der Außenseite anbraten. Anschließend die Pilze wenden, die Temperatur etwas reduzieren und die Pilze mit dem Olivenöl 1 weitere Min. auf der anderen Seite braten.

2 Inzwischen den Halloumi waagerecht halbieren. Das Olivenöl in einer zweiten Pfanne erhitzen und den Käse darin bei mittlerer Hitze in 3–4 Min. pro Seite knusprig braun braten. Währenddessen die Salatblätter waschen und trocken schütteln. Die gegrillten Paprika abtropfen lassen.

3 Für die Sauce die Knoblauchzehe schälen, durch die Presse drücken und mit dem Joghurt verrühren. Die Sauce mit Salz und Pfeffer kräftig abschmecken.

4 Zwei Pilzhälften mit gegrillter Paprika belegen und mit Joghurtsauce beträufeln. Die Salatblätter und den gebratenen Halloumi darauflegen. Die übrigen Pilzhälften daraufsetzen und die Burger heiß servieren.

GETRÄNKE-TIPP

Zum Burger passt klassischerweise **Limonade.** Dafür den Saft von 10 Limetten mit 4 EL braunem Zucker verrühren und mit 1 l eiskaltem Mineralwasser aufgießen. Im Sommer am besten ein paar Eiswürfel dazugeben. 1 Bio-Limette heiß waschen, dann in dünne Scheiben schneiden und diese in die Limonade geben.

BOHNENBULETTEN MIT TOMATEN-DIP

Runde Sache für den Feierabend!

Für 2 Personen
Zubereitungszeit ca. 20 Min.
pro Portion ca. 560 kcal

Für den Dip:
100 g Tomatenpüree
(aus dem Glas oder Tetrapak)
1 TL Tomatenmark
1 TL Aceto balsamico
3 EL brauner Zucker
½ TL gemahlener Koriander
½ TL Cayennepfeffer
2 fein zerstoßene Pimentkörner
Salz · Pfeffer
Für die Buletten:
1 EL Olivenöl
1 Dose Kidneybohnen
(240 g Abtropfgewicht)
1 Schalotte
1 Knoblauchzehe
½ Bio-Orange
30 g Parmesan
70 g Semmelbrösel
1 TL TK-Petersilie
Salz · Pfeffer
neutrales Öl zum Braten

1 Alle Dipzutaten in einen Topf geben und verrühren, dann aufkochen und bei kleiner Hitze ca. 5 Min. köcheln lassen. Von der Kochstelle ziehen und bis zum Servieren abkühlen lassen.

2 Während der Dip köchelt, für die Buletten 1 EL Olivenöl in einer großen beschichteten Pfanne sanft erhitzen. Die Kidneybohnen in ein Sieb abgießen, kalt abbrausen und abtropfen lassen. Die Schalotte und den Knoblauch schälen und fein hacken, dann beides im heißen Öl bei kleiner Hitze ca. 3 Min. andünsten.

3 Inzwischen die Orangenhälfte heiß waschen und abtrocknen, 1 TL von der Schale abreiben und 2 EL Saft auspressen. Den Parmesan reiben.

4 Die Kidneybohnen und den Schalottenmix in eine Schüssel geben und alles mit einem Kartoffelstampfer zerdrücken. Den geriebenen Parmesan, 50 g Semmelbrösel, Orangenschale und 1 EL Orangensaft dazugeben und untermischen. Falls die Masse zu trocken oder zu fest ist, noch mehr Orangensaft unterrühren; falls sie zu feucht ist oder zu locker, noch 1 TL Semmelbrösel untermischen.

5 Die Masse mit Petersilie sowie Salz und Pfeffer abschmecken. Nun sechs flache Buletten daraus formen. Diese in den restlichen Semmelbröseln (20 g) wälzen.

6 Das Öl zum Braten in der Pfanne erhitzen. Die Buletten darin auf beiden Seiten in insgesamt 5 Min. knusprig braten, dann auf einer Servierplatte anrichten und zusammen mit dem Dip servieren.

SPEED-TIPP

Noch schneller geht's, wenn Sie anstelle des Tomaten-Dips einfach **Ketchup** oder süße **Chili-Sauce** zu den Bohnenbuletten genießen. In diesem Fall die Bohnenmasse zusätzlich mit je 1 kräftigen Prise gemahlenem Koriander, Kardamom und Cayennepfeffer würzen.

DER LIEBLINGSKLASSIKER

KÄSE-LAUCH-PUFFER MIT SCHNITTLAUCH-DIP

Puffer mal ganz anders

Für 2 Personen
Zubereitungszeit ca. 25 Min.
pro Portion ca. 745 kcal

Für die Puffer:
1 Stange Lauch · Salz
100 g Gouda · 2 Eier (M)
50 g Doppelrahmfrischkäse
80 g kernige Haferflocken
20 g Vollkornmehl
frisch geriebene Muskatnuss · 4 EL Rapsöl
Für den Schnittlauch-Dip:
100 g griechischer Joghurt (10 % Fett)
1 EL TK-Schnittlauch
Salz · Pfeffer

1 Für die Puffer den Lauch putzen, die Stangen längs halbieren. Die Hälften quer in schmale Streifen schneiden und diese gründlich waschen. In einem Topf Wasser aufkochen und salzen. Den Lauch darin ca. 2 Min. kochen. Danach in ein Sieb abgießen, kalt abschrecken und gut abtropfen lassen.

2 Den Gouda grob reiben. Die Eier in einer Schüssel mit dem Frischkäse verquirlen. Haferflocken, Vollkornmehl, Gouda und Lauch dazugeben und alles zu einem glatten Teig verrühren. Mit Salz und Muskatnuss würzen.

3 Das Rapsöl in einer beschichteten Pfanne (28 cm Ø) bei mittlerer Hitze heiß werden lassen. Pro Puffer 2 EL Teig in die Pfanne setzen und so insgesamt 6–8 runde Küchlein formen. Die Puffer auf beiden Seiten in ca. 4 Min. goldbraun braten.

4 Inzwischen für den Dip den Joghurt mit dem Schnittlauch verrühren und den Dip mit Salz und Pfeffer abschmecken. Die Puffer aus der Pfanne nehmen und kurz auf Küchenpapier abtropfen lassen.

5 Die Käse-Lauch-Puffer auf zwei Tellern anrichten und mit dem Schnittlauch-Dip servieren.

TO-GO-TIPP
Die Puffer und der Dip eignen sich perfekt **zum Mitnehmen.** Bereiten Sie gleich die doppelte Menge vor. So können Sie eine Portion am Abend genießen und die zweite Portion am nächsten Tag in der Mittagspause.

VARIANTE

KLASSISCHE KARTOFFELPUFFER

- Bei dem Wort Puffer denken die meisten an die allseits beliebten Kartoffelpuffer, deshalb soll das Grundrezept hier nicht fehlen. Für 2 Personen ½ kg Kartoffeln schälen und grob reiben.
- Die Kartoffelraspel gut ausdrücken, trocken tupfen und mit 1 Ei vermischen. Die Masse mit Salz und Pfeffer würzen. 1–2 EL Butterschmalz in einer weiten Pfanne erhitzen, mit einem Esslöffel die Kartoffelmasse als Häufchen hineinsetzen und flach drücken.
- Die Puffer nicht zu heiß in ca. 2 Min. goldgelb anbraten, dann wenden und auf der zweiten Seite ebenfalls goldgelb braten. Herausnehmen und auf Küchenpapier entfetten. Die übrige Kartoffelmasse auf die gleiche Weise zu Puffern verarbeiten.

DIP

KARTOFFEL-TORTILLA

Wunderbares spanisches Alltagsgericht

Für 4 Personen
Zubereitungszeit ca. 25 Min.
Backzeit 25 Min.
pro Portion ca. 300 kcal

500 g Pellkartoffeln (vom Vortag)
2 Zwiebeln
1 rote Spitzpaprika (100 g)
3 EL Olivenöl
6 Eier (M)
100 ml Milch · Salz
Cayennepfeffer
½ Bund Petersilie
10 frische Salbeiblätter
Außerdem:
ofenfeste Pfanne (24 cm Ø)

1 Die Pellkartoffeln pellen, die Zwiebeln schälen und beides in dünne Scheiben schneiden. Die Paprika waschen, weiße Trennwände und Kerne entfernen und die Schote in 5 mm breite Ringe schneiden.

2 Das Olivenöl in der Pfanne erhitzen und die Kartoffelscheiben darin bei mittlerer Hitze ca. 5 Min. anbraten. Die Zwiebeln dazugeben und ca. 5 Min. mitbraten.

3 Inzwischen den Backofen auf 200° vorheizen. Die Eier mit der Milch verquirlen und mit Salz und Cayennepfeffer herzhaft würzen. Petersilie und Salbei waschen und trocken schütteln, die Blätter fein hacken.

4 Paprikaringe und Kräuter unter die Kartoffeln mischen und die Eiermilch darübergießen. Den Pfannenstiel bei Bedarf mit Alufolie umwickeln und die Tortilla im Ofen (Mitte) ca. 25 Min. garen, bis die Eiermasse ganz gestockt ist. Kurz abkühlen lassen, dann vorsichtig auf ein Brett stürzen, in Stücke schneiden und servieren.

POLENTA MIT GEMÜSEKRUSTE

Südfrankreich trifft Italien

Für 4 Personen
Zubereitungszeit ca. 25 Min.
Backzeit 25 Min.
pro Portion ca. 470 kcal

2 Zweige Rosmarin
300 ml Gemüsebrühe · 300 ml Milch
125 g Instant-Polenta (Maisgrieß) · 2 Eier (M)
180 g geriebener italienischer Hartkäse
Salz · Pfeffer · 2 EL Olivenöl
2 Pck. TK-Provence-Gemüse (je 350 g)
1 EL Butter
Außerdem:
Auflauf- oder Quicheform · Öl für die Form

1 Den Ofen auf 200° vorheizen. Den Rosmarin waschen und trocken schütteln, die Nadeln abstreifen und fein hacken. Brühe und Milch zusammen aufkochen. Polenta und Rosmarin einrühren, aufkochen und zugedeckt bei schwacher Hitze 2–3 Min. quellen lassen.

2 Die Polenta vom Herd nehmen. Die Eier und 150 g Hartkäse unterrühren und das Ganze salzen und pfeffern.

3 Das Olivenöl in eine Pfanne geben und erhitzen, dann das TK-Gemüse hineingeben und bei starker Hitze unter Rühren 4–6 Min. anbraten.

4 Die Polenta in die eingeölte Form geben und glatt streichen. Das Gemüse gleichmäßig darauf verteilen und leicht in die Polenta eindrücken. Mit dem übrigen Käse bestreuen und mit der Butter in Flöckchen belegen. Im Ofen (Mitte) ca. 25 Min. backen.

TAUSCH-TIPP
Natürlich können Sie auch **frisches Gemüse** verwenden. Dafür z. B. Zucchini und Paprika in kleine Würfel schneiden, mit fein gehacktem Knoblauch in Olivenöl ca. 5 Min. braten, salzen und pfeffern. Alles auf der Polenta verteilen und wie beschrieben backen.

STECKRÜBEN-LAUCH-GRATIN

Winterhit in Thymiansahne gebacken

Für 2 Personen
Zubereitungszeit ca. 25 Min.
Backzeit 25 Min.
pro Portion ca. 580 kcal

1 Steckrübe (ca. 600 g)
1 Stange Lauch
Salz · Pfeffer
frisch geriebene Muskatnuss
6–8 Zweige Thymian (ersatzweise 1 TL getrockneter Thymian)
100 g Gorgonzola
200 g Sahne
Außerdem:
Auflaufform (ca. 30 × 20 cm)
Butter für die Form

1 Die Steckrübe putzen, längs halbieren, schälen und in ca. ½ cm dicke Scheiben schneiden. Den Lauch putzen, längs einschneiden, unter fließend kaltem Wasser gut waschen, schräg in ca. ½ cm breite Scheiben schneiden.

2 Den Backofen auf 200° vorheizen. In einem großen Topf 1 l Wasser aufkochen, salzen. Die Steckrübenscheiben darin 6–7 Min. kochen. Mit einer Schaumkelle herausheben und in einem Sieb gut abtropfen lassen.

3 Den Lauch in das sprudelnd kochende Wasser geben, ca. 2 Min. darin kochen (blanchieren), dann in ein Sieb abgießen, eiskalt abschrecken und abtropfen lassen.

4 Die Auflaufform mit der Butter einfetten. Die Steckrübenscheiben dachziegelartig gefächert in die Form schichten und mit Salz, Pfeffer und Muskat bestreuen. Die Lauchscheiben darauf verteilen.

5 Den Thymian waschen und trocken schütteln, die Blättchen bis auf einen kleinen Rest hacken. Die Hälfte des Gorgonzolas mit einer Gabel zerdrücken, mit Sahne, gehacktem Thymian, Salz und Pfeffer verquirlen und über das Gemüse gießen. Übrigen Gorgonzola zerbröckeln und daraufstreuen. Gratin im heißen Ofen (Mitte) 20–25 Min. überbacken, bis der Käse leicht geschmolzen ist. Mit restlichen Thymianblättchen garnieren.

GUT ZU WISSEN

Die **Steckrübe** gilt als Kreuzung von Speiserübe und Kohlrabi. Wer sie noch nicht kennt, sollte sie mal ausprobieren. Sie schmeckt leicht süßlich und ist außerdem äußerst gesund. Die anspruchslose Steckrübe wächst größtenteils über der Erde. Weißfleischige Sorten werden in der Regel als Viehfutter verwendet; die gelbfleischigen sind dagegen ein wohlschmeckendes, nährstoffreiches und kalorienarmes Gemüse.

SAUERKRAUTAUFLAUF MIT RÄUCHERTOFU

Mit Kartoffeln vom Vortag ruckzuck fertig

Für 2 Personen
Zubereitungszeit ca. 15 Min.
Backzeit 18 Min.
pro Portion ca. 670 kcal

150 g Räuchertofu · 1 EL Öl
400 g festkochende Pellkartoffeln (gekocht, vom Vortag)
1 Dose 3-Minuten-Sauerkraut (400 g)
2 TL Zucker
50 g Sahne
Pfeffer · Salz
100 g milder Blauschimmelkäse oder Bergkäse
2 EL Butter
Außerdem:
Auflaufform oder
2 Portionsformen (ca. 14 cm Ø)
Butter für die Form(en)

1 Den Backofen auf 200° vorheizen. Die Auflaufform oder die Portionsformen (ca. 14 cm Ø) einfetten. Den Räuchertofu in kleine Würfel schneiden.

2 Das Öl in einer Pfanne erhitzen und die Tofuwürfel darin rundherum anbraten. Die Kartoffeln pellen und in Scheiben schneiden.

3 In einer Schüssel Tofu, Kartoffeln und Sauerkraut mit Zucker und Sahne mischen. Die Mischung mit Pfeffer und etwas Salz würzen und auf die Portionsformen verteilen. Im heißen Backofen (Mitte) ca. 10–15 Min. backen, je nach Größe der Auflaufform.

4 Dann den Käse in Stücke schneiden und diese auf der Sauerkraut-Mischung verteilen und leicht andrücken. Die Butter in Flöckchen darauf verteilen. Alles weitere 6–8 Min. backen. Aus dem Ofen nehmen, leicht abkühlen lassen und in den Auflaufformen servieren.

SPARGELTARTE MIT RICOTTA

Superschneller Frühlingshit

Für 4 Personen
Zubereitungszeit ca. 20 Min.
Backzeit 30 Min.
pro Portion ca. 430 kcal

1 Rolle backfertiger Mürbeteig für Herzhaftes (ca. 300 g; Kühlregal)
500 g grüner Spargel
2 EL Olivenöl
Salz · Zucker
250 g Ricotta
3 Eier (M)
2 EL gemischte TK-Kräuter (z. B. italienische Art)
Pfeffer · frisch geriebene Muskatnuss
75 g Kirschtomaten
Außerdem:
Tarte- oder Quicheform (ca. 26 cm Ø)

1 Den Teig aus dem Kühlschrank nehmen. Den Spargel waschen, holzige Enden abschneiden. Die Stangen im unteren Drittel schälen, dann schräg in Stücke schneiden. Das Olivenöl in einer Pfanne leicht erhitzen und den Spargel darin 3–4 Min. leicht anbraten, dabei mit Salz und Zucker würzen. Vom Herd nehmen.

2 Den Ofen auf 200° vorheizen. Den Mürbeteig aus der Packung nehmen, abrollen einmal zusammenklappen und etwa auf die Größe der Form ausrollen. Die Form damit auskleiden. Überstehenden Teig wegschneiden. Den Teigboden mit einer Gabel mehrmals einstechen.

3 Ricotta mit den Eiern, den TK-Kräutern, Salz, Pfeffer und 1 Prise Muskatnuss verquirlen und auf den Mürbeteigboden geben. Spargel darauf verteilen. Die Kirschtomaten waschen, halbieren und mit den Rundungen nach unten zwischen den Spargel legen. Nach Belieben einige ganze Cocktailtomaten dazwischensetzen. Die Tarte im vorgeheizten Ofen (Mitte) ca. 30 Min. backen.

LAUCH-BIRNEN-TARTE

Mit französischer Note

Für 4 Personen
Zubereitungszeit ca. 20 Min.
Backzeit 25 Min.
pro Portion ca. 510 kcal

1 Stange Lauch (ca. 300 g)
1 Birne
1 EL Öl
Salz · Pfeffer
gemahlener Kümmel (nach Belieben)
150 g Ziegenfrischkäse
70 g Sahne
2 Eier (M)
2 TL körniger Senf
275 g frischer Blätterteig
(aus dem Kühlregal)
Außerdem:
Tarte- oder Springform (28 cm Ø)
Fett für die Form

1 Den Backofen auf 200° vorheizen. Den Lauch putzen und in Ringe schneiden, diese gründlich waschen und abtropfen lassen. Die Birne halbieren und ohne Kerngehäuse schälen, die Hälften würfeln.

2 Das Öl in einer Pfanne erhitzen und die Lauchringe darin 2 Min. andünsten. Die Birnenwürfel dazugeben und weitere 2 Min. dünsten. Mit Salz, Pfeffer und nach Belieben etwas Kümmel würzen.

3 Für den Guss Ziegenkäse, Sahne, Eier und Senf mit dem Pürierstab glatt rühren. Salzen und pfeffern.

4 Eine Tarte- oder Springform einfetten und mit dem Blätterteig auskleiden, dabei einen 2 cm hohen Rand formen. Zunächst die Lauch-Birnen-Mischung und dann den Guss gleichmäßig auf dem Teig verteilen.

5 Die Tarte im heißen Backofen (Mitte) 22–25 Min. backen. Leicht abkühlen lassen und servieren. Die Tarte schmeckt auch kalt hervorragend.

FETA-KARTOFFEL-QUICHE

Würzig mit Käse

Für 12 Stück
Zubereitungszeit ca. 25 Min.
Backzeit 1 Std.
pro Stück ca. 335 kcal

250 g Mehl · 2 TL Backpulver · Salz
100 g Magerquark · 80 ml Milch
80 ml neutrales Öl
500 g Pellkartoffeln (gekocht, vom Vortag)
100 g getrocknete Tomaten (in Öl)
100 g Schafskäse (Feta)
80 g schwarze Oliven (ohne Stein)
250 g Sahne · 4 Eier (M)
2 EL italienische TK-Kräutermischung
2 EL Aceto balsamico bianco · Pfeffer
Außerdem:
Springform (28 cm Ø)
Backpapier · Fett und Mehl für die Form

1 Den Backofen auf 160° vorheizen. In den Boden der Springform Backpapier mit einspannen, den Formrand einfetten und mit Mehl bestreuen.

2 Das Mehl mit Backpulver und 1 Prise Salz in einer Rührschüssel mischen. Quark, Milch und das Öl dazugeben und alles zunächst mit den Knethaken des Handrührgeräts, dann mit den Händen zu einem glatten Teig verkneten. Den Teig auf der bemehlten Arbeitsfläche rund ausrollen und die Form damit auskleiden, dabei einen 3–4 cm hohen Rand formen.

3 Die Kartoffeln pellen und in dünne Scheiben schneiden, den Teigboden damit auslegen. Die Tomaten abtropfen lassen und klein schneiden, Feta zerbröckeln. Tomaten, Feta und Oliven auf den Kartoffeln verteilen.

4 Die Sahne mit Eiern, Kräutern und Essig mit einem Schneebesen verrühren, mit Salz und Pfeffer würzen. Guss gleichmäßig auf der Quiche verteilen. Im Ofen (Mitte) in ca. 1 Std. goldbraun backen. Heiß servieren.

DER LIEBLINGSKLASSIKER

OFENGEMÜSE MIT ERDNUSS-DIP

Nichts leichter als das!

Für 2 Personen
Zubereitungszeit ca. 30 Min.
Backzeit 30 Min.
pro Portion ca. 680 kcal

400 g Blumenkohl
300 g Pastinaken
300 g Süßkartoffeln
1 Bio-Zitrone · 6 EL Olivenöl
Salz · Pfeffer
6 Stängel Petersilie
1–2 rote Chilischoten
1 Prise Zucker
100 g Sahnejoghurt
2 EL Erdnussmus
Außerdem:
Backpapier

1 Den Ofen auf 220° vorheizen. Blumenkohl waschen, putzen und in kleine Röschen teilen, den Strunk klein würfeln. Pastinaken putzen, schälen und längs vierteln. Die Süßkartoffeln schälen, halbieren oder vierteln und in ca. 1 cm dicke Scheiben schneiden.

2 Die Bio-Zitrone heiß abwaschen und trocken reiben, mit einem Sparschäler zwei Streifen Schale abschälen und den Saft auspressen.

3 In einer großen Schüssel 3 EL Olivenöl und 1 EL Wasser mit der Zitronenschale vermischen. Süßkartoffeln, Blumenkohl und Pastinaken mit dem Gewürzöl vermischen. Mit Salz und Pfeffer würzen.

4 Ein Backblech mit Backpapier auslegen und das Gemüse darauf verteilen. Im heißen Ofen (unten) 30–35 Min. rösten, dabei das Gemüse gelegentlich wenden.

5 Inzwischen die Petersilie waschen und trocken schütteln, die Blätter abzupfen und sehr fein hacken. Die Chilischoten waschen, putzen und längs aufschlitzen. Die Kerne herausschaben und die Chilihälften winzig klein würfeln (danach die Hände waschen!). Petersilie und Chili mit 1 EL Zitronensaft und dem übrigen Olivenöl (3 EL) sowie Salz, Pfeffer und Zucker verrühren.

6 Für den Dip in einer Schale den Joghurt mit dem Erdnussmus cremig verrühren, dann mit 1–2 TL Zitronensaft sowie Salz und Pfeffer abschmecken.

7 Das Gemüse aus dem Ofen nehmen, mit dem Chiliöl beträufeln und mit dem Erdnuss-Dip servieren.

VARIANTE

OFENGEMÜSE MIT KÄSEKRUSTE

- Das Ofengemüse wie im Rezept in Schritt 1 bis 3 beschrieben zubereiten, dann nur 25 Min. auf dem Backblech backen. Anschließend in eine ofenfeste Form schichten.
- 150 g Crème fraîche, 50 g geriebenen Gruyère und 2 TL Dijon-Senf verrühren, salzen und pfeffern. Die Crème auf dem Gemüse verteilen und mit 25 g italienischem Hartkäse (Parmesan oder Grana Padano) bestreuen. Im Ofen in 10 Min. goldbraun überbacken.

RATATOUILLE AUS DEM OFEN MIT FETA

Wenig Aufwand, viel Geschmack

Für 4 Personen
Zubereitungszeit ca. 15 Min.
Backzeit 1 Std.
pro Portion ca. 305 kcal

1 Knolle Fenchel (ca. 300 g)
1 Zucchino (ca. 300 g)
2 gelbe Paprika
1 Zwiebel
2 Zweige Rosmarin
2 EL Tomatenmark
1 Dose stückige Tomaten (400 g)
60 g schwarze Oliven
3 EL Olivenöl
Salz · Pfeffer
200 g Schafskäse (Feta)
Außerdem:
Auflaufform mit Deckel

1 Den Backofen auf 200° vorheizen. Den Fenchel putzen, längs halbieren, vom Strunk befreien und waschen. Die Knolle in 2 cm große Würfel schneiden. Zucchino waschen, putzen, längs vierteln und quer in 1 cm dicke Scheiben schneiden. Die Paprika waschen und halbieren, weiße Trennwände und Kerne entfernen, die Hälften ca. 2 cm groß würfeln.

2 Zwiebel schälen und würfeln. Rosmarin waschen und trocken schütteln. Von 1 Zweig die Nadeln abzupfen und hacken. Übrigen Zweig in vier Stücke schneiden.

3 Das vorbereitete Gemüse in die Form geben. Tomatenmark, Tomaten, Oliven, gehackte Rosmarinnadeln, 2 EL Olivenöl sowie Salz und Pfeffer dazugeben und alles kräftig durchmischen. Das Ratatouille zugedeckt im heißen Ofen (Mitte) 45 Min. garen. Inzwischen den Schafskäse in vier Stücke schneiden.

4 Nach der Garzeit das Ratatouille aus dem Backofen nehmen und mit Salz und Pfeffer abschmecken. Dann die Fetastücke auf dem Gemüse verteilen und jeweils ein Stück Rosmarinzweig darauflegen. Den Käse mit dem restlichen Öl beträufeln und alles im heißen Ofen (Mitte) weitere 15 Min. offen backen. Das Ratatouille auf vier tiefe Teller verteilen und die Fetastücke obenauf setzen. Sofort servieren.

DAS PASST DAZU

Zum Ratatouille passen statt Weißbrot natürlich auch Kartoffeln oder Reis. Probieren Sie doch mal diesen raffinierten **Mandelreis**: Für 4 Personen 3 EL gehackte Mandeln mit 2 EL Olivenöl in einer kleinen Pfanne in 3–4 Min. bei mittlerer Hitze unter Rühren hellbraun braten. 2 Tüten vorgegarten Langkornreis (je 250 g) und 100 ml Instant-Gemüsebrühe sowie 2 TL fein abgeriebene Bio-Limettenschale gründlich darunterrühren. Alles 3–4 Min. bei geringer Hitze köcheln lassen. Mit Salz und nach Belieben mit ein paar Spritzern Tabasco abschmecken.

BUNTE QUINOA

Schnell was Warmes für den Feierabend

Für 2 Personen
Zubereitungszeit ca. 20 Min.
pro Portion ca. 480 kcal

300 ml leichte Gemüsebrühe
2 EL Olivenöl
2 Möhren
150 g Quinoa
½ Pck. mediterrane TK-Kräuter (z. B. »italienische Art«)
100 g TK-Erbsen
3 getrocknete Tomaten (in Öl)
30 g Bergkäse (nach Belieben)
Salz · Pfeffer

1 Die Gemüsebrühe aufkochen. Inzwischen das Olivenöl in einem Topf sanft erhitzen. Die Möhren putzen, schälen und längs vierteln, dann die Viertel quer in Würfel schneiden. Die Quinoa in ein Sieb geben, heiß abbrausen und abtropfen lassen.

2 Die Möhrenwürfel im heißen Öl ca. 1 Min. bei kleiner Hitze unter ständigem Rühren andünsten. Die TK-Kräuter dazugeben und ca. 1 Min. ebenfalls unter Rühren mitdünsten. Die Quinoa unterrühren und ca. 1 Min. mitdünsten. Die Gemüsebrühe angießen und aufkochen.

3 Anschließend die Möhren-Quinoa-Mischung bei mittlerer Hitze zugedeckt 12–15 Min. köcheln lassen, bis die Quinoa gegart ist, dabei nach ca. 7 Min. Garzeit die TK-Erbsen dazugeben und mitgaren.

4 Inzwischen die Tomaten abtropfen lassen und in kleine Stücke schneiden. Falls verwendet, den Käse reiben.

5 Die Quinoa mit Salz und Pfeffer abschmecken und auf zwei Tellern anrichten. Die getrockneten Tomaten und nach Belieben den geriebenen Käse daraufstreuen.

TAUSCH-TIPPS

Statt TK-Erbsen können Sie auch **TK-Brokkoli** nehmen. Geben Sie ihn gleich mit der Quinoa dazu. In der Kürbissaison ½ kleinen **Hokkaido-Kürbis** (ca. 500 g) anstelle der Möhren und Erbsen verwenden. Das Kürbisstück entkernen, waschen und würfeln, dann mit den Kräutern andünsten.

GUT ZU WISSEN

Quinoa ist in Südamerika schon seit 5000 Jahren als Nahrungsmittel bekannt. Die Samen können verschiedene Farben haben – von gelb über orange, pink und rot bis braun. Sie haben eine getreideähnliche Zusammensetzung, daher wird Quinoa als glutenfreies Pseudogetreide bezeichnet. Aufgrund dieser Eigenschaften ist es für Allergiker geeignet und in der vegetarischen sowie veganen Küche sehr beliebt. Quinoa erhalten Sie in Bio- und Naturkostläden und inzwischen auch in gut sortierten Supermärkten.

PAPRIKA-HIRSOTTO MIT AJVAR

Schnellkoch-Hirse macht's möglich

Für 4 Personen
Zubereitungszeit ca. 30 Min.
pro Portion ca. 510 kcal

1 Zwiebel · 2 Knoblauchzehen
2 EL Olivenöl
250 g Schnellkochhirse
(Bioladen oder Reformhaus)
1 EL scharfes Ajvar (Paprikapaste)
125 ml trockener Weißwein
(ersatzweise Gemüsebrühe)
800–900 ml heiße Gemüsebrühe · Salz
je 1 rote und gelbe Paprika
200 g TK-Erbsen
50 g Cashewkerne
(ungeröstet, ungesalzen)
½ Bund Petersilie
1 EL kalte Butter
80 g Sahne · Pfeffer
1–2 TL Zitronensaft

1 Zwiebel und Knoblauch schälen und fein würfeln. Das Olivenöl in einem großen Topf erhitzen, Zwiebel darin glasig dünsten. Hirse in ein Sieb geben, mit heißem Wasser abbrausen, abtropfen lassen und dazugeben. Knoblauch und Ajvar hinzufügen und 1–2 Min. andünsten. Den Wein angießen und stark einkochen. Hirse mit heißer Brühe bedecken und offen ca. 20 Min. garen, dabei nach und nach übrige Brühe dazugeben. Salzen.

2 Inzwischen die Paprika waschen, längs halbieren, putzen und ca. 1 cm groß würfeln. Erbsen antauen lassen. Cashews grob hacken. Paprika, Erbsen und Cashews ca. 5 Min. vor Ende der Garzeit zur Hirse geben.

3 Die Petersilie waschen und trocken schütteln, die Blätter abzupfen und hacken. Die Butter in Flöckchen sowie die Sahne in das Hirsotto rühren und dieses mit Salz, Pfeffer und Zitronensaft würzen. Auf vorgewärmten Tellern anrichten und mit Petersilie bestreuen.

ERBSEN-ZITRONEN-RISOTTO

Herrlich käse-cremig

Für 2 Personen
Zubereitungszeit ca. 30 Min.
pro Portion ca. 530 kcal

1 Zwiebel
2 EL Butter
150 g Risotto-Reis (z. B. Carnaroli)
ca. 500 ml heiße Gemüsebrühe
150 g TK-Erbsen
50 g Gorgonzola
20 g Parmesan
½ TL abgeriebene Bio-Zitronenschale
2 TL gehacktes TK-Basilikum
Salz · Pfeffer
Außerdem:
gehobelter Parmesan
zum Bestreuen

1 Die Zwiebel schälen und in feine Würfel schneiden. 1 EL Butter in einem Topf zerlassen und die Zwiebelwürfel darin kurz andünsten. Den trockenen, rohen Reis dazugeben und glasig andünsten.

2 Einen Schöpflöffel Gemüsebrühe angießen und den Reis offen bei mittlerer Hitze ca. 15 Min. garen, dabei immer wieder Brühe nachgießen und möglichst häufig durchrühren. Die Erbsen untermischen und den Reis in weiteren ca. 5 Min. bissfest garen.

3 Inzwischen den Gorgonzola und die übrige Butter in kleine Würfel schneiden. Den Parmesan fein reiben. Die Gorgonzola- und die Butterwürfel zusammen mit der abgeriebenen Zitronenschale und dem Basilikum sowie dem geriebenen Parmesan unter den Risotto rühren, bis er schön sämig ist.

4 Den Erbsen-Zitronen-Risotto mit Salz und Pfeffer abschmecken, dann auf Tellern anrichten, mit gehobeltem Parmesan bestreuen und sofort servieren. Dazu passt knuspriges Brot.

REISPFANNE MIT PILZEN

Schnelle Pfanne mit Reis vom Vortag

Für 4 Personen
Zubereitungszeit ca. 30 Min.
pro Portion ca. 265 kcal

1 Knolle Fenchel (ca. 250 g)
300 g Champignons oder Egerlinge
250 g festkochende Kartoffeln
80 g grüne oder schwarze Oliven (ohne Stein)
80 g getrocknete Tomaten (in Öl)
2 EL Butterschmalz
2 TL getrockneter Thymian
500 g gekochter Reis (vom Vortag, aus ca. 220 g rohem Reis)
50 ml Gemüsebrühe
2 EL Aceto balsamico
2 TL Honig
Salz · Pfeffer
Crema di balsamico
frisch gehobelter italienischer Hartkäse (nach Belieben)

1 Den Fenchel waschen, putzen und klein schneiden. Die Pilze putzen, trocken abreiben und je nach Größe halbieren oder vierteln. Die Kartoffeln schälen und klein würfeln. Die Oliven halbieren, die getrockneten Tomaten abtropfen lassen und klein schneiden.

2 Das Butterschmalz in einer großen beschichteten Pfanne erhitzen und die Kartoffelwürfel darin ca. 5 Min. anbraten, bis sie leicht gebräunt sind. Den Fenchel hinzufügen und 2 Min. mitbraten, dann Pilze und Thymian dazugeben und alles noch 3–4 Min. braten.

3 Den vorgekochten Reis, die Oliven und die Tomatenstücke mit in die Pfanne geben und alles so lange unter Rühren weiterbraten, bis der Reis heiß ist.

4 Gemüsebrühe, Balsamico und Honig verrühren und darübergießen, dann die Flüssigkeit etwas verkochen. Die Reispfanne mit Salz und Pfeffer abschmecken.

5 Den Reis auf Teller verteilen. Mit Crema di balsamico und nach Belieben mit frisch gehobeltem italienischem Hartkäse garnieren.

TAUSCH-TIPP
Für diese Reispfanne eignet sich auch **vorgegarter Reis** aus dem Supermarkt. Dafür je nach Packungsanweisung gegen Ende der Garzeit etwas mehr Brühe hinzufügen.

ORIENTALISCHE KICHERERBSENPFANNE

Vegetarisch und wunderbar aromatisch!

Für 2 Personen
Zubereitungszeit ca. 20 Min.
pro Portion ca. 415 kcal

1 EL Olivenöl
1 Knoblauchzehe
1 Stück Ingwer (ca. 1 cm)
1 Zwiebel
2 Möhren
4 getrocknete Aprikosen
(ersatzweise anderes Dörrobst)
2 TL Ras el Hanout
(orientalische Gewürzmischung)
1 Dose Kichererbsen
(240 g Abtropfgewicht)
100 ml Gemüsebrühe
200 g stückige Tomaten
(aus der Dose)
½ TL Honig
Salz · Pfeffer
1 EL Zitronensaft
2 EL (Ziegen-)Frischkäse
2 EL geröstete, gesalzene Pistazienkerne
(nach Belieben)

1 Das Olivenöl in eine Pfanne geben und sanft erhitzen. Inzwischen den Knoblauch und den Ingwer schälen und fein hacken. Die Zwiebel schälen und grob in Würfel schneiden. Die Möhren putzen und ebenfalls schälen, längs vierteln und in kleine Würfel schneiden.

2 Knoblauch, Ingwer und Zwiebelwürfel im Öl bei kleiner bis mittlerer Hitze ca. 1 Min. andünsten. Die Möhrenwürfel dazugeben und den Pfanneninhalt 5 Min. unter Rühren bei kleiner Hitze andünsten. Inzwischen die Aprikosen in kleine Stücke schneiden.

3 Das Gemüse mit 1 TL Ras el Hanout würzen. Die Kichererbsen abtropfen lassen und dazugeben. Die Gemüsebrühe dazugeben, aufkochen und alles noch ca. 2 Min. köcheln lassen. Dann die Aprikosen und die Tomaten dazugeben und kurz mitkochen.

4 Die Kichererbsenpfanne mit Honig, Salz, Pfeffer und Zitronensaft, eventuell auch noch mit ein wenig Ras el Hanout abschmecken und auf zwei Schalen verteilen. Mit 1 Klecks Frischkäse getoppt und nach Belieben mit den Pistazien bestreut servieren.

TAUSCH-TIPP

Liegt noch etwas Brauchbares herum? Wenn sich im **Gemüsefach** ein Stück Lauch, ein Zucchino, eine Stange Staudensellerie oder auch eine (Spitz-)Paprika findet – wunderbar! Das Gemüse waschen, putzen und klein schneiden und zusammen mit den Möhrenwürfeln dünsten.

HEISSE TABOULÉ MIT HALLOUMI

Macht Lust auf Sommer

Für 4 Personen
Zubereitungszeit ca. 45 Min.
pro Portion ca. 780 kcal

2 Pck. Halloumi (Grillkäse; je 225 g)
1 Salatgurke (ca. 400 g)
4 Tomaten
4 Frühlingszwiebeln
5 EL Olivenöl
300 g Bulgur
2 TL Tomatenmark
600 ml Gemüsebrühe
1 Bund Petersilie
Salz · 3 EL Zitronensaft
1 TL Pul Biber (türkische Chiliflocken)

1 Den Halloumi trocken tupfen und in ca. 1 cm breite Riegel schneiden. Die Gurke waschen, putzen und streifenweise schälen, dann längs halbieren und entkernen. Die Tomaten waschen, die Stielansätze entfernen.

2 Gurke und Tomaten ca. 1 cm groß würfeln. Frühlingszwiebeln waschen, putzen, in feine Ringe schneiden.

3 In einem Schmortopf 2 EL Öl erhitzen, den Halloumi darin portionsweise bei mittlerer Hitze in 2–3 Min. je Seite goldbraun braten, dann herausnehmen und zugedeckt beiseitestellen. Bulgur und Tomatenmark einrühren und im Bratfett kurz andünsten. Die Brühe zugießen, aufkochen und zugedeckt bei kleiner Hitze ca. 10 Min. quellen lassen. Inzwischen die Petersilie abbrausen, trocken schütteln, die Blätter fein hacken.

4 Den Bulgur mit einer Gabel auflockern, mit Salz, Zitronensaft und 1–2 TL Pul Biber würzen. Gurken, Tomaten, Frühlingszwiebeln und Petersilie (bis auf 1 EL) sowie die übrigen 3 EL Öl unter den Bulgur mischen. Die gebratenen Halloumischeiben darauflegen und alles zugedeckt weitere 5 Min. bei kleiner Hitze heiß werden lassen. Das warme Taboulé und den Halloumi auf Tellern anrichten und mit der übrigen Petersilie bestreuen.

GEMÜSE-PILAW MIT NÜSSEN

Leicht, saftig und herrlich unkompliziert

Für 4 Personen
Zubereitungszeit ca. 30 Min.
pro Portion ca. 555 kcal

4 kleine Zucchini
2 Möhren · 2 rote Zwiebeln
2 Knoblauchzehen
2 EL Olivenöl
½ TL gemahlene Kurkuma
1 TL Koriandersamen
250 g Basmatireis
150 g Nuss-Mix mit Cranberrys
600 ml Gemüsebrühe
2 große Tomaten
Salz · Pfeffer

1 Die Zucchini waschen, putzen und in Scheiben schneiden. Die Möhren putzen, schälen und in kleine Würfel schneiden. Die Zwiebeln schälen und in feine Streifen schneiden. Den Knoblauch schälen und fein würfeln.

2 Das Olivenöl in einem breiten Schmortopf erhitzen. Die Zwiebelstreifen hinzufügen, mit Kurkuma bestäuben und in ca. 2 Min. glasig dünsten. Koriandersamen und Knoblauch dazugeben und bei mittlerer Hitze 1–2 Min. unter Rühren rösten, bis die Gewürze duften.

3 Den Reis unterrühren und glasig dünsten. Den Nuss-Mix sowie die Zucchini- und Möhrenwürfel hinzufügen und ca. 2 Min. mitdünsten. Die Gemüsebrühe angießen, alles aufkochen und bei mittlerer Hitze offen 10–12 Min. köcheln lassen. Ab und zu umrühren.

4 Inzwischen die Tomaten waschen und die Stielansätze entfernen. Die Tomaten vierteln, entkernen und in kleine Würfel schneiden. Die Tomatenwürfel unter den Reis heben und den Pilaw zugedeckt bei kleiner Hitze weitere 10 Min. köcheln lassen.

5 Den Pilaw mit Salz und Pfeffer abschmecken und nach Belieben mit einer Joghurtsauce (s. S. 188) servieren.

SÜSSKARTOFFEL-CURRY MIT KICHERERBSEN

Schön würzig und gar nicht scharf

Für 2 Personen
Zubereitungszeit ca. 30 Min.
pro Portion ca. 505 kcal

400 g Süßkartoffeln
1 Dose Kichererbsen (400 g)
1 Zwiebel
2 Knoblauchzehen
1 Stück Ingwer (ca. 2 cm)
1 rote Paprika
100 g grüne, extrafeine Bohnen
1 EL Erdnussöl
1 TL Fenchelsamen
1 TL Chiliflocken
1 Lorbeerblatt
200 ml Gemüsebrühe
100 g Kokosmilch (aus der Dose)
1 EL Garam Masala (s. Tipp)
1 TL gemahlener Koriander
½ TL gemahlene Kurkuma
Salz · Pfeffer
2 Stängel Minze

1 Die Süßkartoffeln schälen, putzen und in 1 cm große Würfel schneiden. Kichererbsen in ein Sieb abgießen, mit kaltem Wasser abbrausen und abtropfen lassen.

2 Die Zwiebel, den Knoblauch und den Ingwer schälen und fein hacken. Die Paprika waschen, längs halbieren und von Stielansatz, weißen Trennwänden und Samen befreien. Die Hälften in Streifen schneiden. Die Bohnen putzen, waschen und halbieren.

3 Zuerst den Wok oder eine hohe Pfanne, dann darin das Erdnussöl erhitzen. Die Fenchelsamen und Chiliflocken sowie das Lorbeerblatt darin unter Rühren ca. 15 Sek. anrösten. Zwiebeln, Knoblauch und Ingwer zusammen mit den Süßkartoffeln dazugeben und bei mittlerer Hitze unter Rühren ca. 2 Min. anbraten. Die Brühe und die Bohnen dazugeben. Alles zugedeckt bei schwacher Hitze ca. 5 Min. köcheln lassen.

4 Die Paprikastreifen mit in den Wok geben, unterrühren und zugedeckt ca. 2 Min. mitgaren. Dann die Kichererbsen zusammen mit der Kokosmilch unterrühren und in ca. 2 Min. heiß werden lassen. Das Curry mit Garam Masala, Koriander, Kurkuma, Salz und Pfeffer würzen. Die Minze waschen und trocken schütteln. Die Blättchen abzupfen, hacken und darüberstreuen.

AROMA-TIPP
Sie finden **Garam Masala** im Supermarkt im Gewürzregal oder im Asialaden. Das tabakbraune Pulver besteht aus Kardamom, Zimtpulver, Gewürznelken, Pfeffer, Kreuzkümmel und Muskatnuss.

AMARANT-GEMÜSE-WOK

Asia-Liebling auf neue Art

Für 4 Personen
Zubereitungszeit ca. 30 Min.
pro Portion ca. 525 kcal

Salz · 100 g Amarant
100 g Basmatireis
1 Bund Frühlingszwiebeln
je 1 gelbe und rote Paprika
200 g Zuckerschoten
150 g Shiitake (Pilze)
100 g Mungbohnensprossen
100 g Rauchmandeln
2 EL Öl · 2 TL geröstetes Sesamöl (Asialaden)
1 EL Ingwer-Chili-Sauce (Fertigprodukt)
2–3 EL Sojasauce · Pfeffer

1 400 ml Wasser in einen Topf geben und leicht salzen. Amarant und Reis einrühren, aufkochen und zugedeckt bei schwacher Hitze ca. 15 Min. quellen, dann offen weitere ca. 10 Min. nachquellen lassen.

2 Inzwischen die Frühlingszwiebeln putzen und waschen, die weißen und hellgrünen Teile in Röllchen schneiden. Die Paprika waschen und längs halbieren, putzen und in Streifen schneiden. Die Zuckerschoten waschen, größere Exemplare schräg halbieren.

3 Von den Pilzen die Stiele entfernen, die Hüte in dünne Scheiben schneiden. Die Sprossen kurz überbrühen und abtropfen lassen. Die Mandeln grob hacken.

4 Das Öl im Wok oder in einer hohen Pfanne erhitzen. Die Paprikastreifen bei starker Hitze unter Rühren 2–3 Min. braten. Mandeln, Zuckerschoten und Pilze hinzufügen und ca. 3 Min. unter Rühren weiterbraten.

5 Die Amarant-Reis-Mischung mit einer Gabel auflockern und zusammen mit dem Sesamöl dazugeben. Die Frühlingszwiebelringe und die Sprossen hinzufügen und alles unter Rühren 2–3 Min. braten. Mit Ingwer-Chilisauce, Sojasauce und Pfeffer würzen. Sofort servieren.

TANDOORI-BLUMENKOHL MIT JOGHURT

Köstlich mit indischer Gewürzmischung

Für 4 Personen
Zubereitungszeit ca. 30 Min.
pro Portion ca. 176 kcal

1 Blumenkohl (ca. 1 kg)
2 rote Zwiebeln
1 Knoblauchzehe
1 Stück Ingwer (ca. 2 cm)
2 EL Butterschmalz
1–2 EL Tandooripaste (Asialaden)
2 TL flüssiger Honig
Salz · Pfeffer
1 Dose stückige Tomaten (400 g)
½ Bund Koriander
1 Bio-Zitrone
200 g griechischer Joghurt (10 % Fett)

1 Den Blumenkohl putzen, waschen und in Röschen teilen, größere Röschen etwas kleiner schneiden. Den Strunk schälen und klein würfeln. Die Zwiebeln schälen, halbieren und in dünne Spalten schneiden. Knoblauch und Ingwer schälen und fein würfeln.

2 In einer großen Pfanne das Butterschmalz zerlassen. Zwiebelspalten und Blumenkohl darin bei starker Hitze unter Rühren ca. 5 Min. braten. Knoblauch und Ingwer hinzufügen, kurz andünsten. Tandooripaste und Honig einrühren, mit Salz und Pfeffer würzen. Die stückigen Tomaten und 6–8 EL Wasser untermischen und alles zugedeckt bei schwacher Hitze ca. 10 Min. kochen.

3 Inzwischen den Koriander waschen und trocken schütteln, die Blätter grob hacken. Zitrone heiß waschen, trocken reiben und in Spalten schneiden. Den Joghurt glatt rühren. Den Tandoori-Blumenkohl salzen und pfeffern. Mit Koriander bestreuen und mit Zitronenspalten und Joghurt servieren. Dazu passt Basmatireis.

CHINA-GEMÜSE SÜSSSAUER

Angenehm leicht und aromatisch

Für 4 Personen
Zubereitungszeit ca. 30 Min.
pro Portion ca. 155 kcal

Für die Sauce:
1 TL Palmzucker
(ersatzweise brauner Zucker)
2 TL Speisestärke
6 EL Sojasauce
4 EL Reisessig
Für das Gemüse:
200 g Zuckerschoten
400 g Brokkoli
100 g Shiitake (Pilze)
1 Stück Ingwer (ca. 3 cm)
2 dicke Scheiben Ananas
2 EL Öl
Salz · Pfeffer

1 Für die Sauce den Palmzucker fein zerbröckeln oder mit dem Messer durchhacken, bis er körnig ist, dann mit der Stärke mischen und mit Sojasauce, Reisessig sowie 175 ml Wasser glatt rühren und beiseitestellen.

2 Die Zuckerschoten putzen, waschen und je nach Größe schräg halbieren oder dritteln. Den Brokkoli putzen, waschen, in Röschen zerteilen, die Stiele schälen und klein schneiden. Die Shiitake mit einem feuchten Tuch abreiben, dann die Stiele entfernen und die Hüte in Streifen schneiden. Den Ingwer schälen und fein hacken. Die Ananasscheiben schälen und in Würfel schneiden, den harten Mittelstrunk dabei entfernen.

3 Das Öl in einem Wok oder in einer hohen Pfanne erhitzen und den Ingwer darin ganz kurz anbraten. Die Zuckerschoten und den Brokkoli dazugeben und bei starker Hitze ca. 3 Min. rührbraten. Die Pilze dazugeben und alles weitere 2 Min. rührbraten.

4 Die vorbereitete Sauce noch einmal durchrühren und in den Wok gießen. Die Ananas ebenfalls dazugeben, aufkochen und alles unter Rühren 1 weitere Min. köcheln lassen. Nach Belieben mit Salz und Pfeffer abschmecken. Dazu passen Reis oder Reisnudeln.

SPEED-TIPPS

Statt die **Sauce** selbst zu mischen, können Sie fertige Wok- oder Teriyaki-Sauce verwenden, mit der Sie zuletzt alles abschmecken.
Haben Sie in der Gemüseecke im Supermarkt kein frisches **Asia-Gemüse** gefunden? Dann suchen Sie in der Tiefkühltheke nach einem TK-Asia-Gemüse-Mix ohne Würzzutaten.

BROKKOLI MIT TOFU UND ERDNÜSSEN

Vietnamesisch, würzig, crunchy

Für 4 Personen
Zubereitungszeit ca. 30 Min.
pro Portion ca. 290 kcal

800 g Brokkoli
4 Knoblauchzehen
150 g Räuchertofu · 4 EL Öl
4 EL vegane Fischsauce
(»No-Fish-Sauce«; s. Tipp)
4 EL Sojasauce
2 TL brauner Zucker
Pfeffer · 2 TL Speisestärke
2 EL geröstete gesalzene Erdnusskerne

1 Den Brokkoli putzen und waschen, in mundgerechte Röschen teilen, den Stamm schälen und klein schneiden. Den Knoblauch schälen und fein hacken. Den Tofu trocken tupfen und in kleine Würfel schneiden.

2 Das Öl in einem Wok oder in einer hohen Pfanne erhitzen, den Brokkoli darin bei starker Hitze nach und nach unter Rühren anbraten. Zuletzt den Knoblauch mit anbraten und das Gemüse dann bei mittlerer Hitze weitere ca. 5 Min. rührbraten. Fisch- und Sojasauce mit Zucker, etwas Pfeffer, Speisestärke und 175 ml Wasser glatt rühren. In den Wok gießen, den Tofu dazugeben und alles noch 1 Min. unter Rühren garen. Mit Pfeffer würzen und mit den Erdnüssen bestreut servieren.

AROMA-TIPP

Vegane Fischsauce enthält Algen, die den typischen Meeresgeschmack der echten Fischsauce sehr gut imitieren, sodass niemand auf das »Umami« in seinen Asia-Gerichten verzichten muss.

TOFU-CURRY MIT MANDELN

Mit buntem Gemüse aus dem Wok

Für 2 Personen
Zubereitungszeit ca. 30 Min.
pro Portion ca. 415 kcal

30 g Mandelkerne
1 Stück Ingwer (ca. 2 cm)
3 Frühlingszwiebeln
150 g Möhren
1 gelbe Paprika
1 kleine Dose Bambussprossen in Streifen (140 g Abtropfgewicht)
200 g Räuchertofu
2 EL Öl
1 TL gelbe Currypaste
175 ml Gemüsebrühe
Salz · Pfeffer

1 Die Mandeln etwas kleiner hacken. Den Ingwer schälen und hacken. Die Frühlingszwiebeln putzen, waschen und in schräge Ringe schneiden. Die Möhren schälen, die Paprika waschen, halbieren und entkernen. Beides in feine Streifen schneiden.

2 Die Bambussprossen abtropfen lassen. Den Tofu mit Küchenpapier trocken tupfen und in ca. 1 cm breite und dicke Streifen schneiden.

3 Das Öl in einem Wok oder in einer hohen Pfanne erhitzen. Die Mandeln, den Ingwer und das vorbereitete Gemüse bis auf die Bambussprossen darin bei starker Hitze unter Rühren ca. 2 Min. braten.

4 Die Currypaste einrühren, mit der Brühe ablöschen und aufkochen. Die abgetropften Bambussprossen und den Tofu zum Gemüse in den Wok geben, alles noch 2 Min. bei mittlerer Hitze garen. Das Curry mit Salz und Pfeffer abschmecken und servieren.

GELBES CURRY MIT TOFU

Mild durch die Kokosmilch

Für 4 Personen
Zubereitungszeit ca. 25 Min.
pro Portion ca. 565 kcal

Für den Tofu:
400 g fester Tofu (2 Stücke)
4 EL Rapsöl
Für das Curry:
180 g Schalotten
2 Stängel Zitronengras (Asialaden)
4 rote Chilischoten
200 g grüne Bohnen
1 Bund Koriandergrün
4 EL Rapsöl · 500 g Kokosmilch (aus der Dose)
3 TL Currypulver
2 EL Hoisin-Sauce (Asialaden; s. Tipp)
Salz

1 Den Tofu waagerecht halbieren und die Scheiben in Rechtecke schneiden. Die Rechtecke dann diagonal in Dreiecke teilen. Das Rapsöl in einer großen beschichteten Pfanne erhitzen und die Tofu-Ecken darin bei mittlerer Hitze in ca. 2 Min. pro Seite goldbraun anbraten. Den Tofu behutsam aus der Pfanne nehmen und auf Küchenpapier entfetten.

2 Die Schalotten schälen, halbieren und in feine Streifen schneiden. Vom Zitronengras das Wurzelende abschneiden, die groben Hüllblätter entfernen und den weichen Teil fein schneiden. Die Chilis halbieren und entkernen, die Hälften waschen und in feine Streifen schneiden.

3 Die Bohnen putzen, waschen und schräg in 2 cm lange Stücke schneiden. Koriander waschen, trocken schütteln und samt Stängeln in grobe Stücke schneiden.

4 Öl in der Pfanne erhitzen, Schalotten und Zitronengras darin bei starker Hitze 15–20 Sek. anbraten. Bohnen dazugeben und ca. 2 Min. rührbraten. Dann Kokosmilch, Currypulver, Hoisin-Sauce und Chilis einrühren. Alles aufkochen und bei starker Hitze 4–6 Min. reduzieren.

5 Das Curry mit Salz abschmecken, den Tofu unterheben und kurz darin erwärmen. Das Curry auf vier Tellern anrichten und mit dem Koriandergrün bestreut servieren.

VORRATS-TIPP

Nicht verwendete **Kokosmilch** können Sie einfrieren. Dafür in Eiswürfelbehälter füllen und im Tiefkühlfach durchfrieren lassen. Dann herauslösen und in einem Gefrierbeutel aufbewahren. Die tiefgekühlten Würfel zum Verfeinern in Suppen oder Currys schmelzen lassen.

GUT ZU WISSEN

Hoisin-Sauce ist eine rein pflanzliche Würzsauce aus der chinesischen und vietnamesischen Küche. Hauptbestandteile sind Soja und Chili zusammen mit Zucker, Salz, Essig, Knoblauch und Sesamöl. Sie ist dickflüssig, sehr dunkel und schmeckt süßlich-kräftig. Falls Sie für dieses Rezept keine Hoisin-Sauce bekommen können, mischen Sie ersatzweise 2 EL Chili-Sauce mit 1 TL Zucker.

KOKOSGEMÜSE MIT TOFU

Veganer Asia-Liebling

Für 4 Personen
Zubereitungszeit ca. 30 Min.
pro Portion ca. 420 kcal

1 Stück Ingwer (ca. 3 cm)
2 kleine rote Chilischoten
4 EL helle Sojasauce
2 TL schwarze Bohnenpaste (Asialaden)
250 g Räuchertofu
200 g Zuckerschoten
200 g Möhren
200 g Shiitake (Pilze)
2 EL Öl
400 g Kokosmilch (aus der Dose)
Salz · Pfeffer

1 Für die Marinade den Ingwer schälen und fein hacken. Die Chilischoten waschen, halbieren und entkernen, die Hälften fein hacken. Beides in einer Schüssel mit der hellen Sojasauce und der Bohnenpaste verrühren. Den Tofu in 1,5 cm breite, ca. 5 cm lange Streifen schneiden und in der Marinade wenden.

2 Die Zuckerschoten putzen, waschen und längs halbieren oder schräg in Drittel schneiden. Die Möhren schälen und schräg in dünne Scheiben schneiden oder hobeln. Die Shiitake mit einem feuchten Tuch abreiben, dann die Stiele entfernen und die Hüte halbieren oder in Streifen schneiden.

3 Das Öl in einem Wok oder in einer hohen Pfanne erhitzen und die Zuckerschoten und die Möhren darin 2 Min. rührbraten. Die Pilze dazugeben und ca. 2 Min. mitbraten. Die Kokosmilch angießen und aufkochen.

4 Den Tofu samt der Marinade dazugeben, vorsichtig verrühren und das Ganze kurz durchkochen. Das Gemüse nach Belieben mit Salz und Pfeffer abschmecken und in Schälchen anrichten.

GUT ZU WISSEN
Tofu kann in seiner Konsistenz sehr unterschiedlich sein. Tofu aus unseren Supermärkten und Bioläden ist meist eher fest und eignet sich gut zum Braten. Tofu aus dem Asialaden enthält mehr Feuchtigkeit und ist daher weicher und glatter. Er wird oft in Suppen verwendet oder frittiert. Seidentofu ist eher cremig und spielt in der veganen Küche eine Rolle für Nachspeisen und Desserts.

FLEISCH UND FISCH

HERZHAFT GEHT IMMER

Kurz gebraten, schnell serviert

Große Braten und Fleischstücke, die lange schmoren müssen, bis sie zart sind, sind perfekt für Festtage, aber ganz ungeeignet für die schnelle Alltagsküche. Doch es gibt genügend Alternativen, mit denen Fleischfans auch bei knappem Zeitbudget auf ihre Kosten kommen.

Minutenschnitzel von Schwein oder Rind sind hauchdünn und frei von Sehnen und Fett – drei Faktoren, die dafür sorgen, dass das Fleisch wirklich in Minutenschnelle servierfertig gebraten ist. Dafür die Schnitzel mit Küchenpapier trocken tupfen, pro Seite ca. 30 Sek. in etwas Öl anbraten, salzen, pfeffern und dann noch 2–3 Min. zugedeckt nachziehen lassen. So schmecken sie wunderbar zu gebratenem Gemüse oder Salat.

Sie können aber auch die fertigen Schnitzel aus der Pfanne heben und warm stellen. Den Bratensatz für eine schnelle Sauce mit Brühe, Dosentomaten oder Sahne ablöschen, nach Geschmack würzen und die Schnitzel vor dem Servieren noch kurz darin erwärmen. Fleisch und Sauce mit Püree, Spätzle oder Nudeln als Beilage genießen.

Ruckzuck aus der Pfanne auf den Teller kommen auch **Filetstücke** von Lamm, Wild, Schwein oder Rind. Sie sind am saftigsten, wenn man sie nicht ganz durchbrät, sondern medium genießt. Dazu die Fleischstücke mit Küchenpapier trocken tupfen, Rind, Wild und Lamm bei großer Hitze, Schwein bei mittlerer Hitze auf beiden Seiten je nach Dicke und gewünschtem Gargrad 2–3 Min. anbraten. Dann die Steaks in Alufolie wickeln und im auf 100° vorgeheizten Backofen ca. 10 Min. ruhen lassen. So entspannen sich die Fleischfasern und Sie ernten wunderbar zarten Genuss.

In der Zwischenzeit können Sie sich schon mal um eine schnelle Beilage und/oder die Sauce kümmern, die Sie aus dem Bratensatz

KURZBRATEN heißt das Zauberwort in der schnellen Fleischküche. Klein geschnittene Filets von Schwein und Geflügel sind dafür ideal.

in der Pfanne herstellen können. Von Salat über gebratenes Gemüse bis hin zu Püree oder Gnocchi passt eigentlich alles zu Filetstücken.

Hackfleisch bekommen Sie beim Metzger oder im Supermarkt vom Rind, vom Schwein oder in der gemischten Variante. Lamm- oder Geflügelhackfleisch gehört meist nicht zum Standardsortiment. Das können Sie aber auch mithilfe eines Fleischwolfs oder eines Blitzhackers selbst herstellen.

Für schnelle Gerichte das Hackfleisch einfach krümelig braten und mit Gemüse und Bulgur oder Couscous in einer Pfanne mischen – Feta darüberkrümeln – fertig! Das geht auch: Gehackte Tomaten dazugeben und eine Pastasauce à la bolognese servieren. Oder das Hackfleisch mit Salz, Pfeffer und nach Belieben Kräutern oder Paprikapulver verkneten und Bällchen daraus formen. Diese in eine Suppe oder Sauce geben und darin gar ziehen lassen oder in einer Pfanne in etwas Olivenöl brutzeln oder wie die Zitronen-Hackbällchen von Seite 228 auf einem Blech im Ofen braten.

Egal ob Hähnchenbrustfilet, Hähnchenflügel oder Drumsticks – **Hähnchenfleisch** schmeckt fast jedem und ist perfekt für die schnelle Küche. Flügel und Drumsticks werden am besten mariniert und mit Gemüse auf ein

FISCHFILET gart in wenigen Minuten; brät man es zu lang, wird es nur trocken und verliert an Geschmack.

Backblech gepackt. Ein ausführliches Rezeptbeispiel finden Sie auf Seite 238. Ab in den Backofen und die Wartezeit zum Entspannen oder für andere Tätigkeiten nutzen.

Das dicke **Hähnchenbrustfilet** braucht relativ lange, bis es gar ist; außer Sie schneiden es in dünne Streifen für ein Geschnetzeltes: Dieses können Sie ganz nach Lust und Laune oder Vorratslage zubereiten – zum milden Hähnchenfleisch passt fast alles – von Weißwein-Rahm- bis zu feuriger Kokos-Curry-Sauce.

Die gleiche Vielfalt von Kombinationen und Zubereitungsarten bieten **Putenschnitzel**. Ob natur, paniert oder geschnetzelt: Das helle Fleisch ist in kurzer Zeit gar und ideal für die schnelle Küche.

GARNELEN sind Easy-peasy-Fingerfood: Küchenfertige Garnelen nur auf Spießchen stecken, braten und dippen!

Eine Currywurst, eine Bratwurst mit Sauerkraut oder Linsen mit Schinkenwurst zählen zwar nicht zum Superfood, dafür aber zum Soulfood. Und zwischendurch sind sie einfach nur lecker. **Würstchen** sind nun mal wirklich schnell erhitzt oder gebraten, um plötzlich auftretende Fleischeslust zu befriedigen!

Ganz ohne Kochen funktionieren Fleischgerichte mit Zutaten aus der Wursttheke, wie **Schinken und Speck**, Salamistreifen oder Hartwurst. Die passen als würzige Zutat fast in jede Sauce, in jeden Auflauf und in jeden Eintopf. Besonders praktisch: Man kann sie nach Belieben separat auf den Tisch stellen und jeder, der möchte, gibt etwas davon auf seinen Teller.

Fischgenuss ohne Reue

Fisch ist meist kalorienarm, und wenn nicht, dann liefert er Omega-3-Fettsäuren, die gut fürs Herz und das Gehirn sind. Und weil er in Nullkommanix gar ist, ist er von Aal bis Zander eine perfekte Zutat für eine gesunde und gleichzeitig schnelle Küche.

Leider spielen Überfischung und Umweltverschmutzung, die sich in der Qualität der Speisefische niederschlägt, eine immer größere Rolle. Achten Sie beim Kauf auf delfinfreundlichen und auf **Nachhaltigkeit** angelegten Fang. Diesen erkennen Sie am MSC- oder ASC-Siegel auf der Verpackung. Auch die Hinweise »Ringwaden ohne Fischsammler« sowie »Ruten und Leinen« bedeuten, dass die Fische ohne Treibnetze gefangen wurden, in denen sich auch Delfine, Haie oder Meeresschildkröten verfangen und als Beifang getötet werden.

Fangfrisch auf den Tisch

Thunfische gehören zur Gattung der Makrelen und können bis zu drei Meter lang werden. Im Gegensatz zu dem hellen Fleisch vieler anderer Fischarten ist Thunfischfleisch dunkelrot und erinnert auch im Geschmack an Fleisch. Es ist cholesterinarm, aber reich an Eiweiß. Am besten schmeckt frisches Thunfischfilet kurz gebraten mit einem rosa Kern. Noch schneller ist Thunfisch aus der Konserve auf dem Teller. Dose auf und rein in den Salat, den Wrap oder in die Tomatensauce.

Raschen Genuss versprechen gebratenes, gegrilltes oder pochiertes **Lachsfilet** und natürlich **Räucherlachs**, der jedes Rührei adelt und zusammen mit ein paar Zwiebelringen auf einem simplen Butterbrot einfach köstlich schmeckt. Der fettreiche Fisch versorgt unseren Körper mit wertvollen Omega-3-Fettsäuren. Seine Filets und Steaks sind inzwischen wieder beinahe überall in guter Qualität erhältlich. EU-Verordnungen und strenge Kontrollen überwachen die Zucht, sodass die jahrelang thematisierte Antibiotikabelastung in Lachsen eigentlich kein Thema mehr ist.

Rotbarschfilets sind fest und deshalb perfekt zum Panieren und Braten geeignet. Wegen seiner giftigen Stacheln ist der Fisch so gut wie nie im Ganzen in der Theke des Händlers zu finden. Frische Filets riechen angenehm und nicht penetrant fischig, zudem weisen sie keine Verfärbungen auf und ihr Fleisch fühlt sich auf Fingerdruck fest an. Wie jeden anderen Fisch auch, sollte man die Filets nicht länger als zwei Tage im Kühlschrank aufbewahren. Und auch beim Einkauf sollten Sie darauf achten, dass Sie die Kühlkette nicht unterbrechen, denn Fisch verdirbt rasch. Leider hat Überfischung die Rotbarschbestände sehr stark dezimiert. Darum sollte Rotbarsch nicht zu oft auf den Tisch kommen.

Wer auf den Artenschutz achten, kauft regionale Produkte. Bei Fisch ist hier die **Forelle** eine gute Wahl. Sie ist auch in Deutschland heimisch, und auf dem Land findet man oft kleine Züchter, die frische oder geräucherte Forellen in bester Qualität und preisgünstig verkaufen. Die omega-3-reichen Fische werden nicht allzu groß – deshalb kann man sie auch im Ganzen kaufen. Für die schnelle Küche würzt man sie und steckt in die Bauchhöhlen frische Kräuter. Dann ab damit auf den Grill oder in den Backofen und in maximal 20 Minuten ertönt ein »Essen ist fertig!«

Freunde der mediterranen Küche lieben das beinahe grätenfreie Fleisch der **Dorade,** die auch Meerbrasse genannt wird. Man erkennt sie an dem goldenen Band zwischen den Augen. Je intensiver dieses leuchtet, desto frischer ist der Fisch in der Fischtheke. Das Fleisch der Dorade ist fest, fettarm, eiweiß- und mineralstoffreich. Vor dem Grillen oder Braten des ganzen Fischs sollten Sie die Haut

GAREN IM PÄCKCHEN Fleisch und Fisch bleiben dank dieser Methode supersaftig. Wer noch Gemüse dazusteckt, erntet vitaminreichen Genuss.

mehrmals diagonal einritzen, um zu verhindern, dass sie durch die starke Hitze aufreißt. Achten Sie beim Kauf auf Ware aus biozertifizierten Aquakulturen und verzichten Sie lieber auf Wildfang. Die frei lebenden Bestände sind nämlich vom Aussterben bedroht.

Das Abendessen soll in möglichst naher Zukunft liegen? Dann greifen Sie am besten zu **Garnelen**, die bereits entdarmt sind. Ansonsten dürfen sie gerne noch in der Schale stecken, denn das sorgt beim Anbraten für mehr Geschmack. Die Krustentiere brauchen nur ein paar Minuten im heißen Olivenöl, bis ihre Farbe von Grau nach Rosa mutiert – das heißt, sie sind gar. Wer möchte, gibt in Scheiben geschnittenen Knoblauch ins Bratöl. Zum Schluss noch Salz, Pfeffer und gehackte Petersilie zu den Garnelen geben und das Ganze mit knusprigem Weißbrot zum Tunken servieren – so sieht ein 10-Minuten-Abendessen de luxe aus.

ZEITSPAR-PLUS: AB INS PÄCKCHEN

Eine wunderbare Methode für zartes Fleisch und saftigen Fisch ist das Garen im Päckchen. Fisch oder Fleisch kommen zusammen mit Gemüse, Gewürzen und Kräutern auf eine Lage Backpapier und werden wie ein Bonbon eingepackt. Danach kommt alles in den Backofen und gart alleine vor sich hin; eine Methode, die Inhaltsstoffe und Aromen schont – und Ihre Nerven: Sie gewinnen wertvolle Zeit, in der Sie noch ein bisschen Hausarbeit erledigen, die Hausaufgaben der Kinder kontrollieren oder einfach mal die Füße hochlegen können.

ZITRONEN-HACKBÄLLCHEN AUS DEM OFEN

Ist ganz einfach und gelingt garantiert

Für 2 Personen
Zubereitungszeit ca. 15 Min.
Backzeit 15 Min.
pro Portion ca. 430 kcal

Für die Hackbällchen:
200 g Rinderhackfleisch
2 Eier (S)
4 EL Mandelmehl
2 TL mittelscharfer Senf
Salz · Pfeffer
Für das Gemüse:
300 g grüne Bohnen
200 g Pak Choi
100 g Kirschtomaten
1 Bio-Zitrone
2 Knoblauchzehen
2 Zweige Rosmarin
Salz · Pfeffer
Außerdem:
ofenfeste Form

1 Das Hackfleisch, die Eier, das Mandelmehl und den Senf mit 1 TL Salz und 2 Prisen Pfeffer in eine Schüssel geben und verkneten. Den Teig zudecken und in den Kühlschrank stellen. Den Backofen auf 200° vorheizen.

2 Die Bohnen putzen, quer halbieren und waschen. Den Pak Choi waschen und längs halbieren, den Strunk abschneiden. Die Tomaten waschen und halbieren. Zitrone heiß waschen, trocken reiben und in dünne Scheiben schneiden. Den Knoblauch schälen und fein hacken oder durchpressen. Den Rosmarin waschen, die Nadeln abstreifen und grob hacken.

3 Bohnen, Pak Choi, Tomaten, Zitronenscheiben, Knoblauch und Rosmarin in einer Schale mischen und mit 1 TL Salz und 2 Prisen Pfeffer würzen. Alles vermischen, dann flach in der Form verteilen.

4 Von der Hackmasse mit einem Esslöffel 16 gleich große Nocken abstechen, zu Bällchen formen und auf das Gemüse in der Form setzen. Gemüse und Fleischbällchen im heißen Ofen (Mitte) ca. 15 Min. backen, anschließend auf Tellern anrichten und gleich genießen.

PROFI-TIPP
Ein guter Trick, um Kalorien zu sparen, ist folgender: Gerichte, die normalerweise gebraten werden, mit sehr wenig oder **ganz ohne Öl** im Ofen backen. Nebenbei ist dies noch eine überaus praktische Zubereitungsart. Denn während die Hackbällchen im Ofen brutzeln, bleibt genug Zeit für andere Tätigkeiten.

PUTENSPIESSE MIT ZITRONEN-KAPERN-PÜREE

Kaum in der Pfanne – schon fertig!

Für 2 Personen
Zubereitungszeit ca. 25 Min.
pro Portion ca. 400 kcal

Für die Spieße:
250 g Putenbrustfilet
300 g kleine Zucchini
3 EL Olivenöl
Salz · Pfeffer
Für das Püree:
500 g mehligkochende Kartoffeln
Salz · 1 kleine Bio-Zitrone
2 EL Kapern (aus dem Glas)
2 Zweige Majoran
rosenscharfes Paprikapulver
(nach Belieben)
Außerdem:
4 Holz- oder Metallspieße

1 Die Kartoffeln schälen, grob in Würfel schneiden und in einem Topf in wenig Salzwasser zugedeckt bei mittlerer Hitze in ca. 15 Min. weich garen.

2 Inzwischen das Putenbrustfilet trocken tupfen und in ca. 1 cm große Würfel schneiden. Die Zucchini putzen und waschen, zuerst längs halbieren, dann quer in 1–2 cm dicke Scheiben schneiden. Fleisch und Zucchini abwechselnd auf die Spieße stecken.

3 In einer beschichteten Pfanne 1 EL Olivenöl verteilen und erhitzen. Die Spieße darin auf jeder Seite anbraten, dann mit Salz und Pfeffer würzen und bei mittlerer Hitze in ca. 10 Min. rundum goldbraun braten.

4 Inzwischen die Zitrone heiß waschen und abtrocknen, die Schale fein abreiben und den Saft auspressen. Die Kapern abtropfen lassen. Den Majoran waschen und trocken tupfen, die Blätter fein hacken.

5 Die Kartoffeln abgießen und dabei etwas vom Kochwasser auffangen. Die Kartoffeln ausdampfen lassen mit dem Stampfer zerdrücken.

6 In das Püree Zitronensaft und -schale, Kapern und Majoran mischen. Bei Bedarf etwas aufgefangenen Sud dazugeben, bis das Püree cremig ist. Das Püree mit Salz und Pfeffer abschmecken und nach Belieben mit etwas Paprikapulver bestäuben. Die Spieße auf Tellern anrichten und das Püree dazu reichen.

TAUSCH-TIPP
Es gibt viele Möglichkeiten, einem einfachen Kartoffelpüree einen kleinen aromatischen Kick zu verschaffen. Zu gegrilltem und gebratenem Fleisch passt z. B. **Kartoffelpüree mit Senf:** 3 EL Olivenöl mit 2 EL Dijon-Senf in einer Schüssel verrühren und 1 kleine getrocknete Peperoni dazubröseln. Das Senföl zu den gekochten und zerdrückten Kartoffeln geben und mit Salz und Cayennepfeffer abschmecken.

PAPRIKA MIT BOHNEN-SPECK-FÜLLUNG

Buntes Essvergnügen

Für 2 Personen
Zubereitungszeit ca. 25 Min.
pro Portion ca. 415 kcal

2 rote Spitzpaprika
80 g Kidneybohnen (Abtropfgewicht)
8 Scheiben Frühstücksspeck (100 g)
2 Stängel Petersilie
2 Eier (M)
3 Msp. Chilipulver
80 g geriebener Emmentaler
Außerdem:
Auflaufform
Backpapier

1 Den Backofen auf 230° vorheizen. Die Spitzpaprika waschen und halbieren, die weißen Trennwände und Kerne entfernen. Die Stielansätze intakt lassen.

2 Die Bohnen in ein Sieb abgießen, kalt abbrausen und abtropfen lassen. Den Frühstücksspeck klein zupfen oder schneiden. Die Petersilie abbrausen und trocken schütteln. Die Blättchen abzupfen und hacken.

3 Die Auflaufform mit Backpapier auslegen und die Paprikahälften mit der Hautseite nach unten hineinlegen.

4 Bohnen und Speck auf die Paprikahälften verteilen. Die Eier in einen hohen Rührbecher aufschlagen, mit Chili würzen und mit dem Schneebesen verquirlen.

5 Die Eimasse auf die Bohnenmischung gießen und die gefüllten Paprikahälften mit dem Emmentaler bestreuen. Im Ofen (Mitte) in 12–15 Min. goldbraun backen. Mit Petersilie garniert servieren.

GEMÜSE-HACK-PFANNE

Im Handumdrehen auf dem Tisch

Für 2 Personen
Zubereitungszeit ca. 25 Min.
pro Portion ca. 615 kcal

1 Zwiebel
1 rote Paprika (200 g)
200 g Kirschtomaten
2 EL Olivenöl
250 g Rinderhackfleisch
Salz · Pfeffer
2 EL Aceto balsamico
100 g geriebener Cheddar
1 Frühlingszwiebel

1 Die Zwiebel schälen und in feine Würfel schneiden. Die Paprika waschen und halbieren, weiße Trennwände und Kerne entfernen, die Hälften in 1 cm große Würfel schneiden. Die Tomaten waschen und halbieren.

2 Das Öl in einer Pfanne erhitzen und die Zwiebel darin bei starker Hitze in 1 Min. glasig dünsten. Hack dazugeben und unter gelegentlichem Wenden 4 Min. scharf anbraten, bis es leicht bräunt. Paprikawürfel und Tomaten hinzufügen, alles mit 1 TL Salz und etwas Pfeffer würzen, gut verrühren und mit Balsamico ablöschen.

3 Den Deckel auflegen und die Hackpfanne 10 Min. bei mittlerer Hitze schmoren, ab und zu umrühren. 2 Min. vor Ende der Garzeit den Cheddar aufstreuen. Den Deckel wieder auflegen, bis der Käse geschmolzen ist.

4 Inzwischen die Frühlingszwiebel waschen, putzen und in Ringe schneiden. Die Hackpfanne mit den Frühlingszwiebelringen bestreut servieren.

DER LIEBLINGSKLASSIKER

PIZZA MIT PARMA-SCHINKEN UND ARTISCHOCKEN

Frisch getoppt mit feinen Zutaten

Für 2 Personen
Zubereitungszeit ca. 10 Min.
Backzeit 20 Min.
pro Portion ca. 750 kcal

50 g Parmaschinken in dünnen Scheiben
1 runder Pizzateig
(ca. 28 cm Ø, 270 g; Kühlregal)
1 kleines Bund Rucola
100 g Tomatenpüree
(aus dem Glas oder Tetrapak)
1 TL Tomatenmark
½ TL getrockneter Oregano
3 EL Olivenöl
Salz · 1 kräftige Prise Zucker
1 Knoblauchzehe
100 g Ziegenkäse natur (Schnittkäse) in Scheiben
4 Artischockenherzen (aus dem Glas)

1 Backofen auf 250° vorheizen. Parmaschinken aus dem Kühlschrank nehmen. Den aufgerollten Pizzateig entrollen und mit dem Papier auf ein Backblech legen.

2 Den Rucola im Bund waschen und trocken schütteln, die groben Stiele abschneiden. Anschließend die Rucolablätter zum Abtropfen auf Küchenpapier legen.

3 In einer Rührschüssel Tomatenpüree, Tomatenmark, Oregano, 1 EL Olivenöl, Salz und Zucker gleichmäßig verrühren. Den Knoblauch schälen und dazupressen. Die Tomatensauce auf dem Pizzateig verstreichen.

4 Die Pizza dann im heißen Ofen (Mitte) in 15–20 Min. knusprig backen. Nach 10 Min. Backzeit die Käsescheiben auf der Pizza verteilen. Die Artischocken daraufsetzen und die Pizza weiterbacken.

5 Der Ziegenkäse soll dabei nur schmelzen, jedoch nicht braun werden. Falls laut Packungsangabe nötig, die Ofentemperatur auf 220° reduzieren.

6 Fertige Pizza aus dem Ofen nehmen, mit Schinken und den Rucolablättern belegen und ofenfrisch servieren.

PROFI-TIPP
Sie haben versehentlich **rechteckigen Teig** gekauft? Kein Problem! Für einen backblechgroßen Teig brauchen Sie 150 g passierte Tomaten und 2 TL Tomatenmark. Nehmen Sie auch ein paar Artischocken zusätzlich und etwas mehr Schinken und Rucola. Reststücke schmecken auch am nächsten Tag noch ausgezeichnet, z. B. als kleiner Snack in der Mittagspause.

HACKFLEISCH-LAUCH-PIDE

Pizza auf türkische Art

Für 4 Stück
Zubereitungszeit ca. 30 Min.
Backzeit 2 × 20 Min.
pro Stück ca. 585 kcal

1 kleine Stange Lauch
1 kleine rote Spitzpaprika
1 Fleischtomate · 2 EL neutrales Öl
300 g Rinderhackfleisch
1 Pck. italienische TK-Kräutermischung
1 EL Zucker · 3 EL Aceto balsamico
2 TL edelsüßes Paprikapulver
50 g saure Sahne · 1 Ei (M) · Salz · Pfeffer
1 rechteckiger Pizzateig (400 g, gerollt; Kühlregal)
Außerdem:
Backpapier

1 Den Backofen auf 200° vorheizen. Den Lauch putzen, gründlich waschen und in dünne Ringe schneiden. Die Paprika waschen und halbieren, die Trennwände und Kerne entfernen, die Hälften klein schneiden. Die Tomate waschen und würfeln, Stielansatz entfernen.

2 Das Öl in einer Pfanne erhitzen. Das Hackfleisch darin braten, bis es krümelig wird. Lauchringe und Paprikastücke dazugeben und kurz mitbraten. Kräutermischung, Zucker, Balsamico und Paprikapulver daruntermischen. Die Tomatenwürfel sowie saure Sahne und Ei unterrühren und alles mit Salz und Pfeffer kräftig abschmecken.

3 Den Pizzateig entrollen und quer in 4 gleich breite Streifen schneiden. Je 2 Teigstreifen nebeneinander auf Backpapier legen und etwas in die Breite ziehen. Die Hack-Lauch-Mischung auf den Teigstreifen verteilen. Den Teig an den Längsseiten ein wenig über den Belag klappen und die Enden spitz formen.

4 Die ersten 2 Pide samt dem Backpapier auf ein Backblech ziehen und im Ofen (Mitte) in ca. 20 Min. knusprig backen. Danach die übrigen Pide ebenfalls backen.

SCHNITZELCHEN AUF GERÖSTETEM BAGUETTE

Schnell, schneller, lecker!

Für 4 Personen
Zubereitungszeit ca. 20 Min.
Backzeit 20 Min.
pro Portion ca. 520 kcal

2 Zweige Rosmarin
400 g Putenbrustfilet
60 g Butter
12 Scheiben Baguette
Salz · Pfeffer · 1 ½ EL Mehl
250 ml Hühnerbrühe
evtl. 1 EL trockener Sherry
150 g Weichkäse
(z. B. Camembert oder Brie)
Außerdem:
ofenfeste Form

1 Rosmarin waschen und trocken schütteln, die Nadeln abzupfen. Das Fleisch trocken tupfen und in 12 Stücke schneiden, die gut auf die Baguettescheiben passen.

2 In einer breiten Pfanne 2 EL Butter zerlassen. Die Baguettescheiben darin auf beiden Seiten rösten, dann nebeneinander in die Form legen. Den Backofen auf 225° vorheizen.

3 In der Pfanne wieder 1 EL Butter zerlassen. Den Rosmarin hineingeben, dann auch die Putenschnitzelchen. Diese auf beiden Seiten kurz anbraten und mit Salz und Pfeffer würzen, dann herausheben und auf die Baguettescheiben legen.

4 Restliche Butter in der Pfanne zerlassen. Das Mehl einstreuen, goldgelb anschwitzen, dann unter Rühren die Brühe angießen. Alles zu einer cremigen Sauce kochen und diese mit Sherry, Salz und Pfeffer abschmecken.

5 Die Sauce über die Schnitzelchen gießen. Den Weichkäse in dünne Scheiben schneiden und auf das Fleisch legen. Alles im heißen Ofen (Mitte) 15–20 Min. backen.

OFENGEMÜSE MIT CHICKEN WINGS

Alles rein in die Form und ab damit in den Ofen!

Für 2 Personen
Zubereitungszeit ca. 20 Min.
Backzeit 30 Min.
pro Portion ca. 475 kcal

Für das Gemüse:
1 rote Zwiebel
1 große gelbe Paprika
1 Zucchino
1 Tomate
Salz · Pfeffer
½ TL getrockneter Rosmarin
1 EL Olivenöl
2 EL schwarze Oliven
Für die Chicken Wings:
2 EL Olivenöl
1 TL Zitronensaft
1 TL brauner Zucker
Salz · Pfeffer
½ TL getrockneter Rosmarin
6 Chicken Wings
(Hähnchenflügel, je ca. 70 g)
Außerdem:
ofenfeste Form
Öl für die Form

1 Den Backofen auf 220° vorheizen. Die Form mit Öl einpinseln. Die Zwiebel schälen, längs halbieren und in dünne Spalten schneiden, diese in die Form geben. Die Paprika waschen und längs vierteln, die Kerne und Trennwände entfernen. Die Viertel quer in Streifen schneiden und ebenfalls in die Form geben.

2 Den Zucchino waschen, putzen und in dünne Scheiben schneiden. Die Zucchinischeiben in die Form geben und mit dem übrigen Gemüse mischen.

3 Die Tomate waschen, vom Stielansatz befreien und in Würfel schneiden, diese auf das Gemüse streuen. Alles mit Salz, Pfeffer und Rosmarin kräftig würzen und mit dem Öl beträufeln. Die Oliven darauf verteilen.

4 Für die Chicken Wings das Olivenöl und den Zitronensaft mit braunem Zucker, ½ TL Salz, Pfeffer und Rosmarin in einer kleinen Schüssel mischen. Die Hähnchenflügel auf das Gemüse in der Form legen und rundherum mit dem Würzöl bepinseln.

5 Alles im heißen Backofen (Mitte) ca. 20 Min. backen, bis das Gemüse bissfest und die Hähnchenflügel gut durchgegart und goldbraun sind. Nach Belieben zum Schluss 1–2 Min. den Backofengrill dazuschalten. Anschließend alles in der Form servieren.

ROASTBEEF-STEAK MIT ZIEGENKÄSE

Zartes Fleisch mit nussigem Topping

Für 4 Personen
Zubereitungszeit ca. 10 Min.
Backzeit 20 Min.
pro Portion ca. 680 kcal

1 Glas eingelegte Pfifferlinge (ca. 100 g Abtropfgewicht)
500 g TK-Blattspinat (aufgetaut)
150 g Ziegenfrischkäse
Salz · Pfeffer
1 Bund Petersilie
evtl. 6 Zweige Estragon
75 g Walnusskerne
2 Scheiben Toastbrot
4 EL Olivenöl
4 Scheiben Roastbeef (Lendensteaks, je ca. 200 g)
2 EL Öl zum Braten
Außerdem:
breite ofenfeste Form

1 Den Backofen auf 200° vorheizen. Die Pfifferlinge in einem Sieb abtropfen lassen, dann in der Form mit dem aufgetauten Spinat sowie Ziegenfrischkäse vermischen. Das Ganze mit Salz und Pfeffer würzen.

2 Die Kräuter waschen und trocken schütteln, die Blätter abzupfen und hacken. Die Walnusskerne ebenfalls hacken. Das Toastbrot entrinden und klein würfeln. Alles mit dem Olivenöl verrühren, salzen und pfeffern.

3 Die Steaks trocken tupfen und den Fettrand mehrmals einschneiden, damit er sich beim Braten nicht wölbt.

4 Das Öl in einer Pfanne stark erhitzen. Die Steaks darin auf beiden Seiten scharf anbraten, salzen und pfeffern. Auf den Spinat legen, die Nuss-Mischung darauf verteilen. Alles im heißen Ofen (Mitte) ca. 20 Min. garen.

HÄHNCHENBRUST MIT KNOBLAUCHCROÛTONS

Schnelles für den sommerlichen Feierabend

Für 4 Personen
Zubereitungszeit ca. 20 Min.
Backzeit 25 Min.
pro Portion ca. 375 kcal

1 Dose stückige Tomaten (400 g)
1 kleines Glas Kapern
(40 g Abtropfgewicht)
Salz · Pfeffer
4 Hähnchenbrustfilets (je ca. 150 g)
2 EL Öl
5 Scheiben Vollkorn-Toastbrot
40 g Butter
3 Knoblauchzehen
Außerdem:
breite ofenfeste Form

1 Den Backofen auf 200° vorheizen. Die Dosentomaten in die Form geben, die Kapern daruntermischen und alles mit Salz und Pfeffer würzen.

2 Die Hähnchenbrustfilets mit Küchenpapier trocken tupfen, eventuell an der dicksten Stelle etwas einschneiden und aufklappen, sodass das Fleisch überall möglichst gleichmäßig dick ist.

3 Das Öl in einer Pfanne erhitzen und die Hähnchenfilets darin auf beiden Seiten 1 Min. braun anbraten, dabei mit Salz und Pfeffer würzen. Aus der Pfanne direkt in die vorbereitete Form legen.

4 Das Toastbrot in Würfel schneiden. Die Butter in der Pfanne, in der das Hähnchen gebraten wurde, zerlassen. Den Knoblauch schälen und dazupressen. Die Brotwürfel in der Butter rundherum rösten, dann auf den Hähnchenfilets verteilen. Alles im vorgeheizten Ofen (Mitte) ca. 25 Min. backen.

RUMPSTEAK MIT CHIMICHURRI

Der Tick Schärfe macht's!

Für 2 Personen
Zubereitungszeit ca. 25 Min.
pro Portion ca. 685 kcal

Für die Steaks:
2 Rumpsteaks
(je ca. 230 g, ca. 2 cm dick)
2 EL Olivenöl
Salz · Pfeffer
Für die Chimichurri:
2 EL Limettensaft
1 Prise brauner Zucker
Salz · Pfeffer
1 Prise gemahlener Kreuzkümmel
6 EL Olivenöl
1 kleines Bund Petersilie
3 Stängel Koriandergrün
(nach Belieben)
1 dicke Frühlingszwiebel
1 Knoblauchzehe
1 rote Chilischote
Außerdem:
ofenfeste Form

1 Die Steaks aus dem Kühlschrank nehmen. Für die Chimichurri in einer Tasse Limettensaft, Zucker, gut ½ TL Salz, etwas Pfeffer und Kreuzkümmel verrühren. 4 EL Öl darunterrühren. Die Form in den Backofen stellen und diesen auf gut 90° vorheizen.

2 Die Petersilie und – falls verwendet – das Koriandergrün waschen und trocken schütteln, von groben Stielen befreien, sehr fein hacken und in die Tasse zur Limettensaft-Mischung geben. Die Frühlingszwiebel putzen, waschen, fein hacken und daruntermischen. Den Knoblauch schälen und dazupressen.

3 Die Chilischote waschen und längs halbieren. Kerne und Stiel entfernen. Eine Hälfte in Streifchen schneiden und beiseitelegen, die andere sehr fein würfeln und zu den Kräutern geben. Alle Zutaten für die Chimichurri gut verrühren, falls nötig, noch mehr Öl unterrühren.

4 Das Öl für die Rumpsteaks in einer schweren Pfanne so stark erhitzen, dass es fast raucht. Die Steaks ins heiße Öl geben und für »medium« – je nach Dicke – 3–4 Min. bei mittlerer Hitze braten, Steaks mit einem Pfannenwender umdrehen und auf der anderen Seite 3–4 Min. braten. Steaks aus der Pfanne nehmen und im heißen Ofen in der Form ca. 4 Min. ziehen lassen.

5 Die Steaks aus dem Ofen nehmen, kurz ruhen lassen. Chimichurri nochmals abschmecken, mit den Chilistreifen bestreuen und zu den Steaks servieren. Dazu passen Gemüsechips (s. Tipp) und/oder Fladenbrot.

DAS PASST DAZU

Während die Steaks im Ofen nachgaren, können Sie in der Pfanne **Gemüsechips** braten. Dafür noch etwas Öl zusätzlich in die Pfanne geben und erhitzen. Etwa 300 g Petersilienwurzeln oder Pastinaken schälen, in 2–3 mm dünne Scheiben schneiden und in der Steakpfanne in 2–3 Min. goldbraun ausbacken, dabei mehrmals wenden. Chips mit Salz und Cayennepfeffer würzen.

SCHWEINEKOTELETT MIT APFEL-RAHM-SAUCE

Mmhh, supersahnig!

Für 2 Personen
Zubereitungszeit ca. 20 Min.
pro Portion ca. 480 kcal

1 ½ EL Öl
4 Zweige Thymian (ersatzweise ½ TL getrockneter Thymian)
2 dünne Schweinekoteletts
Salz · Pfeffer
1 Apfel
1 rote Zwiebel
100 ml Rinderbrühe
2 EL Crème fraîche
Außerdem:
ofenfeste Form

1 Den Backofen auf 150° vorheizen. 1 EL Öl in einer Pfanne erhitzen. Inzwischen den Thymian waschen und trocken schütteln, die Blättchen abstreifen.

2 Die Koteletts kalt abwaschen, um eventuelle Knochensplitter zu entfernen, dann trocken tupfen. Den Fettrand der Koteletts mehrmals einschneiden.

3 Die Koteletts in das heiße Öl legen und 2 Min. bei mittlerer bis großer Hitze braten, dann wenden und weitere 2 Min. braten. Die Koteletts in die Form geben, salzen, pfeffern und mit dem Thymian bis auf einen kleinen Rest bestreuen. Dann die Koteletts im heißen Backofen (Mitte) 12–14 Min. weitergaren.

4 Inzwischen den Apfel schälen und halbieren, die Hälften vom Kerngehäuse befreien und in schmale Spalten schneiden. Die Zwiebel schälen und ebenfalls in dünne Spalten schneiden. Das übrige Öl (½ EL) in die Pfanne zum restlichen Bratfett geben.

5 Die Apfelspalten in die Pfanne geben und bei starker Hitze 2–3 Min. anbraten. Anschließend die Hitze reduzieren und die Apfelspalten aus der Pfanne nehmen. Die Zwiebelspalten in die Pfanne geben und bei kleiner Hitze in 3 Min. glasig dünsten.

6 Die Rinderbrühe zu den Zwiebeln in die Pfanne gießen, die Crème fraîche einrühren und die Sauce kurz einkochen. Die Apfelspalten dazugeben und alles köcheln lassen, bis die Koteletts fertig sind. Die Koteletts aus dem Backofen nehmen und die Sauce darübergießen. Den übrigen Thymian darüberstreuen und genießen.

DAS PASST DAZU

Dazu passen **Schupfnudeln** aus dem Kühlregal sehr gut. Die müssen vor dem Servieren nur in etwas Butter angebraten werden. Oder hätten Sie Lust, die Schupfnudeln mal selber zu machen? Sie finden das Rezept dafür auf Seite 296.

SCHWEINEFILET MIT SAUERKRAUT

Zartes Fleisch auf deftiger Beilage

Für 4 Personen
Zubereitungszeit ca. 10 Min.
Garzeit 35 Min.
pro Portion ca. 320 kcal

1 Dose Sauerkraut (300 g)
200 ml Salatdressing (Sylter Art)
1 Pck. TK-Zwiebel-Duo
50 g magere Schinkenwürfel
1 EL Honigsenf · Pfeffer
600 g Schweinefilet
1 EL Olivenöl · Salz
2 EL TK-6-Kräuter-Mischung
(ersatzweise TK-8-Kräuter-Mischung)
Außerdem:
Auflaufform (ca. 30 × 20 cm)

1 Den Backofen auf 200° vorheizen. Das Sauerkraut in einer Schüssel mit dem Dressing, dem Zwiebel-Duo, den Schinkenwürfeln und dem Honigsenf verrühren und mit Pfeffer würzen. Die Mischung in der Auflaufform verteilen und im Backofen (Mitte) 15 Min. garen.

2 Inzwischen das Filet quer halbieren. Öl in einer Pfanne erhitzen und die Filetstücke darin rundherum 4–5 Min. anbraten, bis sie angebräunt sind. Salzen und pfeffern.

3 Die Filetstücke auf das Sauerkraut legen. Die Ofentemperatur auf 150° herunterschalten und das Fleisch 10 Min. garen. Den Ofen ausschalten und das Fleisch in weiteren 5–10 Min. gar ziehen lassen. Dann herausnehmen und mit den Kräutern bestreuen.

4 Das Fleisch mit dem Sauerkraut in der Form auf den Tisch stellen und erst dann in Scheiben schneiden. Dazu passen z. B. schnelle Spätzle (Kühlregal) oder leckeres Kartoffelpüree mit Senf (s. S. 230).

LAMMFILET MIT MÖHRENSALAT UND HUMMUS

Gästefeiner Orient-Express

Für 4 Personen
Zubereitungszeit ca. 30 Min.
pro Portion ca. 585 kcal

800 g Möhren
2 EL Sultaninen (ca. 40 g)
Saft von 2 Zitronen
½–1 TL Zimtpulver
6 EL Öl · Salz
4 Lammlachse (je ca. 180 g)
Pfeffer
1 Dose Kichererbsen
(240 g Abtropfgewicht)
2–3 Knoblauchzehen
50 g Tahin (Sesampaste)
150 g Joghurt
Cayennepfeffer

1 Die Möhren schälen und mit dem Gemüsehobel grob raspeln (schneller geht es mit der Küchenmaschine). Die Möhrenraspel mit den Sultaninen, 70–90 ml Zitronensaft, Zimt und 5 EL Öl in einer Schüssel mischen. Den Möhrensalat mit Salz abschmecken und bis zum Servieren zugedeckt durchziehen lassen.

2 Das Fleisch mit Salz und Pfeffer würzen. Das übrige Öl in einer Pfanne erhitzen und die Filets darin auf jeder Seite 3–4 Min. medium braten. In Alufolie wickeln und bis zum Servieren ruhen lassen.

3 Für das Hummus die Kichererbsen in ein Sieb abgießen, kalt abbrausen und abtropfen lassen. Den Knoblauch schälen. Die Kichererbsen zusammen mit Knoblauch, Tahin und Joghurt mit dem Pürierstab pürieren und, falls nötig, mit 1 Schuss Wasser verdünnen. Mit etwas Zitronensaft sowie Salz und Pfeffer abschmecken und mit Cayennepfeffer bestreuen. Die Lammlachse mit Möhrensalat und Hummus servieren.

DER LIEBLINGSKLASSIKER

LAMMKOTELETTS MIT TOMATENSALAT

Schnelles Soulfood – ganz einfach gut!

Für 2 Personen
Zubereitungszeit ca. 15 Min.
pro Portion ca. 1020 kcal

6 kleine Lammkoteletts
250 g Tomaten (s. Tipp)
Salz · Pfeffer
½ TL Zucker
1 dicke Frühlingszwiebel
1 kleine Handvoll Petersilienblättchen
1 TL Zitronensaft
3 EL Olivenöl
30 g Parmesan
3 EL Kräuterbutter (s. Tipp)

1 Die Lammkoteletts aus dem Kühlschrank nehmen und Zimmertemperatur annehmen lassen. Die Tomaten waschen und quer halbieren, die Stielansätze herausschneiden und die Hälften nebeneinander mit der Schnittfläche nach oben in eine Form oder auf einen Teller setzen. Die Tomaten mit Salz, Pfeffer und Zucker bestreuen.

2 Die Frühlingszwiebel putzen und waschen. Den weißen Teil in Ringen über die Tomaten hobeln. Das Grün in feine Röllchen schneiden. Die Petersilie waschen, trocken tupfen und zusammen mit dem Frühlingszwiebelgrün auf die Tomaten streuen.

3 Die Tomatenhälften mit dem Zitronensaft besprenkeln und mit 2 EL Olivenöl beträufeln. Den Parmesan in Spänen darüberhobeln.

4 Das übrige Olivenöl (1 EL) in einer (Grill-)Pfanne stark erhitzen. Die Koteletts pfeffern, leicht salzen und sofort im heißen Öl pro Seite ca. 2 Min. braten. Dann die Koteletts mit je ½ EL Kräuterbutter belegen und anschließend direkt aus der Pfanne heraus servieren. Den Tomatensalat dazu reichen.

AROMA-TIPP

Mittlerweile werden nicht nur auf dem Bauernmarkt, sondern auch im Supermarkt um die Ecke **Tomaten** in den unterschiedlichsten Formen, Größen und Farben angeboten. Meist sind es wiederentdeckte alte Sorten, die besonders aromatisch schmecken. Greifen Sie zu!

TUNING-TIPP

Haben Sie Lust und noch etwas Küchenkapazität frei? Dann machen Sie die **Kräuterbutter** selbst: Einfach 3 EL weiche Butter mit 1 TL abgeriebener Bio-Zitronenschale und 1 TL TK-Petersilie verrühren, vielleicht noch ein paar gehackte Rosmarinnadeln unterrühren. 1 Knoblauchzehe schälen und dazupressen. Die Butter mit Salz und Pfeffer würzen – schon fertig und superlecker!

RINDERGESCHNETZELTES MIT RÖMERSALAT

Für besondere (Spontan-)Anlässe

Für 2 Personen
Zubereitungszeit ca. 20 Min.
pro Portion ca. 415 kcal

Für das Geschnetzelte:
300 g Rinderfilet
200 g Süßkartoffeln
2 kleine rote Zwiebeln
2 EL Olivenöl · Salz · Pfeffer
100 ml Rinderbrühe
1 TL gehackte Petersilie
(nach Belieben; frisch oder TK)
Für den Salat:
2 kleine Römersalatherzen
60 g kleine braune Champignons
2 EL Aceto balsamico
1 TL mittelscharfer Senf
Salz · Pfeffer · 2 EL Olivenöl
2 EL Aprikosensaft (ersatzweise Orangensaft)

1 Für das Geschnetzelte das Fleisch in Streifen schneiden (eventuell schon vom Metzger machen lassen). Die Süßkartoffeln schälen und zuerst in ca. 1 cm dicke Scheiben, dann diese in schmale Streifen schneiden. Die Zwiebeln schälen und in dünne Spalten schneiden.

2 In einer breiten Pfanne 1 TL Öl verteilen und erhitzen und die Filetstreifen darin bei starker Hitze ½–1 Min. anbraten. Mit Salz und Pfeffer würzen, dann herausnehmen. Das übrige Öl in der Pfanne erhitzen und die Süßkartoffeln und Zwiebeln darin bei mittlerer Hitze ca. 5 Min. braten, dabei öfter wenden.

3 Inzwischen für den Salat die Herzen in einzelne Blätter teilen, diese waschen und trocken schleudern. Die Pilze putzen und bei Bedarf mit einem Tuch abreiben, dann in Scheiben schneiden oder hobeln. Den Salat mit den Pilzen in Schalen anrichten.

4 Den Essig mit Senf, Salz und Pfeffer verrühren, das Olivenöl gründlich darunterschlagen, den Saft unterrühren. Die Vinaigrette über die Salatzutaten träufeln.

5 Das Fleisch zu den Süßkartoffeln in die Pfanne geben und die Rinderbrühe dazugießen. Alles heiß werden lassen, dann abschmecken und nach Belieben mit Petersilie bestreuen. Den Salat dazu reichen.

TUNING-TIPP

Wenn Sie mit dem Geschnetzelten mal so richtig Eindruck schinden wollen, tauschen Sie die Süßkartoffeln gegen **hausgemachte Gnocchi** aus: Dafür 400 g vorwiegend festkochende Kartoffeln in der Schale in kochendem Wasser weich kochen. Noch heiß schälen, durch die Kartoffelpresse drücken. Die Kartoffeln anschließend lauwarm abkühlen lassen, dann mit 125 g Mehl aus Hartweizen (Feinkostitaliener), 1 Eigelb (M) und Salz zu einem Teig verkneten. Aus dem Teig auf wenig Mehl daumendicke Rollen formen und in 1 cm lange Stücke schneiden. In Salzwasser in 10 Min. gar ziehen lassen. Abgießen und abtropfen lassen. Das Geschnetzelte wie im Rezept beschrieben, aber ohne Süßkartoffeln zubereiten. Die Gnocchi mit dem Fleisch in die Pfanne geben.

SCHUPFNUDELN MIT STEAKSTREIFEN UND SALSA

Bayerisch-italienische Verbindung: grenzenlos gut!

Für 2 Personen
Zubereitungszeit ca. 30 Min.
pro Portion ca. 655 kcal

1 Bund Petersilie
½ Bund Basilikum
2 Sardellenfilets (in Öl)
1 Knoblauchzehe
1 TL Kapern (aus dem Glas)
3–5 EL Olivenöl · Pfeffer
1 rote Chilischote
1 rote Paprika
250 g Rumpsteak · Salz
1 EL Butterschmalz
250 g Schupfnudeln
(Fertigprodukt; Kühltheke)

1 Für die Salsa verde Petersilie und Basilikum waschen, trocken schütteln und von groben Stielen befreien. Beides grob hacken. Die Sardellenfilets kalt abbrausen und mit Küchenpapier trocken tupfen. Den Knoblauch schälen, halbieren und zusammen mit den Kräutern und den Kapern in einen hohen Rührbecher geben. 2–4 EL Olivenöl und 1 kräftige Prise Pfeffer hinzufügen. Alles mit dem Pürierstab fein pürieren.

2 Die Chilischote waschen, putzen und längs aufschlitzen. Die Kerne herausschaben und die Schote in schmale Streifen schneiden (danach die Hände waschen!). Die Paprika waschen, längs halbieren und von Stielansatz, weißen Trennwänden und Samen befreien. Die Hälften ebenfalls in Streifen schneiden.

3 Das Rumpsteak kalt abbrausen, mit Küchenpapier trocken tupfen und quer in 1 cm breite Streifen schneiden.

4 Zuerst den Wok oder eine hohe Pfanne, dann darin 1 EL Öl erhitzen. Die Steak- und Chilistreifen dazugeben und unter Rühren bei starker Hitze ca. 3 Min. braten, bis das Fleisch gleichmäßig gebräunt ist. Salzen und pfeffern, dann herausnehmen.

5 Das Schmalz im Wok erhitzen und die Schupfnudeln darin unter Rühren bei mittlerer Hitze ca. 2 Min. braten. Die Paprikastreifen dazugeben und ca. 2 Min. mitbraten.

6 Wenn die Schupfnudeln hellbraun sind, die Salsa verde darunterrühren. Zuletzt das Fleisch untermischen. Alles zugedeckt in ca. 2 Min. heiß werden lassen.

VARIANTE

SCHUPFNUDELN MIT THAI-PESTO

- Für eine Veggie-Variante ½ Bund Thai-Basilikum und 1 Bund Koriandergrün waschen und trocken schütteln, die Blättchen abzupfen und grob hacken. 1 Stück frischen Ingwer (ca. 1 cm) und 1 Knoblauchzehe schälen und grob hacken. Kräuter, Ingwer, Knoblauch und ½ TL Chiliflocken mit 2–4 EL Erdnussöl pürieren. Das Pesto mit Salz und Pfeffer würzen.
- 1 Zucchino waschen, putzen und in Scheiben schneiden. 200 g Champignons mit Küchenpapier abreiben und vierteln. 1 EL Erdnussöl im Wok oder in einer hohen Pfanne erhitzen. 250 g Schupfnudeln hineingeben und unter Rühren bei mittlerer Hitze 3–4 Min. hellbraun anbraten. Herausnehmen.
- 1 EL Erdnussöl in den Wok geben. Champignon- und Zucchinischeiben hineingeben, salzen und pfeffern und ca. 5 Min. bei mittlerer Hitze unter Rühren braten. Die Schupfnudeln und das Thai-Pesto unterrühren.

GEMÜSE-COUSCOUS MIT HARISSA-HÄHNCHEN

Kulinarische Reise in den Orient

Für 4 Personen
Zubereitungszeit ca. 30 Min.
pro Portion ca. 610 kcal

Für den Gemüse-Couscous:
250 g Bundmöhren
200 g Zuckerschoten
1 junger Kohlrabi
4 Frühlingszwiebeln
2 EL Olivenöl
100 g Mandeln
200 g Couscous
500 ml Gemüsebrühe
2 TL Zitronensaft
Für das Fleisch:
400 g Hähnchenbrustfilet
Salz · Pfeffer
2 TL Harissa (scharfe Würzpaste)
2 EL Olivenöl

1 Die Möhren putzen, schälen und schräg in möglichst dünne Scheiben schneiden oder hobeln. Die Zuckerschoten waschen und diagonal halbieren. Den Kohlrabi putzen, schälen und in ca. 1 cm große Würfel schneiden.

2 Die Frühlingszwiebeln waschen und putzen, die weißen und hellgrünen Teile getrennt schräg in Ringe schneiden.

3 Das Hähnchenfilet trocken tupfen und in ca. 2 cm große Würfel schneiden, mit Salz, Pfeffer und Harissa würzen. 2 EL Olivenöl in einem breiten Topf stark erhitzen und das Fleisch darin unter Wenden rundum 2–3 Min. bei großer Hitze anbraten, dann herausnehmen.

4 Das Olivenöl im Topf erhitzen. Mandeln, Möhrenwürfel, Zuckerschoten und Kohlrabiwürfel sowie die weißen Frühlingszwiebelringe hineingeben und 1–2 Min. dünsten. Den Couscous daruntermischen, die Gemüsebrühe dazugießen, dann alles aufkochen und zugedeckt bei kleiner Hitze ca. 10 Min. weitergaren.

5 Den Gemüse-Couscous mit Salz, Pfeffer und Zitronensaft abschmecken. Das Fleisch unterheben und kurz noch einmal heiß werden lassen.

6 Den Couscous auf Tellern anrichten und mit den grünen Frühlingszwiebelringen bestreut servieren. Nach Belieben einen Minze-Joghurt (s. Tipp) dazu reichen.

DAS SCHMECKT DAZU

Den Gemüse-Couscous mit **Minze-Joghurt** toppen: Dafür 250 g griechischen Sahnejoghurt mit Salz und Pfeffer verrühren. 2 Stängel Minze abbrausen, trocken schütteln, die Blättchen abzupfen, fein hacken und untermischen.

TAMARINDEN-ZWIEBEL-BEEF

Leicht, fruchtig, aromatisch

Für 4 Personen
Zubereitungszeit ca. 20 Min.
pro Portion ca. 250 kcal

500 g Rindersteak (z. B. Roastbeef)
1 großes Bund Frühlingszwiebeln
1 Stück Ingwer (ca. 4 cm)
½ Bund Koriandergrün
2 EL Öl · 6 EL süße Sojasauce
4 EL Tamarindenpaste (Asialaden)
Salz · Pfeffer

1 Das Fleisch trocken tupfen, in 1 cm dicke Scheiben und diese in 4 cm breite Streifen schneiden.

2 Die Frühlingszwiebeln putzen und waschen, etwas vom Zwiebelgrün in feine Ringe schneiden und diese beiseitelegen, den Rest in ½ cm breite Röllchen schneiden. Dicke Zwiebeln ggf. zuerst halbieren. Den Ingwer schälen und fein hacken. Das Koriandergrün waschen, trocken schütteln und grob hacken.

3 Das Öl in einem Wok oder in einer hohen Pfanne erhitzen, das Fleisch und den Ingwer darin 1 Min. scharf anbraten. Die Frühlingszwiebeln dazugeben und alles 1 Min. bei starker Hitze rührbraten.

4 Sojasauce und Tamarindenpaste mit ca. 100 ml Wasser verquirlen, mit in den Wok gießen und alles aufkochen. Das Koriandergrün zum Fleisch geben, alles mit Salz und Pfeffer abschmecken und mit Zwiebelgrün bestreut servieren. Dazu passt sehr gut Basmatireis.

RINDFLEISCH SÜSSSAUER

Das Geheimnis ist die fruchtige Sauce

Für 4 Personen
Zubereitungszeit ca. 25 Min.
pro Portion ca. 340 kcal

2 Dosen Ananasstücke
(je 240 g Abtropfgewicht)
4 EL Aceto balsamico bianco
2 EL Sojasauce
2 EL Tomatenmark
2 EL Zucker
2 TL gemahlener Ingwer
1 TL Speisestärke
2 Zwiebeln
300 g Bio-Salatgurke
250 g Kirschtomaten
300 g Rumpsteak
(ersatzweise Rinderhüfte)
2 EL Öl · Salz

1 Die Ananas in ein Sieb abgießen, dabei den Saft auffangen. Den Saft mit Essig, Sojasauce, Tomatenmark, Zucker, Ingwer und Speisestärke glatt verrühren.

2 Die Zwiebeln schälen, längs dritteln und quer in nicht zu dünne Streifen schneiden. Die Salatgurke waschen, längs vierteln und quer in 1 cm breite Stücke schneiden. Die Tomaten waschen. Das Rindfleisch trocken tupfen und in 1–2 cm breite Streifen schneiden.

3 Das Öl in einer großen Pfanne erhitzen. Das Fleisch darin bei starker Hitze ca. 3 Min. anbraten, dann herausnehmen. Zwiebeln, Tomaten, Gurke und die Ananas in die Pfanne geben und alles ca. 4 Min. unter Rühren braten.

4 Den angerührten Saft und das Fleisch hinzufügen und alles zugedeckt bei mittlerer Hitze 3–4 Min. köcheln lassen, bis das Fleisch knapp gar ist. Mit Salz abschmecken. Auf vier Teller oder Schüsseln verteilen. Schmeckt pur oder in Begleitung von Basmatireis.

SCHWEINEFILET MIT CHILI-KARAMELL

Mit süß-scharfem Mangokompott unwiderstehlich

Für 2 Personen
Zubereitungszeit ca. 30 Min.
pro Portion ca. 555 kcal

1 Schalotte
1 reife Mango (ca. 300 g)
1 EL neutrales Öl
1 EL Honig
2 EL Limettensaft
2 EL süß-scharfe Chilisauce
Salz · 350 g Schweinefilet
1 Stück Ingwer (ca. 1 cm)
1 rote Chilischote
1 EL Sesamöl
3 EL Sojasauce
1 TL Fischsauce (Asialaden)
4 EL brauner Zucker

1 Für das Mangokompott die Schalotte schälen und in kleine Würfel schneiden. Die Mango schälen, dann das Fruchtfleisch bis zum Stein rundherum in jeweils ca. ½ cm dünnen Scheiben abschneiden. Das Fruchtfleisch dann in Würfel schneiden.

2 Das Öl im Wok oder in einer hohen Pfanne erhitzen. Die Schalottenwürfel darin unter Rühren in ca. 2 Min. glasig dünsten. Die Mangowürfel unterrühren. Honig, 1 EL Limettensaft und die Chilisauce dazugeben.

3 Alles umrühren und ca. 2 Min. bei schwacher Hitze offen köcheln lassen. Mangokompott mit Salz abschmecken. Herausnehmen und beiseitestellen.

4 Das Schweinefilet mit Küchenpapier trocken tupfen, dann quer in ca. 1 cm dicke Scheiben schneiden. Die Scheiben längs in ca. 1 cm breite Streifen schneiden.

5 Den Ingwer schälen und fein hacken. Die Chilischote waschen, putzen und längs aufschneiden. Die Kerne herausschaben, die Chilihälften in feine Würfel schneiden (danach die Hände waschen!).

6 Das Sesamöl im Wok erhitzen. Die Schweinefiletstreifen dazugeben und unter Rühren ca. 2 Min. braten, bis sie goldbraun sind. Dann das Fleisch herausnehmen.

7 Ingwer, Chiliwürfel, Sojasauce, Fischsauce und den übrigen Limettensaft in den Wok geben. Den Zucker hinzugeben und alles bei schwacher Hitze ca. 2 Min. unter Rühren köcheln lassen, bis der Zucker gelöst ist.

8 Das Fleisch zurück in den Wok geben, in der Sauce wenden und ca. 2 Min. darin erhitzen. Die Fleischstreifen mit der Sauce und dem lauwarmen oder kalten Mangokompott anrichten. Dazu passt Basmatireis.

DAS PASST DAZU

Ein bisschen interessanter schmeckt **Basmatireis mit Frühlingszwiebeln und Knoblauch** gewürzt: Dafür 3 Frühlingszwiebeln waschen, putzen und in dünne Ringe schneiden. 2 Knoblauchzehen schälen und fein hacken. 2 TL Sesamöl im Wok oder in einer hohen Pfanne erhitzen. Den Knoblauch und die Frühlingszwiebeln darin bei mittlerer Hitze 2–3 Min. andünsten. 250 g vorgegarten Basmatireis und 4 EL Gemüsebrühe untermischen und alles 4–5 Min. bei geringer Hitze garen. Reis mit Salz, Pfeffer und 1 Prise Zucker abschmecken.

PUTEN-MANDEL-CURRY

Gar nicht kompliziert, dafür nussig und lecker

Für 4 Personen
Zubereitungszeit ca. 20 Min.
pro Portion ca. 615 kcal

Für den Reis:
250 g 10-Minuten-Langkornreis
4 TL Mandelblättchen
Für das Curry:
1 Zwiebel
500 g Möhren
500 g Putenbrustfilet
1 EL Rapsöl
1 TL mildes Currypulver
4 EL ungesüßtes Mandelmus
(ersatzweise ungesüßtes Erdnussmus)
200 g griechischer Joghurt (10 % Fett)
Salz · Pfeffer
½ TL Honig
Koriandergrün zum Bestreuen
(nach Belieben)

1 Den Reis nach Packungsanweisung garen. Eine kleine Pfanne erhitzen und die Mandelblättchen darin ohne Fett goldbraun anrösten. Dabei aufpassen, dass sie nicht anbrennen, und gleich herausnehmen.

2 Inzwischen die Zwiebel schälen und in feine Würfel schneiden. Die Möhren putzen, schälen und schräg in 2–3 mm dünne Scheiben schneiden oder hobeln. Das Fleisch in ca. 2 cm große Würfel schneiden.

3 Das Öl in einen weiten Topf geben und stark erhitzen. Die Fleischwürfel darin unter Wenden kräftig anbraten. Die Kochstelle auf mittlere Hitze herunterschalten, dann das Gemüse zum Fleisch geben und kurz mitbraten. Mit Currypulver bestäuben und kurz anschwitzen.

4 Das Mandelmus mit in den Topf geben, 200 ml Wasser unterrühren. Alles aufkochen und zugedeckt 5–6 Min. köcheln lassen. Bei Bedarf etwas Wasser angießen.

5 Das Curry von der Kochstelle nehmen. Den Joghurt unterrühren und kurz mit erwärmen, aber nicht kochen. Mit Salz, Pfeffer und Honig abschmecken. Mit dem Reis und den Mandelblättchen servieren. Das Curry nach Belieben mit Koriander bestreuen.

TAUSCH-TIPP
Statt dem Reis schmecken auch fertige indische **Naan-Brote** zu diesem schnellen Curry. Die müssen nur kurz im Toaster aufgebacken werden.

SPEED-TIPP
Das Curry ist noch schneller fertig, wenn Sie statt frischer Möhren **TK-Erbsen** verwenden.

SCHWEINEFILET-CURRY MIT PAK CHOI

Schlemmen leicht gemacht

Für 4 Personen
Zubereitungszeit ca. 25 Min.
pro Portion ca. 560 kcal

400 g Pak Choi
2 rote Zwiebeln
400 g Schweinefilet
2 EL Öl
2 TL rote Currypaste
1 Dose Kokosmilch (400 g)
3 EL dunkle Sojasauce
1 EL süße Sojasauce
Salz · Pfeffer
200 g Instant-Woknudeln

1 Den Pak Choi putzen, waschen und abtropfen lassen. Die hellen Teile quer in dünne Scheiben, die dunkleren Blätter quer in 2 cm breite Streifen schneiden. Die Zwiebeln schälen und in feine Spalten schneiden. Das Fleisch trocken tupfen und 1 cm groß würfeln.

2 Das Öl in einem Wok oder in einer hohen Pfanne erhitzen, die Pak-Choi-Stiele und Zwiebeln darin 2 Min. bei starker Hitze rührbraten, dann an den Rand schieben. Das Fleisch nach und nach in der Mitte des Woks anbraten. Dann die Zutaten im Wok mischen.

3 Die Currypaste einrühren und mit der Kokosmilch ablöschen. Mit beiden Sojasaucen würzen, die Pak-Choi-Blätter einrühren und alles noch ca. 3 Min. unter Rühren garen. Mit Salz und Pfeffer kräftig würzen.

4 Die Instant-Woknudeln untermischen, evtl. gemäß Packungsanweisung etwas Wasser angießen und alles weitere 1–2 Min. garen. Sofort servieren.

BLUMENKOHL-CURRY MIT PUTENBRUST

Urlaubsfeeling inklusive

Für 2 Personen
Zubereitungszeit ca. 15 Min.
pro Portion ca. 375 kcal

200 g Putenbrustfilet
200 g Blumenkohl
1 Dose weiße Riesenbohnen
(240 g Abtropfgewicht)
2 EL Rapsöl
1–2 EL Currypulver
100 g Kokosmilch (aus der Dose)
100 ml Gemüsebrühe
Salz

1 Das Putenfleisch trocken tupfen und in ca. 2 cm große Würfel schneiden. Den Blumenkohl waschen und in kleine Röschen teilen. Die Bohnen in ein Sieb abgießen, kalt abspülen und abtropfen lassen.

2 Das Öl in einer großen, schweren Pfanne bei mittlerer Hitze heiß werden lassen. Die Fleischwürfel darin rundum ca. 2 Min. anbraten. Den Blumenkohl dazugeben und ca. 2 Min. mitbraten. Danach die Bohnen und das Currypulver unterrühren.

3 Die Kokosmilch sowie die Gemüsebrühe mit in die Pfanne gießen und das Curry zugedeckt bei schwacher Hitze ca. 8 Min. köcheln lassen. Mit Salz abschmecken, in zwei Schalen anrichten und servieren.

TAUSCH-TIPPS

Schön bunt wird das Curry, wenn Sie den Blumenkohl gegen **Brokkoli** austauschen oder beide Kohlsorten mischen. Mit 1 gehackten kleinen roten Chilischote zaubern Sie zusätzlich einen Hauch indische **Schärfe** ins Curry. Und wer kein Geflügelfan ist, brät statt Pute einfach Schweinefilet.

GELBES FISCH-CURRY

Herrlich bunt und aromatisch

Für 2 Personen
Zubereitungszeit ca. 25 Min.
pro Portion ca. 285 kcal

1 Knolle Fenchel (mit Grün)
1 rote Paprika
1 Stange Staudensellerie
1 Orange
20 g Butter
2 TL gelbe Currypaste
200 ml Gemüsebrühe
1 TL Honig
50 g Schmand
½ TL gemahlene Kurkuma
200 g TK-Fischfilet (Seelachs oder Kabeljau, aufgetaut)
1 Handvoll Basilikumblätter
½ EL Limettensaft · Salz

1 Den Fenchel waschen, putzen und klein schneiden, das Fenchelgrün beiseitelegen. Die Paprika waschen, längs halbieren und von Stielansatz, weißen Trennwänden und Samen befreien, die Hälften klein schneiden. Den Staudensellerie waschen, putzen und in dünne Scheiben schneiden.

2 Den Fenchel in einem Topf mit Dämpfeinsatz über kochendem Wasser ca. 8 Min. dämpfen. Dabei nach 2 Min. die Paprikastücke und Selleriescheiben dazugeben.

3 Inzwischen die Orange filetieren. Dafür so schälen, dass auch die weiße Haut entfernt wird. Dann die Filets zwischen den Trennhäutchen herausschneiden. Aus dem Orangenrest den Saft auspressen. Das Gemüse abgießen, kalt abschrecken und abtropfen lassen.

4 Die Butter in einem Topf schmelzen, die Currypaste darin andünsten. Gemüsebrühe, Honig, Orangensaft, Schmand und Kurkuma dazugeben, zum Kochen bringen und bei schwacher Hitze 4 Min. köcheln lassen.

5 Das Fischfilet grob in Würfel schneiden, zusammen mit dem Gemüse in den Topf geben und zugedeckt bei schwacher Hitze 5 Min. ziehen lassen.

6 Das beiseitegelegte Fenchelgrün grob hacken und zusammen mit Orangenfilets, Basilikumblättern und Limettensaft unter das Curry rühren. Das Ganze mit Salz abschmecken und nach Belieben etwas süßen.

DAS SCHMECKT DAZU

Außer indischem Naan-Brot oder einfachem Basmatireis schmeckt dazu auch **Orient-Reis mit Pinienkernen und Rosinen**: Dafür 2 Frühlingszwiebeln waschen, putzen und in dünne Ringe schneiden. 1 Knoblauchzehe schälen und fein hacken. Je 1 TL Butter und Öl im Wok oder in einer hohen Pfanne erhitzen. Darin Zwiebeln, Knoblauch und 2 EL Pinienkerne bei mittlerer Hitze 2–3 Min. andünsten. 2–3 Prisen gemahlene Kurkuma und 1–2 TL Harissa (orientalische Würzpaste) mit 4 EL Gemüsebrühe verrühren. 250 g vorgegarten Basmatireis, 2 EL Rosinen und die gewürzte Brühe in die Pfanne geben, alles vermischen und 4–5 Min. bei geringer Hitze garen. Reis mit Salz und Pfeffer abschmecken.

OFENLACHS MIT KÜRBIS

Supersaftiger Fischgenuss

Für 2 Personen
Zubereitungszeit ca. 20 Min.
Backzeit 40 Min.
pro Portion ca. 805 kcal

1 Stück Ingwer (ca. 2 cm)
100 ml Orangensaft
3 EL Sojasauce
2 Stücke Lachsfilet (je 200 g)
½ kleiner Hokkaido-Kürbis (ca. 500 g Fruchtfleisch)
1 Brokkoli · Salz
2 EL heller ungeschälter Sesam
1 EL Sesamöl
Außerdem:
Öl für das Blech

1 Den Ingwer schälen und sehr fein hacken oder durch die Knoblauchpresse drücken. In einem tiefen Teller mit Orangensaft und Sojasauce mischen. Den Lachs abbrausen und trocken tupfen. Eventuelle Gräten mit den Fingerspitzen aufspüren und mit einer Pinzette herauszupfen. Den Lachs bis zur Verwendung in die Marinade legen, zwischendurch immer wieder wenden.

2 Den Backofen auf 200° vorheizen. Ein Backblech großzügig einölen. Den Kürbis waschen, die Kerne und das faserige Fruchtfleisch entfernen, unschöne Stellen an der Schale abschneiden und das Kürbisfruchtfleisch mitsamt Schale in dünne Spalten schneiden.

3 Den Brokkoli putzen, waschen und in Röschen teilen. Den Stiel schälen und grob würfeln. Die Kürbisspalten und Brokkoliröschen im Öl auf dem Backblech wenden, nebeneinander verteilen und salzen. Das Gemüse im heißen Backofen (Mitte) 30 Min. backen.

4 Den Lachs aus der Marinade nehmen, salzen und ebenfalls auf das Blech legen. Die Marinade über das Gemüse träufeln und alles weitere ca. 10 Min. backen, bis der Lachs gar ist. Das Blech aus dem Ofen nehmen, Lachs und Gemüse mit Sesam bestreuen und mit Sesamöl beträufeln. Sofort servieren.

DAS SCHMECKT DAZU

Sie hätten gerne noch eine Beilage? Dann schmecken dazu diese **Kräuterkartoffeln**: Den Ofen auf 200° vorheizen. 400 g vorwiegend festkochende Kartoffeln schälen, waschen und längs in dünne Spalten schneiden. 2 Knoblauchzehen schälen und fein schneiden. Kartoffelspalten mit Knoblauch, 3 EL Olivenöl und (je nach Geschmack) mit 3 TL getrocknetem Oregano oder Thymian und 3 Prisen Salz vermischen und in eine ofenfeste Auflaufform (ca. 20 × 25 cm) geben. Im Ofen (Mitte) in 20–25 Min. knusprig braten.

FISCHPFANNE MIT KARTOFFELN UND WIRSING

Mit Aprikosen raffiniert kombiniert

Für 2 Personen
Zubereitungszeit ca. 25 Min.
pro Portion ca. 450 kcal

300 g festkochende Kartoffeln · Salz
60 g ungeschwefelte getrocknete Aprikosen
15 g getrocknete gemischte Pilze
(z. B. Butterpilze, Steinpilze, Champignons)
250 g gemischte Fischfilets
(z. B. Lachs und Rotbarsch)
2 EL Zitronensaft · Pfeffer
1 kleiner Wirsing (ca. 500 g)
2 EL Rapsöl

1 Die Kartoffeln schälen und in dünne Spalten schneiden. In einem Topf in wenig Salzwasser aufkochen, zugedeckt bei mittlerer Hitze in ca. 15 Min. weich garen.

2 Inzwischen die Trockenaprikosen in Streifen schneiden, diese mit den getrockneten Pilzen in einer Schüssel ca. 1 cm hoch mit heißem Wasser bedecken und alles einige Minuten quellen lassen.

3 Inzwischen die Fischfilets trocken tupfen, mundgerecht in Würfel schneiden und mit Zitronensaft sowie Salz und Pfeffer würzen. Den Wirsing putzen und waschen, dann bis auf den Strunk in schmale Streifen schneiden.

4 Das Rapsöl in einer hohen Pfanne oder im Wok erhitzen. Vom Wirsing einen Teil der dunkelgrünen Streifen beiseitelegen, den Rest in der Pfanne unter Rühren ca. 5 Min. anbraten, dann mit Salz und Pfeffer würzen.

5 Die Aprikosen und die Pilze samt Einweichwasser hinzufügen und alles noch ca. 3 Min. unter Rühren garen.

6 Die Fischstücke und die beiseitegelegten grünen Wirsingstreifen mit in die Pfanne geben und vorsichtig untermischen. Alles bei schwacher Hitze weitere 4–5 Min. köcheln lassen. Inzwischen die Kartoffeln abgießen und kurz ausdampfen lassen, dann mit der Fischpfanne auf Tellern anrichten.

TAUSCH-TIPP

Probieren Sie statt der einfachen Salzkartoffeln zur Fischpfanne diese würzigen **Senf-Kartoffeln:** Den Ofen auf 200° vorheizen. ¼ l Instant-Gemüsebrühe erhitzen, mit 1 EL mittelscharfem Senf und 1 TL Sambal Oelek mit einem Schneebesen gut verrühren. 400 g vorwiegend festkochende Kartoffeln schälen, waschen und quer in feine Scheiben schneiden. Kartoffelscheiben, gewürzte Brühe, 50 g Sahne und 3–4 Prisen Salz in eine ofenfeste Auflaufform (ca. 20 × 25 cm) geben und gut vermischen. Im Ofen (Mitte) 20–25 Min. backen.

THYMIAN-FISCH MIT TOMATEN-MIX

Macht Lust auf mehr – unbedingt probieren!

Für 2 Personen
Zubereitungszeit ca. 20 Min.
pro Portion ca. 295 kcal

2 weißfleischige Seefischfilets (je 120–150 g; z. B. Seebarsch oder Steinbeißer)
Salz · Pfeffer
2 TL getrockneter Thymian
250 g Kirschtomaten
2 Frühlingszwiebeln
1 Knoblauchzehe
½ Handvoll Basilikumblättchen
2 TL Kapern (aus dem Glas)
2 EL Aceto balsamico
3 EL Olivenöl

1 Die Fischfilets trocken tupfen und eventuell vorhandene Gräten entfernen. Den Fisch auf beiden Seiten salzen, pfeffern und mit dem Thymian bestreuen.

2 Die Kirschtomaten waschen und in dünne Scheiben schneiden. Frühlingszwiebeln waschen, putzen und in dünne Ringe schneiden. Knoblauchzehe schälen und fein hacken. Basilikumblättchen ebenfalls fein hacken.

3 Tomatenscheiben, Frühlingszwiebelringe, Knoblauch und Basilikumblätter mit Kapern und Aceto balsamico sowie 2 EL Olivenöl in einer Schüssel vermischen. Den Mix mit Salz und Pfeffer abschmecken.

4 Das übrige Olivenöl in einer beschichteten Pfanne erhitzen. Fischfilets darin bei mittlerer Hitze auf jeder Seite in 3–4 Min. goldbraun braten. Mit dem Tomaten-Mix servieren. Dazu passen z. B. Kräuterkartoffeln (s. S. 266) oder Reis mit Frühlingszwiebeln (s. S. 258).

SEELACHS IM PÄCKCHEN

Sanft gegartes Aromawunder

Für 2 Personen
Zubereitungszeit ca. 20 Min.
Backzeit 30 Min.
pro Portion ca. 320 kcal

1 kleine Aubergine
1 Zucchino
250 g Kirschtomaten
200 g Hokkaido-Kürbis (entkernt gewogen)
2 EL Olivenöl
1 Knoblauchzehe
100 ml Gemüsebrühe
½ EL Rotweinessig
Salz · Pfeffer
4 Stücke TK-Seelachsfilet (je 100 g)
2 EL italienische TK-Kräuter
Außerdem:
Backpapier

1 Im Backofen (Mitte) ein Blech auf 200° vorheizen. Die Aubergine und den Zucchino waschen, putzen und der Länge nach vierteln, die Viertel quer in dünne Scheiben schneiden. Die Kirschtomaten waschen. Das Kürbisstück waschen und klein würfeln.

2 In einer Pfanne 1 EL Öl erhitzen. Auberginenscheiben darin 6–7 Min. anbraten. Zucchini, Tomaten und Kürbis dazugeben und 4 Min. mitbraten. Knoblauch schälen und dazupressen. Brühe und Essig dazugeben, die Flüssigkeit einkochen, das Gemüse salzen und pfeffern.

3 Das angebratene Gemüse auf 2 Bögen Backpapier verteilen, je 2 Stücke Seelachsfilet darauflegen, salzen, pfeffern, mit dem restlichen Olivenöl beträufeln und mit je 1 EL Kräutern bestreuen.

4 Das Papier jeweils längs über der Füllung zusammenfalten und die Enden fest zusammendrehen (wie bei einem Bonbon). Die Päckchen auf das Blech legen und Gemüse und Fisch im heißen Backofen 30 Min. garen.

SEETEUFEL IN ORANGEN-PFEFFER-SAHNE

Orange sorgt für fruchtiges Aroma

Für 2 Personen
Zubereitungszeit ca. 30 Min.
pro Portion ca. 535 kcal

Für den Seeteufel:
1 kleine Zwiebel
1 Orange
1 Seeteufelfilet (ca. 300 g)
3 TL Kokosöl
Salz · Pfeffer
100 ml Gemüsebrühe
1 TL schwarze Pfefferkörner (ersatzweise ¼ TL gemahlener schwarzer Pfeffer)
60 g Sahne
Für den Salat:
1 Handvoll Rucola
¼ Kopf Eisbergsalat
½ Radicchio
2 EL Weißweinessig
½ TL Senf
4½ EL Olivenöl
Salz · Pfeffer

1 Die Zwiebel schälen und fein würfeln. Die Orange auspressen. Seeteufelfilet kalt abwaschen, trocken tupfen und in sechs gleich große Medaillons schneiden.

2 Das Öl in einer Pfanne bei mittlerer Hitze erhitzen, die Seeteufelmedaillons mit Salz und Pfeffer würzen und im heißen Öl auf beiden Seiten je 1 Min. anbraten. Herausnehmen und auf einem Teller beiseitestellen.

3 Zwiebel in die Pfanne geben und ca. 2 Min. anschwitzen. Orangensaft und Gemüsebrühe dazugießen und aufkochen. Die Pfefferkörner im Mörser grob zerstoßen, in den Fond geben und mitkochen. Bei mittlerer Hitze 8–10 Min. offen kochen.

4 Inzwischen den Rucola waschen, abtropfen lassen und mundgerecht schneiden. Eisbergsalat und Radicchio waschen, gut abtropfen lassen oder trocken schleudern, dann in feine Streifen schneiden. Essig, Senf und Öl verrühren und mit Salz und Pfeffer abschmecken.

5 Sahne in die Sauce rühren und bei großer Hitze offen weiter einkochen, bis die Sauce beginnt einzudicken. Sofort vom Herd ziehen und mit Salz abschmecken.

6 Den Salat in einer Schüssel mit der Sauce vermischen. Die Seeteufelmedaillons 1 Min. in der Sauce erwärmen, den Salat auf zwei Tellern verteilen, die Medaillons darauf anrichten und mit der Sauce servieren.

TAUSCH-TIPP

Probieren Sie statt des Eisberg-Radicchio-Salats diesen lauwarmen **Rucola-Tomaten-Salat:** Dafür 1 Handvoll Rucola waschen, lange Stiele entfernen. Die Blätter mundgerecht schneiden und abtropfen lassen. In einer kleinen Pfanne 2 EL Olivenöl bei mittlerer Hitze erhitzen. 100 g Kirschtomaten waschen, halbieren und im heißen Öl unter gelegentlichem Rühren ca. 5 Min. schmoren. Mit Salz und Pfeffer abschmecken, den Rucola unterheben und gleich mit dem Seeteufel servieren.

THUNFISCH-FRIKADELLEN MIT GURKENSALAT

Rund, frisch, mit Biss

Für 2 Personen
Zubereitungszeit ca. 25 Min.
pro Portion ca. 505 kcal

Für die Frikadellen:
1 Dose Thunfisch
(150 g Abtropfgewicht)
½ Zitrone
1 kleine Möhre
30 g Mayonnaise
2 Eier (M)
1 EL Flohsamenschalenpulver
¼ Bund Dill
Salz · Pfeffer
3 TL Kokosöl
Für den Gurkensalat:
1 Salatgurke
2 EL Schmand
1 EL Weißweinessig
3 TL Olivenöl
1 TL mittelscharfer Senf
Salz · Pfeffer

1 Den Thunfisch durch ein Sieb abgießen und gut abtropfen lassen. Die Zitrone auspressen und 1 EL Saft abmessen. Die Möhre schälen und in ca. 2 cm große Würfel schneiden. Diese zusammen mit Thunfisch, Mayonnaise, Eiern, Zitronensaft und Flohsamenschalenpulver in einem Blitzhacker fein hacken.

2 Den Dill waschen, trocken schütteln, von groben Stielen befreien und fein schneiden. Die Hälfte des Dills unter die Thunfischmasse heben, den Rest für den Gurkensalat verwenden. Die Frikadellenmasse mit Salz und Pfeffer abschmecken und quellen lassen.

3 Inzwischen den Gurkensalat zubereiten. Die Gurke schälen und in dünne Scheiben schneiden oder hobeln. In einer Tasse Schmand, Weißweinessig, Olivenöl und Senf verrühren. Mit Salz und Pfeffer abschmecken. Restlichen Dill unterrühren. In einer Schüssel alles mit den Gurkenscheiben mischen, dann ziehen lassen.

4 Das Kokosöl in einer beschichteten Pfanne bei mittlerer Hitze erhitzen. Mit angefeuchteten Händen aus der Thunfischmasse vier flache Frikadellen formen und diese im heißen Öl auf beiden Seiten jeweils 3–4 Min. anbraten; am besten mit zwei Pfannenwendern arbeiten, denn die Frikadellen zerbrechen beim Wenden leicht.

5 Den Gurkensalat auf zwei Tellern zusammen mit den Thunfischfrikadellen anrichten und servieren. Dazu passt Brot oder die Senf-Kartoffeln von Seite 269.

VORRATS-TIPP

Die Thunfischfrikadellen eignen sich perfekt für den Vorrat, wenn man sie **portionsweise einfriert.** Bei Bedarf dann einfach über Nacht im Kühlschrank auftauen lassen und im Backofen oder der Mikrowelle aufwärmen.

JANSSONS VERSUCHUNG

Der schwedische Auflauf in einer bequemen Variante

Für 2 Personen
Zubereitungszeit ca. 20 Min.
Garzeit 45 Min.
pro Portion ca. 635 kcal

500 g mehligkochende Kartoffeln
Salz · Pfeffer
1 große rote Zwiebel
1 Dose schwedische Appetitsild
(65 g Abtropfgewicht; Kühlregal, s. Tipp)
150 g Sahne
3 Stängel Dill (ersatzweise 2 EL TK-Dill)
½ Bund Schnittlauch
(ersatzweise 2 EL TK-Schnittlauch)
2 EL Semmelbrösel
2 EL Butter
Außerdem:
ofenfeste Form
Butter für die Form

1 Den Backofen auf 200° vorheizen. Die Form mit Butter einfetten. Die Kartoffeln schälen, in knapp 1 cm dicke Scheiben und diese in Pommes oder Wedges schneiden. Die Hälfte der Kartoffeln in der Form verteilen und mit 1 kleinen Prise Salz und etwas Pfeffer bestreuen.

2 Die Zwiebel schälen und fein würfeln. Die Würfel auf den Kartoffeln in der Form verteilen. Die Appetitsild in ein Sieb abgießen, dabei 1 EL Sud auffangen und mit der Sahne vermischen. Die Fischchen auf den Zwiebelwürfeln in der Form verteilen.

3 Die Kräuter waschen und trocken schütteln. Die Dillspitzen fein schneiden und den Schnittlauch in Röllchen schneiden. Knapp die Hälfte der Kräuter auf dem Fisch in der Form verteilen und alles mit den restlichen Kartoffelstücken bedecken.

4 Die Kartoffelschicht leicht salzen und pfeffern, dann die Sahnemischung darübergießen. Die Semmelbrösel darüberstreuen. Die Butter in Flöckchen darauf verteilen. Den Auflauf im heißen Backofen (Mitte) ca. 45 Min. garen, bis die Kartoffeln weich sind. Zum Servieren mit den übrigen Kräutern bestreuen.

GUT ZU WISSEN
Appetitsild sind in ganz Skandinavien beliebt. Es sind würzig eingelegte, fermentierte Mini-Heringsfilets oder Sprotten. Bei uns findet man sie in größeren Supermärkten im Kühlregal. Ersatzweise können Sie 40 g Sardellenfilets verwenden.

BLUMENKOHL-GRATIN MIT LACHS

Ofenklassiker mit köstlicher Käsekruste

Für 2 Personen
Zubereitungszeit ca. 15 Min.
Backzeit 30 Min.
pro Portion ca. 500 kcal

450 g TK-Blumenkohl
70 g Gruyère
70 g Schmand
50 ml Milch
2 TL Senf
1 EL Zitronensaft
1 Knoblauchzehe
Kräutersalz · Pfeffer
frisch geriebene Muskatnuss
200 g TK-Lachsfilet (angetaut)
Außerdem:
2 kleine Auflaufformen
(ca. 15 × 20 cm)

1 Den Backofen auf 200° vorheizen. Noch gefrorenen Blumenkohl in einem Topf mit Dämpfeinsatz über kochendem Wasser ca. 5 Min. dämpfen. Dann in ein Sieb abgießen und kalt abschrecken. Mit der Salatschleuder vorsichtig trocken schleudern.

2 Für den Guss den Käse fein reiben und mit Schmand, Milch, Senf und Zitronensaft verrühren. Den Knoblauch schälen und dazupressen. Mit Kräutersalz, Pfeffer und Muskat kräftig würzen, etwas süßen.

3 Das Lachsfilet trocken tupfen und grob in Würfel schneiden. In einer Schüssel Blumenkohl und Lachs mit dem Guss mischen. Alles auf die Auflaufformen verteilen. Im Ofen (Mitte) 30 Min. überbacken.

4 Die Gratins vor dem Verzehr leicht abkühlen lassen. Oder die Gratins komplett auskühlen lassen und für den Transport verpacken, dann in den Auflaufformen im Ofen oder in der Mikrowelle erneut erwärmen.

OFENFISCH MIT BASILIKUMBUTTER

Schmort ganz von selbst

Für 2 Personen
Zubereitungszeit ca. 10 Min.
Backzeit 10 Min.
pro Portion ca. 350 kcal

2 TK-Fischfilets (ca. 250 g, aufgetaut, z. B. Lachs, Pangasius, Scholle, Kabeljau)
50 g Butter
1 große Handvoll Basilikumblättchen
1 Knoblauchzehe
Salz · Cayennepfeffer
1 EL Kapern (aus dem Glas)
80 g schwarze Oliven (ohne Stein)
2 EL frisch gepresster Zitronensaft

1 Die Fischfilets nach Packungsanweisung auftauen lassen. Die Butter aus dem Kühlschrank nehmen und weich werden lassen. Backofen auf 180° vorheizen.

2 Für die Würzbutter die Basilikumblättchen fein hacken. Die Knoblauchzehe schälen und fein hacken.

3 Die Butter grob in Würfel schneiden und mit dem Basilikum sowie dem Knoblauch und je 3–4 Prisen Salz und Cayennepfeffer mit einer Gabel gut vermischen.

4 Die Fischfilets trocken tupfen und rundum mit Salz und Cayennepfeffer würzen. 1 EL Basilikumbutter in einer ofenfesten Pfanne verreiben, die Filets darauflegen und die übrige Butter in Flöckchen darauf verteilen.

5 Die Kapern und die Oliven abtropfen lassen und zum Fisch geben, dann alles mit Zitronensaft beträufeln. Im Backofen (Mitte) 8–10 Min. schmoren. Dazu passt Reis mit in der Pfanne gerösteten Mandelblättchen.

DER LIEBLINGSKLASSIKER

LACHSFORELLE MIT ÄPFELN UND CIDRE

Ein Fest für Fischfreunde

Für 4 Personen
Zubereitungszeit ca. 20 Min.
Garzeit 25 Min.
pro Portion ca. 415 kcal

4 EL Olivenöl
1 große küchenfertige Lachsforelle (ca. 1 kg)
Salz · Pfeffer
1 Bio-Zitrone
10 Zweige Thymian
1 Bund Frühlingszwiebeln
4 Bio-Äpfel mit roter Schale
500 ml Cidre (s. Tipp; ersatzweise Apfelsaft)
1–2 Msp. getrocknete zerbröselte Chilischoten
2 EL Kräuterbutter

1 Ein Backblech oder eine große ofenfeste Form mit dem Olivenöl einfetten. Die Lachsforelle kalt abwaschen und trocken tupfen. Mit Salz und Pfeffer einreiben und auf das Blech legen.

2 Den Backofen auf 200° vorheizen. Die Zitrone heiß waschen und trocken reiben, dann in Spalten schneiden und diese in die Bauchöffnung der Lachsforelle stecken. Den Thymian waschen und trocken schütteln, 2 Zweige ebenfalls in den Fisch stecken. Von den restlichen Thymianzweigen die Blättchen abstreifen.

3 Die Frühlingszwiebeln waschen, putzen und in feine schräge Ringe schneiden. Die Äpfel waschen und vierteln, dann entkernen. Die Viertel noch ein- oder zweimal quer durchschneiden.

4 Frühlingszwiebeln, Äpfel und Thymianblättchen auf dem Blech verteilen. Den Cidre angießen, mit Salz, Pfeffer und den zerbröselten Chilischoten würzen.

5 Die Kräuterbutter in Flöckchen auf den Fisch setzen. Das Blech in den vorgeheizten Backofen (Mitte) schieben und das Ganze ca. 25 Min. garen.

DAS PASST DAZU

Frisches Baguette oder Ciabatta. Auch kleine **neue Kartoffeln** passen bestens (z. B. Drillinge, Pralinenkartoffeln) – die müssen Sie vor dem Kochen nur abbürsten. Schälen ist überflüssig!

GUT ZU WISSEN

Cidre (frz.) oder Cider (engl.) ist ein moussierendes alkoholisches Getränk aus Äpfeln, ähnlich unserem deutschen Apfelwein. Der Alkoholgehalt schwankt je nach Ursprungsland und Produkt zwischen 2,5 % und 5 %, kann aber auch bis zu 12 % betragen. Werfen Sie also einen Blick auf das Etikett. Es gibt ihn in vielen Varianten von trocken über fruchtig bis süß.

DORADE MIT ANANAS-SALSA

Für fruchtig-frische Meeresfreuden

Für 4 Personen
Zubereitungszeit ca. 30 Min.
Garzeit 25 Min.
pro Portion ca. 750 kcal

Für die Salsa:
1 kleine reife Ananas (ca. 900 g)
1 rote Chilischote
1 ½ Limetten
1 kleine rote Zwiebel
⅓ Bund Koriandergrün
2 EL Olivenöl
Salz · Pfeffer
Für den Fisch:
½ Limette
4 küchenfertige Doraden
(je ca. 400 g)
⅔ Bund Koriandergrün
5 EL Olivenöl
1 Knoblauchzehe
Salz · Pfeffer
1 reife Avocado
200 g Kirschtomaten
Außerdem:
ofenfeste Form

1 Den Schopf und das untere Ende der Ananas gerade wegschneiden. Die Ananas längs achteln und das Fruchtfleisch aus der Schale schneiden, den Mittelstrunk und braune »Augen« entfernen. Die Achtel in einer heißen Pfanne ohne Fett rundum bei mittlerer Hitze braten und leicht bräunen, dann abkühlen lassen.

2 Inzwischen die Chilischote waschen und halbieren, Stielansatz, Kerne und Trennwände entfernen, die Hälften fein hacken. Limetten auspressen. Zwiebel schälen, klein würfeln. Das Koriandergrün waschen und trocken schütteln, die Blättchen abzupfen und klein hacken.

3 Ananas ca. 0,5 cm groß würfeln, dabei den Saft auffangen, beides mit allen vorbereiteten Zutaten und dem Öl mischen, salzen, pfeffern und zugedeckt ruhen lassen.

4 Den Backofen auf 200° vorheizen. Die Limettenhälfte auspressen. Die Doraden innen und außen waschen und trocken tupfen. Das Koriandergrün waschen und trocken schütteln, je 2–3 Stängel in die Bauchhöhlen der Fische stecken. Den Rest fein hacken und mit 2 EL Limettensaft und Olivenöl mischen. Den Knoblauch schälen und dazupressen.

5 Die Doraden auf beiden Seiten je fünfmal schräg einschneiden und etwa zwei Drittel des Würzöls in die Schnitte füllen. Die Fische in die Form legen, dann salzen, pfeffern und mit dem übrigen Würzöl beträufeln. Im heißen Ofen (Mitte) ca. 25 Min. garen.

6 Inzwischen Avocado halbieren, entkernen und schälen, Fruchtfleisch klein würfeln und mit 1 TL Limettensaft mischen. Tomaten waschen und halbieren. Die Fische mit der Salsa, Avocado und Tomaten auf Tellern anrichten.

PROFI-TIPP
Supermärkte bieten in der Kühltheke oft geschnittene **Ananasstücke** an. Davon ca. 400 g Fruchtfleisch in Stücke schneiden, wie beschrieben braten und zur Salsa verarbeiten.

LIMETTEN-THUNFISCH-STEAK MIT FETA

Mit leichter Schärfe

Für 4 Personen
Zubereitungszeit ca. 15 Min.
Garzeit 20 Min.
pro Portion ca. 710 kcal

4 Stücke Thunfischfilet (je 150–200 g)
100 ml Olivenöl
Salz · Pfeffer
1 Scheibe Toastbrot
1 Bio-Limette
2 EL gemischte TK-Kräuter
(z. B. italienische Art)
1 Msp. getrocknete zerbröselte
Chilischoten
200 g Schafskäse (Feta)
Außerdem:
breite ofenfeste Form

1 Den Backofen auf 175° vorheizen. Die Thunfischfilets mit Küchenpapier trocken tupfen. 2 EL Olivenöl in einer Pfanne erhitzen und die Filets darin auf beiden Seiten ½ Min. anbraten. Die Filets mit Salz und Pfeffer würzen und nebeneinander in die Form legen.

2 Die Toastbrotscheibe mit den Fingern fein zerbröseln. Die Limette heiß waschen und abtrocknen, die Schale fein abreiben. Den Saft auspressen.

3 In einer Schale das Toastbrot mit dem restlichen Öl, der abgeriebenen Limettenschale, den TK-Kräutern und den Chilibröseln sowie etwas Pfeffer vermengen.

4 Den Feta in Scheiben schneiden oder grob zerbröckeln und auf die Thunfischfilets geben. Die Kräuter-Toast-Mischung darauf verteilen und alles mit dem Limettensaft beträufeln. Im vorgeheizten Ofen (Mitte) ca. 20 Min. backen. Dazu passt Baguette oder fix zubereiteter Instant-Couscous.

FISCHFILET IN JOGHURT-SPINAT

Mit arabischer Note

Für 4 Personen
Zubereitungszeit ca. 20 Min.
Garzeit 15 Min.
pro Portion ca. 295 kcal

50 g Sultaninen
1 Bund Frühlingszwiebeln
2 Knoblauchzehen
2 EL Olivenöl
450 g TK-Blattspinat
1 TL gemahlener Kreuzkümmel
Salz · Pfeffer
4 Stück Fischfilet
(je 150–180 g; z. B. Pangasius)
Saft von 1 Zitrone
rosenscharfes Paprikapulver
300 g griechischer Joghurt
(10 % Fett)
Außerdem:
breite ofenfeste Form

1 Die Sultaninen in einer Tasse in heißem Wasser einweichen. Inzwischen die Frühlingszwiebeln waschen, putzen und in feine Ringe schneiden. Den Knoblauch schälen und fein hacken. Den Ofen auf 200° vorheizen.

2 In einem Topf das Öl leicht erhitzen und die Frühlingszwiebeln und den Knoblauch darin leicht anschwitzen. Den TK-Spinat dazugeben, bei schwacher Hitze unter häufigem Rühren auftauen und dann aufkochen lassen. Mit Kreuzkümmel, Salz und Pfeffer abschmecken.

3 Die Fischfilets mit Küchenpapier trocken tupfen, dann mit Zitronensaft, Salz, Pfeffer und Paprikapulver würzen. Die Sultaninen abtropfen lassen und zusammen mit dem Joghurt unter den Spinat rühren. Diesen in die Form umfüllen und darin verteilen.

4 Die Fischfilets in den Spinat drücken. In den vorgeheizten Ofen (unten) schieben und alles ca. 15 Min. garen. Dazu passt Fladenbrot oder Orient-Reis (s. S. 264).

TINTENFISCHPFANNE MIT KNOBLAUCHBROT

Schmeckt nach Urlaub und Meer

Für 2 Personen
Zubereitungszeit ca. 30 Min.
pro Portion ca. 555 kcal

400 g kleine Tintenfische
250 g Kirschtomaten
1 Bund Frühlingszwiebeln
1 Zweig Rosmarin
1 Zweig Thymian
4 Stängel Oregano
4 Stängel Basilikum
1 große Knoblauchzehe
3 EL Olivenöl
6 Scheiben Baguette
1 EL schwarze Oliven
100 ml trockener Weißwein
(ersatzweise Fischfond)
Salz · Pfeffer
½ TL Honig

1 Die Tintenfischchen waschen und trocken tupfen. Die Tomaten waschen und halbieren. Die Frühlingszwiebeln putzen, waschen und in ca. 1 cm lange Stücke schneiden. Dickere Stücke längs halbieren.

2 Die Kräuter waschen und trocken schütteln, dann von groben Stielen befreien. Die Basilikumblätter abzupfen und beiseitelegen, die restlichen Kräuter fein hacken. Die Knoblauchzehe schälen.

3 Die Pfanne erhitzen und 1 EL Öl hineingeben. Die Brotscheiben darin auf beiden Seiten knusprig braten, herausnehmen und mit dem Knoblauch einreiben.

4 Das restliche Öl in die Pfanne geben. Die Tintenfischchen und die Frühlingszwiebeln hineingeben und unter Rühren ca. 2 Min. braten. Die Kräuter und die Tomaten dazugeben und kurz mitbraten. Die Oliven hinzufügen und den Wein dazugießen. Einmal kräftig aufkochen.

5 Die Tintenfischchen mit Salz, Pfeffer und dem Honig abschmecken und mit den Knoblauchbroten servieren.

DAS PASST DAZU

Zur Tintenfischpfanne schmeckt großartig ein **Orangen-Zwiebel-Salat**: Dafür 1 rote Zwiebel schälen, vierteln und in feine Streifen schneiden. Mit Salz und 1 EL Olivenöl verrühren und ca. 5 Min. ziehen lassen. Inzwischen von 1 großen saftigen Orange die Schale so abschneiden, dass auch die weiße Haut mit entfernt wird. Dann die Orange in Scheiben schneiden und die Kerne entfernen. Die Scheiben vierteln und mit den Zwiebelstreifen, 1 EL Oliven und 1 EL Olivenöl mischen. Mit Salz und Pfeffer abschmecken.

PANGASIUS MIT TOMATEN UND ERDNÜSSEN

Mit würzigem Asia-Touch

Für 4 Personen
Zubereitungszeit ca. 20 Min.
pro Portion ca. 725 kcal

700 g Pangasiusfilet
Salz · Pfeffer
5 EL Mehl
5 Knoblauchzehen
120 g Schalotten
6 Stängel Dill
½ Bund Koriandergrün
6 EL geröstete, gesalzene Erdnusskerne
80 ml Rapsöl
2 Dosen stückige Tomaten (je 400 g)
2 EL Palmzucker
(ersatzweise Rohrohrzucker)

1 Das Fischfilet mit Küchenpapier trocken tupfen und in 1 cm breite Streifen schneiden. Mit Salz und Pfeffer würzen und im Mehl wälzen. Den Knoblauch schälen und im Mörser grob zerstoßen. Die Schalotten schälen, halbieren und in feine Streifen schneiden. Den Dill und das Koriandergrün waschen, trocken schütteln und mitsamt den Stängeln in 1 cm lange Stücke schneiden. Die Erdnüsse grob hacken und beiseitestellen.

2 In einem Wok oder in einer hohen Pfanne 3 EL Rapsöl erhitzen. Darin nacheinander jeweils die Hälfte des Fischfilets in je 2–3 Min. goldbraun anbraten, dann herausnehmen und auf Küchenpapier entfetten.

3 Das restliche Rapsöl in die Pfanne geben und Knoblauch und Schalotten darin goldbraun braten. Dosentomaten und Zucker hinzufügen und unter Rühren aufkochen. Fisch, Dill und Koriander einrühren und 1 Min. in der Sauce erwärmen. Den Fisch auf vier Tellern anrichten, mit den Erdnüssen bestreuen und servieren.

GEBRATENER REIS MIT GARNELEN

Aromatischer Reis aus Vietnam

Für 4 Personen
Zubereitungszeit ca. 25 Min.
pro Portion ca. 660 kcal

400 g rohe geschälte TK-Riesengarnelen (aufgetaut)
350 g Langkornreis
Salz · 2 Tomaten
4 Knoblauchzehen
1 Bund Frühlingszwiebeln
1 Bund Koriandergrün
4 EL Austernsauce (Asialaden)
4 EL Fischsauce (Asialaden)
Pfeffer · 4 Eier (M)
60 ml Rapsöl

1 Den Reis nach Packungsangabe in ca. 20 Min. garen. Inzwischen Tomaten waschen und achteln, dabei die Stielansätze entfernen. Knoblauch schälen und im Mörser grob zerstoßen. Frühlingszwiebeln putzen, waschen und in 1 cm lange Stücke schneiden. Das Koriandergrün waschen und trocken schütteln, die Blätter abzupfen. Die Garnelen längs halbieren. Austern- und Fischsauce, 1 TL Salz und 2 Prisen Pfeffer verrühren. Eier verquirlen.

2 Öl in einem Wok oder in einer hohen Pfanne erhitzen, Knoblauch darin bei starker Hitze in ca. 10 Sek. goldgelb anbraten. Garnelen dazugeben und 30 Sek. rührbraten. Tomaten und Frühlingszwiebeln unterrühren und an den Rand schieben. Eiermasse in die Mitte geben, kräftig verrühren und in ca. 20 Sek. stocken lassen.

3 Den gekochten Reis einrühren und bei mittlerer Hitze 2–3 Min. anbraten. Die Würzsauce dazugießen und weitere 3–4 Min. rührbraten. Den Garnelenreis auf vier Tellern anrichten und mit Koriandergrün bestreuen.

BLITZ-PAELLA

Spanischer Klassiker im Turbo-Tempo

Für 2 Personen
Zubereitungszeit ca. 20 Min.
pro Portion ca. 560 kcal

200 g geschälte TK-Bio-Shrimps
100 g gegrillte Paprika (aus dem Glas)
1 Fleischtomate
1 Knoblauchzehe
2 Frühlingszwiebeln
250 g Hähnchenbrustfilet
2 EL Olivenöl
250 g vorgegarter Risottoreis (mit Safran)
400 ml Fischfond (aus dem Glas)
200 ml Gemüsebrühe
80 g TK-Erbsen
2 EL Ajvar (Paprikapaste)
Salz · Pfeffer
1 Bio-Zitrone

1 Die gefrorenen Shrimps in einem Sieb abbrausen und abtropfen lassen. Die Paprika abtropfen lassen und quer in schmale Streifen schneiden.

2 Die Tomate waschen und längs vierteln, Kerne und Stielansatz entfernen, das Fruchtfleisch grob würfeln. Knoblauch schälen und fein hacken. Die Frühlingszwiebeln waschen, putzen und in dünne Ringe schneiden.

3 Das Hähnchenbrustfilet mit Küchenpapier trocken tupfen, dann eventuell vorhandene Haut und Sehnen entfernen. Das Filet in ca. 2 cm große Würfel schneiden.

4 Das Olivenöl im Wok oder in einer hohen Pfanne erhitzen. Knoblauch, Frühlingszwiebeln und Hähnchenwürfel darin unter Rühren bei mittlerer Hitze 2–3 Min. anbraten. Vorgegarten Safran-Risottoreis, Fischfond und Gemüsebrühe dazugeben und unterrühren.

5 Die Paprikastreifen, die Tomatenwürfel und die Shrimps zusammen mit den gefrorenen Erbsen zum Reis geben und alles gut vermischen. Den Reis bei mittlerer Hitze nach Packungsanweisung in ca. 12 Min. garen, dabei zwei- bis dreimal gut durchrühren.

6 Das Ajvar untermischen und die Paella mit Salz und Pfeffer abschmecken. Die Zitrone in Achtel schneiden und zu der Blitz-Paella servieren.

SCHNELL WAS SÜSSES

GERÜHRT UND GEBACKEN

Speedy-Sweeties

Lust auf Süßes verlangt oft sofortige Befriedigung. Bis ein Kuchen fertig ist, kann das nicht warten. Schokolade und Gummibärchen sind aber nicht genug. Man möchte eine süße Schweinerei, am besten warm, die nicht nur die Seele, sondern auch den Körper wärmt: ein kleines Glück hoch zwei. Lesen Sie hier, wie süßes Soulfood ratzfatz aus der Küche kommt.

Kennen Sie geröstete Marshmallows? Sehr süß, sehr amerikanisch ... Weil man einfach mehr möchte von dem Lagerfeuerdessert, das angeblich schon vor etwa 90 Jahren von amerikanischen Pfadfindern kreiert wurde, gibt es **»S'Mores«.** Das Wort ist vermutlich eine Verschmelzung der englischen Worte »some« und »more«. Dazu legt man ein Stück Schokolade auf einen Butterkeks – im amerikanischen Original ist es ein Graham-Cracker –, darauf setzt man einen über der Lagerfeuerglut gerösteten Marshmallow. Obendrauf kommt noch mal ein Keks. Dann alles etwas zusammendrücken und reinbeißen.

Wer gerade kein Lagerfeuer zur Verfügung hat, der kann sich auch mit dem Backofen oder der Mikrowelle behelfen: Für 4 S'Mores den Backofen auf 200° vorheizen. 8 Butter- oder Vollkornkekse auf ein mit Backpapier belegtes Blech legen. Auf 4 Kekse je 10 g Schokolade (egal ob weiß, Vollmilch oder Zartbitter) legen und auf die restlichen 4 Kekse je 1 Marshmallow setzen. Die Kekse im heißen Ofen (Mitte) 10 Min. backen, dann je einen Marshmallow-Keks mit dem Marshmallow nach unten auf je einen Schokoladenkeks setzen und zusammendrücken. Oder Schokoladen- und Marshmallow-Kekse auf einem Teller in die Mikrowelle stellen und 10–15 Sek. bei höchster Wattzahl brutzeln.

Popcorn-Mais ist eine ideale Munition gegen ungeduldigen Süßhunger – und ausgezeichnet für den Vorrat geeignet, denn die getrockneten

YUMMIE!
Fix gepoppt ist Popcorn-Mais. Dann Puderzucker dazustreuen, diesen karamellisieren lassen – und der Filmabend kann losgehen!

Körner halten sich sehr lange – kühl und trocken gelagert mindestens ein Jahr. Den Boden eines Topfs mit Öl bedecken und nur so viel Popcornmais hineinstreuen, dass die Körner nicht aufeinanderliegen. Den Topf auf die Herdplatte stellen, den Deckel auflegen und die Herdplatte auf großer Stufe einschalten. Nach etwa fünf Minuten beginnen die Körner aufzupoppen. Den Deckel bloß nicht abnehmen, bis im Topf nichts mehr springt, sonst fliegt Ihnen das Popcorn um die Ohren. Dann die Herdplatte ausschalten, Puderzucker zum Popcorn in den Topf geben und karamellisieren, dabei den Topf ein paar Mal kräftig rütteln, damit sich der Karamell gut verteilt. Das Popcorn in eine Schüssel geben und nochmals mit Puderzucker bestäuben.

Vitamine und Naschen gleichzeitig versprechen **Schoko-Früchte**. Dafür Kuvertüre hacken und über einem heißen Wasserbad schmelzen. Inzwischen Erdbeeren, Bananen und Trauben vorbereiten. Bananen schälen und in Stücke schneiden. Erdbeeren und Trauben waschen. Die Trauben von den Rispen zupfen. Die geschmolzene Schokolade am besten auf einem Stövchen auf dem Tisch warm halten und die Früchte hineintauchen. Wer mag, stellt noch Kokosraspel oder gehackte Nüsse als Topping bereit. Für wenig Geld gibt es spezielle Schokoladenfondue-Sets zu kaufen.

BLÄTTERTEIG aus dem Kühlregal ist perfekt für die Last-Minute-Bäckerei, z. B. für schnelle Quarktaschen.

FILOTEIGBLÄTTER lassen sich ganz easy füllen: Nüsse, Schokolade, Trockenfrüchte darin einrollen und kurz backen.

Von Kindesbeinen an lieben wir diesen süßen Burner: **Grießbrei.** In Minutenschnelle quillt das fein geschrotete und von Mehl befreite Getreide in gezuckerter heißer Milch auf. Und dann können Sie den geschmacklich eher neutralen Brei nach Lust und Laune veredeln: Obstpüree, Apfel- oder Birnenstückchen, Zimt und Zucker, Kompott oder Schokolade können mit hinein in die süß-flaumige Gaumenfreude. Noch cremiger und auch luftiger wird der Grießbrei, wenn sie ihn abkühlen lassen und geschlagene Sahne unterheben. Für eine säuerliche Note sorgen Dickmilch, Joghurt oder Quark, die Sie zusammen mit frischen oder getrockneten Früchten in die Masse einrühren. Oder Sie probieren mal den Mandel-Grießbrei mit Nektarinen von Seite 299.

TK-Beeren sind perfekt, um ein superschnelles **Joghurteis** zuzubereiten. Die Beeren gefroren in einen hohen Rührbecher oder in den Standmixer geben. Die Hälfte des Beerengewichts an Joghurt dazugeben plus Zucker nach gewünschter Süße und alles mit dem Pürierstab oder im Mixer cremig pürieren. Nach Belieben noch etwa ein Fünftel des Beerengewichts an geschlagener Sahne dazugeben. Das Eis portionieren und nach Belieben noch mit gehackter Schokolade, Schokolinsen oder Kekskrümeln bestreuen. Ist die Mischung schon etwas weich geworden, die Schälchen noch einmal 10 Min. in den Tiefkühler stellen.

Fixe Fertigteige

Für schnelle Quark- oder Fruchttaschen ist **Blätterteig** aus dem Kühlregal die perfekte Grundlage: Kein Auftauen, kein Ausrollen! Den Backofen auf 180° vorheizen. Dann die Blätterteigplatte nur in Quadrate schneiden, die gewünschte Füllung (Konfitüre, Grütze, Apfelmus, Kompott oder eine kleine Portion Käsekuchenfüllung) in die Mitte setzen und die Quadrate diagonal zusammenklappen. Nun die Ränder mit einer Gabel fest zusammendrücken, die Taschen mit verquirltem Eigelb bestreichen und im heißen Ofen (Mitte) bei 180° ca. 20 Min. backen.

Die hauchdünnen **Filo- oder Yufka-Teigblätter** stammen aus der orientalischen Küche und sind inzwischen auch bei uns in jedem gut sortierten Supermarkt im Kühlregal zu finden. Die einzelnen Teigblätter werden mit flüssiger Butter bestrichen und in mehreren Schichten übereinandergelegt – so erhalten sie nach dem Backen eine ähnliche Struktur wie Blätterteig. Richtig schnell können Sie damit zum Beispiel **Gebackene Bananen** auf den Tisch bringen. Je 2 gebutterte Teigblätter aufeinanderlegen, 1 geschälte Banane darin einrollen und auf ein mit Backpapier belegtes Blech legen. Die Teighülle nochmals mit flüssiger Butter bestreichen und die Bananen im auf 180° vorgeheizten Backofen auf mittlerer Schiene in ca. 20 Min. goldbraun backen. Alternativ können Sie die Bananen auch in heißem Öl im Topf oder in der Fritteuse knusprig ausbacken. Die Bananen mit flüssigem Honig beträufeln und mit je 1 Kugel Vanilleeis servieren.

Das Aufwendigste am Backen ist meist die Teigherstellung. Nicht nur, dass das Kneten oder Rühren Zeit kostet – oft sind auch der Abwasch und das Säubern der Küche danach ein größerer Akt. Eilige können **Mürbteig** aus dem Kühlregal in die Spring- oder Tarteform einpassen und damit ganz flott für eine knusprige Hülle für Käse- oder Obstkuchen sorgen. Ein fertiger **Obstkuchenboden** ist schnell mit frischen Erdbeeren oder Himbeeren belegt und mit Tortenguss fixiert. Mit Schlagsahne verziert wird daraus ein wahres Kuchenvergnügen. Und **Wiener Böden** vom Bäcker oder aus dem Supermarkt sind die Last-Minute-Alternative, wenn eine Torte auf dem Kaffeetisch Eindruck schinden soll. Sie haben die Wahl zwischen hellem und dunklem Biskuit, je nachdem, was besser zur Füllung passt.

Last-Minute-Gebäck

Ganz spontan hat sich Besuch angekündigt. Um einen Kuchen zu backen, ist es zu spät. Wer trotzdem Eier, Zucker, Mehl und Butter im Vorrat hat, der kann seine Gäste mit frischem Gebäck à la Front Cooking verwöhnen. Waffel- oder Crêpeteig ist schnell gerührt und frisch aus Eisen oder Pfanne schmecken die süßen Lieblinge sowieso am besten.

Ein schnelles **Waffelrezept** finden Sie auf Seite 305. Dazu passen Puderzucker, Zimtzucker, Apfelmus und Rote Grütze, Quark, Joghurt, Schokocreme und Banane, frische Früchte und Schlagsahne oder Vanillepudding. Irgendetwas davon haben Sie meistens zu Hause und wenn nicht, dann hat mit etwas Glück noch der nächste Supermarkt geöffnet.

Für dünne **Crêpes** aus 200 g Mehl, 2 EL Zucker, 1 Prise Salz, 3 Eier und nach und nach 500 ml Milch mit dem Schneebesen einen glatten Teig rühren. Eine beschichtete Pfanne dünn mit Öl auspinseln und erhitzen. Den flüssigen Crêpeteig portionsweise hineingießen und durch Schwenken verteilen. Auf diese Weise hauchdünne Pfannkuchen backen. Die Crêpes mit Zimtzucker, Konfitüre, Nugatcreme und Banane, Mandelsplittern, Sahnequark oder Apfelmus füllen. Sie möchten mit flambierten **Crêpes Suzette** Eindruck machen? Dazu brauchen Sie starken Orangenlikör wie Grand Marnier. Die Crêpes backen, einzeln auf die Teller legen und zweimal falten, 1–2 EL Orangenlikör daraufgießen und anzünden.

BLITZ-KUCHEN aus der Mikrowelle: Mug Cakes sind ideal beim Spontan-Besuch der Freundin. Das Topping, z. B. Beeren und Nüsse, kommt aus dem Vorrat.

Wer's eher hip als klassisch mag, punktet mit Tassenkuchen aus der Mikrowelle – auch **Mug Cakes** genannt – bei seinen Spontan-Gästen. Pro Person in 1 mikrowellengeeigneten Becher (300 ml Inhalt) 25 g Butter geben, bei 600 Watt in 30 Sek. schmelzen und mit einer Gabel glatt verrühren. 2 EL Vanillezucker und 1 Ei (M) unterrühren. 3 EL Milch dazugießen, dann 5 EL Mehl und ½ TL Backpulver hineinstreuen. Das Backpulver leicht mit dem Mehl mischen, dann alle Zutaten im Becher mit einer Gabel zu einem glatten Teig verquirlen. Den Kuchen in der Mikrowelle bei 600 Watt ca. 1 Min. 20 Sek. backen, bis die Oberfläche fest ist. Den fertigen Kuchen nach Belieben mit Streuseln oder Puderzucker bestreuen. Den Teig können Sie mit Zimt oder Lebkuchengewürz aromatisieren oder mit weiteren Zutaten wie Rosinen oder gehackten Nüssen ergänzen. Dann verlängert sich allerdings die Zeit in der Mikrowelle um 10–20 Sek.

SÜSSE RESTEVERWERTUNG

Keine Panik bei Überraschungsbesuch! Schließlich gibt es den Bäcker, falls der heimische Vorrat nichts hergibt. Oder tummelt sich im Schrank eine Packung Kekse? Mit Sahne, Quark, Joghurt oder einer Mischung daraus und Früchten (frisch oder aus der Dose) in eine Schüssel geschichtet wird daraus ein köstliches Trifle oder Tiramisu.

Haben Sie Toastbrot und einen Sandwich-Maker im Haus? Perfekt! Erdnussmus oder Schokocreme, Konfitüre, Bananen, Marshmallows, Schokoriegel … Auf den Tisch, und los geht der heiße Toastspaß. Auch ein frischer Obstsalat oder Früchtequark ist doch wunderbar – die Zutaten dafür hat man meistens zu Hause.

SÜSSE SCHUPFNUDELN MIT BEERENSAUCE

Sättigender Hochgenuss für Naschkatzen

Für 4 Personen
Zubereitungszeit ca. 15 Min.
pro Portion ca. 420 kcal

400 ml roter Frucht-Smoothie
(z. B. Brombeere, Erdbeere, Johannisbeere)
1 TL Speisestärke
300 g TK-Beerenmischung
4 EL Mandelblättchen
2 EL Rapsöl
500 g Schupfnudeln (aus dem Kühlregal)
1 TL Puderzucker
1 Pck. Vanillezucker

1 Für die Sauce 50 ml vom Smoothie abnehmen, in eine Tasse geben und mit der Stärke glatt rühren. Den restlichen Smoothie in einen Topf geben und aufkochen. Die Stärke unter den Smoothie rühren, diesen erneut aufkochen und 1–2 Min. köcheln lassen, bis die Sauce andickt. Die TK-Beeren dazugeben, erneut aufkochen, dann vom Herd nehmen und zugedeckt ziehen lassen.

2 Inzwischen die Mandelblättchen in einer Pfanne ohne Fett anrösten, bis sie duften, dann herausnehmen.

3 Das Öl in der Pfanne erhitzen und die Schupfnudeln darin unter Wenden 5–6 Min. goldbraun braten. Den Puder- mit dem Vanillezucker vermischen und zum Schluss gleichmäßig über die Schupfnudeln streuen. Diese anschließend unter Wenden kurz bräunen.

4 Die Schupfnudeln mit der Beerensauce anrichten und großzügig mit den Mandelblättchen bestreuen.

TAUSCH-TIPPS

Statt der Schupfnudeln können Sie auch **Gnocchi oder Spätzle** aus dem Kühlregal für das Rezept verwenden. Für eine leicht exotische Variante die Fruchtsauce mit einem **gelben Smoothie** zubereiten und gefrorene Mangostücke dazugeben. Statt der Mandeln **Kokos-Chips** oder Kokosraspel über das fertige Gericht streuen.

VARIANTE

SCHUPFNUDELN SELBER MACHEN

- Sie sind schneller fertig, als man denkt, köstlich und vollwertig durch Kartoffeln und Ei. Für 4 Personen 500 g mehligkochende Kartoffeln waschen und mit Schale im Schnellkochtopf (Stufe 1) in ca. 15 Min. garen.
- Die Kartoffeln herausnehmen und noch heiß pellen, dann durch die Kartoffelpresse drücken und ausdampfen lassen. 1 Ei und 80 g Mehl unter die Kartoffeln kneten. Den Kartoffelteig mit Salz und frisch geriebenem Muskat würzen und mit den Händen zu zigarrenförmigen Röllchen formen.
- Die Schupfnudeln offen in leicht siedendem Salzwasser garen, bis sie an der Oberfläche schwimmen. Mit einer Schaumkelle herausnehmen und abtropfen lassen. Sie passen auch als Beilage zu vielen Fleischgerichten.

KOKOSMILCHREIS MIT ERDBEEREN

Moderne Variante des altbekannten Kinderklassikers

Für 2 Personen
Zubereitungszeit ca. 25 Min.
pro Portion ca. 575 kcal

10 Kardamomkapseln
200 ml Milch
200 g Kokosmilch (aus der Dose)
125 g Milchreis
150 g Erdbeeren
5 TL Rohrzucker

1 Die Kardamomkapseln leicht zerstoßen, sodass sie geöffnet sind. Mit der Milch, der Kokosmilch und dem Milchreis in einem Topf vermischen und alles aufkochen. Dann die Hitze reduzieren und den Reis zugedeckt 20 Min. bei kleiner Hitze köcheln lassen. Dabei gelegentlich umrühren, damit nichts anbrennt.

2 Inzwischen die Erdbeeren waschen und entkelchen, in kleine Stücke schneiden und mit 1 TL Zucker mischen.

3 Zum Schluss, ca. 2 Min. vor Ende der Kochzeit, den Deckel vom Topf nehmen und den übrigen Rohrzucker unter den Reis rühren. Alles noch 2 Min. ziehen lassen. Dann die Kardamomkapseln aus dem Reis entfernen und den Reis mit den Erdbeeren servieren.

AROMA-TIPP
Kardamomkapseln sind länglich und grün und besitzen ein **zitronig-blumiges Aroma**, das gut zu Süßspeisen passt. In arabischen Ländern würzt man mit Kardamom den Kaffee, bei uns vor allem das Weihnachtsgebäck.

MANDEL-GRIESSBREI MIT NEKTARINEN

Heiß geliebt von Groß und Klein

Für 4 Personen
Zubereitungszeit ca. 30 Min.
pro Portion ca. 475 kcal

500 g Nektarinen
100 ml frisch gepresster Orangensaft
2 EL Honig
1 TL Johannisbrotkernmehl
(Reformhaus oder Bioladen)
1 Msp. Zimtpulver
1 l Mandeldrink
4 EL Rohrzucker
1 TL abgeriebene Schale
von 1 Bio-Orange
40 g Butter
100 g Vollkorngrieß
2 Eier (M)
2 EL gehobelte Mandeln

1 Die Nektarinen waschen, halbieren, entsteinen und in Spalten schneiden. Den Orangensaft mit 100 ml Wasser, dem Honig und dem Johannisbrotkernmehl in einem Topf verrühren und aufkochen. Die Nektarinen und den Zimt dazugeben und zugedeckt bei schwacher Hitze 4–5 Min. dünsten, dabei ab und zu umrühren. Das Kompott vom Herd nehmen.

2 Den Mandeldrink mit Zucker, Orangenschale und Butter zum Kochen bringen. Den Grieß hineinrieseln lassen, alles durchrühren, aufkochen, von der Kochstelle ziehen und zugedeckt ca. 5 Min. quellen lassen.

3 Inzwischen die Eier nacheinander unter den Grießbrei rühren. Den Brei auf vier Schalen oder tiefe Teller verteilen. Die Hälfte vom Kompott darauf anrichten und mit den Mandeln – nach Belieben geröstet – bestreuen. Das übrige Kompott extra dazu servieren.

SPÄTZLEAUFLAUF MIT KIRSCHEN

Süßes Schlemmer-Hauptgericht

Für 2 Personen
Zubereitungszeit ca. 15 Min.
Backzeit 30 Min.
pro Portion ca. 940 kcal

2 Zweige Rosmarin
150 g TK-Sauerkirschen
400 g Spätzle (aus dem Kühlregal)
200 g Magerquark
3 Eier (M)
100 g Zucker
50 g Semmelbrösel
25 g Butter
Außerdem:
Auflaufform (ca. 20 × 25 cm)
Butter für die Form

1 Den Backofen auf 180° vorheizen und die Auflaufform mit Butter einfetten. Den Rosmarin waschen und trocken schütteln. Die Nadeln abstreifen, fein hacken und zusammen mit den Sauerkirschen und den Spätzle in die Form geben. Alles vermischen.

2 Den Quark mit den Eiern und dem Zucker verquirlen und die Mischung über die Zutaten in der Form gießen. Die Semmelbrösel darüberstreuen, die Butter in Flöckchen teilen und darauf verteilen.

3 Den Spätzle-Auflauf im heißen Ofen (Mitte) ca. 30 Min. backen. Am besten warm genießen.

TAUSCH-TIPP

Sie können diesen Auflauf statt mit Spätzle auch mit **süßen Nudeln** machen. Nudeln aus dem Kühlregal lassen sich aber nicht ungegart verwenden, sondern müssen vorher nach Packungsanweisung in Wasser vorgegart werden.

ONE-POT-CLAFOUTIS MIT HEIDELBEEREN

So einfach kann's gehen!

Für 2 Personen
Zubereitungszeit ca. 15 Min.
Backzeit 30 Min.
pro Portion ca. 360 kcal

150 g Heidelbeeren
1 TL Bourbon-Vanillezucker
1 ½ EL Puderzucker
100 ml Milch
2 EL Sahne
40 g Zucker
Salz · 50 g Mehl
2 Eier (M)
Außerdem:
ofenfeste, nicht zu flache Form
oder 2 Portionsformen
Butter für die Form(en)

1 Den Backofen auf 180° vorheizen. Die Heidelbeeren verlesen, in ein Sieb geben und vorsichtig abbrausen. Trocken tupfen und dann mit dem Vanillezucker und ½ EL Puderzucker bestreuen und vermischen.

2 Die Form oder die Formen mit der Butter einfetten. Die Milch, die Sahne und den Zucker zusammen mit 1 winzigen Prise Salz in die Form geben. Dann das Mehl nach und nach mit einem kleinen Schneebesen darunterrühren. Zum Schluss die Eier locker unterrühren; sie müssen nicht hundertprozentig gleichmäßig mit der Milchmischung vermengt werden.

3 Die Heidelbeeren in der Form verteilen. Das Clafoutis im heißen Ofen (Mitte) ca. 30 Min. (bei Portionsformen nur 20 Min.) backen.

4 Mit dem übrigen Puderzucker bestäuben und in der Form heiß oder lauwarm servieren.

DER LIEBLINGSKLASSIKER

MANDEL-PANCAKES

Perfekt für den Brunch am Wochenende

Für 2 Personen
Zubereitungszeit ca. 30 Min.
pro Portion ca. 735 kcal

50 g Mehl
50 g gemahlene Mandeln
1 TL Backpulver
Salz · 150 ml Milch
1 EL Mandelmus
3 EL Ahornsirup
(ersatzweise Agavendicksaft)
2–3 Tropfen Bittermandelaroma
(nach Belieben)
125 g TK-Himbeeren
1 TL Speisestärke
4 EL Öl
2 Bananen
30 g Walnusskerne

1 Mehl, gemahlene Mandeln, Backpulver und 1 Prise Salz in einer Rührschüssel mischen. Milch, Mandelmus und 1 EL Ahornsirup dazugeben und alles zu einem glatten Teig verrühren. Eventuell noch Bittermandelaroma untermischen. Den Teig kurz quellen lassen.

2 Inzwischen die gefrorenen Himbeeren mit Stärke und 1 EL Sirup oder Dicksaft in einem Topf erhitzen. Unter Rühren in 1–2 Min. leicht dicklich einkochen. Das Mus vom Herd nehmen und beiseitestellen.

3 In einer Pfanne 2 EL Öl erhitzen. Mit einem Schöpflöffel vier Teigportionen hineinsetzen und bei mittlerer Hitze auf beiden Seiten in jeweils ca. 3 Min. goldbraun backen. Aus dem restlichen Teig in dem übrigen Öl noch mal vier Pancakes backen. Die fertigen Pancakes auf Küchenpapier abtropfen lassen.

4 Die Bananen schälen und in dünne Scheiben schneiden. Auf zwei Tellern die Pancakes aufeinanderschichten und dazwischen jeweils Himbeermus und einige Bananenscheiben verteilen. Die Pancake-Türmchen mit dem übrigen Sirup oder Dicksaft beträufeln. Die Walnüsse in grobe Stücke brechen und darüberstreuen.

SPEED-TIPP

Wenn es besonders schnell gehen soll, das Himbeermus durch Kirschgrütze oder **Rote Grütze** aus dem Kühlregal ersetzen.

PROFI-TIPP

Sie hätten auch gern so schöne runde Pancakes wie auf dem Foto? Mit einfachen **Einsätzen für die Pfanne** aus Silikon halten Sie die kleinen Pfannkuchen oder auch Spiegeleier im Zaum und geben ihnen die perfekt runde Form.

KOKOS-PANCAKES MIT HEIDELBEERJOGHURT

Low-Carb-Variante ohne Mehl

Für 2 Personen
Zubereitungszeit ca. 25 Min.
pro Portion ca. 635 kcal

Für die Pancakes:
3 Eier (M)
80 g Crème fraîche
2 EL Kokosraspel
3 EL Kokosöl
Für den Joghurt:
50 g Heidelbeeren
200 g Joghurt
1 EL Kokosmus
½ TL gemahlene Vanille
Zucker (nach Belieben)

1 Die Eier, die Crème fraîche und die Kokosraspel zügig mit dem Rührbesen zu einem glatten Teig verrühren. Diesen ca. 10 Min. quellen lassen.

2 Inzwischen für den Joghurt die Heidelbeeren waschen, abtropfen lassen und mit einer Gabel etwas zerdrücken. Den Joghurt und das Kokosmus sowie die gemahlene Vanille dazugeben, alles verrühren und kalt stellen. Nach Belieben mit Zucker abschmecken.

3 In einer großen beschichteten Pfanne das Kokosöl erhitzen. Je 1–2 EL Teig pro Pancake in die Pfanne geben und bei mittlerer Hitze ca. 2 Min. zugedeckt backen, bis die Unterseite goldbraun ist. Wenden und auf der anderen Seite in 1–2 Min. bräunen.

4 Insgesamt acht Pancakes backen, auf Tellern anrichten und mit dem Heidelbeerjoghurt servieren.

SAHNIGE HERZWAFFELN – FRISCH GEBACKEN

Da kann keiner widerstehen!

Für 4 Stück
Zubereitungszeit ca. 15 Min.
Backzeit 20 Min.
pro Stück ca. 600 kcal

175 g Mehl
Salz
4 Eier (M)
325 g Sahne
Außerdem:
Herzwaffeleisen (ca. 16 cm Ø)
2 TL Butter

1 Das Waffeleisen aufheizen. Das Mehl mit 1 Prise Salz in eine Schüssel geben und gut durchmischen.

2 Die Eier trennen. Die Eiweiße steif schlagen, die Eigelbe mit den Rührbesen des Handrührgeräts auf niedriger Stufe ca. 1 Min. schlagen. Die Sahne nach und nach dazugeben, bis alles gut vermischt ist.

3 Das Mehl zur Eigelbmischung geben und unterrühren. Eiweiße mit einem Teigschaber vorsichtig unterheben.

4 Das heiße Waffeleisen mit etwas Butter bepinseln, ein Viertel des Teigs einfüllen und in 5 Min. zu einer Waffel backen. Auf diese Weise drei weitere Waffeln backen.

GENUSS-TIPP
Als schnelles **Waffel-Topping** eignet sich Puderzucker, aber auch sonst alles, was die Küche hergibt und Ihnen gut schmeckt: Nuss-Nugat-Creme, Ahornsirup, frische Früchte, Vanilleeiscreme …

PFLAUMEN-CRUMBLE MIT MANDELN

Unkompliziert, mit fruchtiger Süße

Für 4 Personen
Zubereitungszeit ca. 20 Min.
Backzeit 30 Min.
pro Portion ca. 325 kcal

Für die Streusel:
40 g gemahlene Mandeln
80 g Mehl
1 EL Zucker
40 g kalte Butter
½ TL Zimtpulver
Für die Pflaumen:
1 kleine Bio-Zitrone
600 g Pflaumen
2 EL Mandelblättchen
Außerdem:
Auflaufform (ca. 20 × 24 cm)
Fett für die Form

1 Den Backofen auf 180° vorheizen. Die Auflaufform einfetten. Aus den gemahlenen Mandeln, Mehl, Zucker, gewürfelter Butter und dem Zimtpulver dicke Streusel kneten. Die Zitrone heiß waschen und abtrocknen, die Schale abreiben und den Saft auspressen.

2 Pflaumen waschen und vierteln, dabei die Steine entfernen. Die Pflaumen mit Zitronensaft und Zitronenschale mischen und in der vorbereiteten Form verteilen.

3 Die Streusel und die Mandelblättchen auf die Pflaumen streuen. Den Crumble im heißen Ofen (Mitte) ca. 30 Min. backen. Aus dem Ofen nehmen und noch warm oder abgekühlt servieren.

KOKOS-APFELKÜCHLE MIT VANILLESAUCE

Schwäbischer Klassiker mit neuen Zutaten

Für 4 Personen
Zubereitungszeit ca. 30 Min.
pro Portion ca. 440 kcal

90 g Mehl
60 g Kokosraspel
4 EL Zucker
200 ml Mineralwasser
2 Eier (M) · Salz
4 säuerliche Äpfel (z. B. Boskop)
2 EL Kokosöl (20 g)
400 ml Milch
1 TL Johannisbrotkernmehl (Reformhaus oder Bioladen)
1 TL gemahlene Bourbon-Vanille

1 Für den Teig das Mehl, die Kokosraspel und 2 EL Zucker mit dem Mineralwasser glatt rühren. Die Eier trennen. Die Eigelbe unter den Teig rühren. Die Eiweiße mit 1 Prise Salz steif schlagen und unterziehen.

2 Die Äpfel waschen, die Kerngehäuse mit einem Apfelausstecher entfernen und die Äpfel quer in ca. 1 cm dicke Scheiben schneiden. Das Kokosöl nach und nach in einer großen beschichteten Pfanne erhitzen.

3 Die Apfelscheiben durch den Ausbackteig ziehen und im heißen Fett auf beiden Seiten in 4–5 Min. goldgelb braten. Auf Küchenpapier abtropfen lassen.

4 Inzwischen für die Vanillesauce Milch, Johannisbrotkernmehl, übrigen Zucker und Vanille unter Rühren aufkochen. Vom Herd nehmen. Die Apfelküchlein auf Tellern anrichten und die Vanillesauce dazu reichen.

ORIENT-OBSTSALAT

Mit Granatapfel, Feigen, Datteln und crunchy Honig-Kernen

Für 4 Personen
Zubereitungszeit ca. 30 Min.
pro Portion ca. 450 kcal

Für den Krokant:
2 EL Pistazienkerne (ungesalzen)
2 EL Mandeln
4 EL flüssiger Honig
Für das Obst:
1 großer Granatapfel
1 EL Zitronensaft
40 g Rosinen (z. B. Sultaninen)
4 reife Feigen (je ca. 60 g)
6 frische Datteln (ca. 100 g)
4 Clementinen
2 mittelgroße Äpfel (z. B. Elstar)
Für den Joghurt:
300 g griechischer Joghurt (10 % Fett)
1 TL fein abgeriebene Schale von 1 Bio-Zitrone
Zimtpulver zum Bestäuben
Außerdem:
Backpapier

1 Die Pistazien und Mandeln grob hacken und in einer Pfanne ohne Fett hellbraun anrösten. 2 EL Honig dazugeben, kurz aufschäumen und das Ganze auf einem Stück Backpapier flach verteilen. Abkühlen lassen.

2 Inzwischen den Granatapfel halbieren und eine Hälfte auf der Zitruspresse auspressen. (Achtung, das kann spritzen, und der Saft färbt!) Die andere Hälfte mit Folie abdecken und anderweitig verwenden (hält sich im Kühlschrank etwa 1 Woche).

3 Den Granatapfelsaft mit dem Zitronensaft und dem übrigen Honig verrühren. Die Granatapfelkerne zusammen mit den Rosinen daruntermischen.

4 Die Feigen kurz kalt abbrausen, dann trocken tupfen und in Spalten schneiden. Die Datteln längs aufschneiden und die Kerne entfernen, die Dattelhälften längs in schmale Streifen schneiden.

5 Die Clementinen schälen und in Spalten teilen. Die Äpfel waschen und abtrocknen, vierteln und entkernen, die Viertel quer in Stücke schneiden. Das Obst in der Granatapfel-Vinaigrette wenden.

6 Den Joghurt mit der abgeriebenen Zitronenschale verrühren und auf dem Salat verteilen. Den Nusskrokant grob zerbrechen und daraufgeben. Alles fein mit Zimt bestäuben und servieren.

SPEED-TIPP
Sie bekommen Gäste und wollen sich nicht zu lange mit der Nachspeise aufhalten? Die **Honig-Kerne** schon am Vortag zubereiten und abkühlen lassen. Vor dem Servieren den Krokant grob hacken und auf den Obstsalat streuen. Fertig!

MELONEN-MINZE-MOUSSE

Mit feiner Kokos-Note

Für 4 Personen
Zubereitungszeit ca. 25 Min.
pro Portion ca. 250 kcal

4 Stängel Minze
500 g reife Cantaloupe-Melone
1 Bio-Limette
3 EL Kokos-Chips
250 g griechischer Joghurt (10 % Fett)
100 g cremige Kokosmilch (aus der Dose)
2 TL Johannisbrotkernmehl (Bioladen oder Reformhaus)
50 g Vollrohrzucker
2 Eiweiß (M) · Salz

1 Die Minze abbrausen und trocken schütteln. Die Blättchen (bis auf ein paar) in feine Streifen schneiden. Die Melone entkernen, schälen und ca. 1,5 cm klein würfeln. Die Limette heiß waschen und abtrocknen, die Schale fein abreiben und ca. 2 EL Saft auspressen. Das Melonenfleisch mit Minzestreifen und Limettensaft mischen und auf vier Schalen oder Gläser verteilen.

2 Die Kokos-Chips in einer Pfanne ohne Fett anrösten, dann auf einem Teller abkühlen lassen.

3 Den Joghurt mit Kokosmilch, Limettenschale, Johannisbrotkernmehl und der Hälfte des Zuckers verrühren. Die Eiweiße mit 1 Prise Salz steif schlagen, dabei nach und nach den übrigen Zucker einrieseln lassen.

4 Den Eischnee vorsichtig unter den Kokos-Joghurt heben. Die Mousse auf den Melonenwürfeln in den Schalen verteilen. Die Portionen mit Kokos-Chips und Minze garnieren und servieren.

BLITZ-TIRAMISU MIT ERDBEEREN

Dessert-Traum für Genießer

Für 4 Personen
Zubereitungszeit ca. 20 Min.
pro Portion ca. 370 kcal

½ Bio-Orange
125 g Mascarpone
150 g Magerquark
50 g Rohrohrzucker
1 Eiweiß (M) · Salz
300 g Erdbeeren
8 Scheiben Zwieback
3 EL kalter Espresso
2 EL Orangenlikör
(ersatzweise Orangensaft)
20 g Zartbitter-Schokolade
(70 % Kakaogehalt)

1 Die Orange heiß waschen und abtrocknen, die Schale fein abreiben. In einer Rührschüssel den Mascarpone mit Quark, Orangenschale und Zucker mit den Quirlen des Handrührgeräts glatt rühren.

2 Das Eiweiß mit 1 Prise Salz zu steifem Schnee schlagen und vorsichtig unter die Mascarponecreme heben.

3 Die Erdbeeren kurz kalt abbrausen und die grünen Kelchblätter entfernen. Die Beeren trocken tupfen und in dünne Scheiben schneiden.

4 Je 2 Scheiben Zwieback nebeneinander auf vier Teller legen. Den Espresso mit dem Orangenlikör mischen und darüberträufeln. Die Mascarponecreme darauf verteilen, die Erdbeeren darauf anrichten.

5 Die Schokolade auf einer Gemüsereibe oder mit dem Sparschäler in Streifen hobeln. Das Tiramisu mit den Schokoraspeln bestreuen und gleich servieren.

APRIKOSEN-CREME

Mit Amarettini-Topping

Für 2 Personen
Zubereitungszeit ca. 20 Min.
pro Portion ca. 440 kcal

Für die Creme:
1 Dose Aprikosen (240 g Abtropfgewicht)
1 EL Limettensaft
250 ml Kefir
200 g Sahnejoghurt
2 EL Aprikosenfruchtaufstrich
Für das Topping:
1–2 Zweige Zitronenmelisse
100 g Brombeeren
30 g Amarettini

1 Die Aprikosen in ein Sieb gießen und abtropfen lassen. Zwei Drittel der Aprikosen zusammen mit dem Limettensaft pürieren, die übrigen in Spalten schneiden. Das Aprikosenpüree mit dem Kefir, dem Joghurt und dem Aprikosenfruchtaufstrich glatt pürieren.

2 Die Zitronenmelisse abbrausen und trocken schütteln, die Blätter abzupfen. Die Brombeeren abbrausen und abtropfen lassen. Die Amarettini leicht zerbröseln. Dazu am besten in einen Gefrierbeutel geben und mit dem Handballen zerdrücken.

3 Die Aprikosen-Creme auf zwei Dessertgläser verteilen. Die Aprikosenspalten zusammen mit den Brombeeren darauf anrichten. Die Amarettini-Brösel und die Melisseblättchen darüberstreuen.

TAUSCH-TIPP
Diese Creme lässt sich vielfältig variieren. Probieren Sie es auch mit Pfirsichen (aus der Dose) oder mit frischen Himbeeren.

HEIDELBEER-KNUSPERQUARK

Gelingt in nullkommanichts

Für 2 Personen
Zubereitungszeit ca. 20 Min.
pro Portion ca. 445 kcal

5 Pumpernickeltaler (ca. 50 g)
1 EL Butter
2 EL Zucker
3 EL gehackte Haselnusskerne
250 g Quark (20 % Fett)
1 EL frisch gepresster Orangensaft
½ TL abgeriebene Schale von 1 Bio-Orange
1 Pck. Bourbon-Vanillezucker
250 g Heidelbeeren (frisch oder tiefgekühlt)

1 Die Pumpernickeltaler fein hacken. Die Butter in einer Pfanne zerlassen, 1 EL Zucker, die Nüsse und die Pumpernickelbrösel darin bei mittlerer Hitze unter Rühren 3–4 Min. anrösten und abkühlen lassen.

2 In einer kleinen Schüssel den Quark mit Orangensaft, Orangenschale, Vanillezucker und restlichem Zucker glatt rühren. Die Heidelbeeren kalt abbrausen und verlesen, einige Beeren zum Garnieren beiseitelegen.

3 Den Quark, die Heidelbeeren und zwei Drittel der Pumpernickel-Nuss-Mischung in zwei hohe Gläser schichten. Mit einigen Pumpernickel-Nuss-Bröseln abschließen und mit den übrigen Heidelbeeren garnieren.

OBEN Aprikosen-Creme
UNTEN Heidelbeer-Knusperquark

ORANGEN-JOGHURT-GELEE

Frisch, fruchtig und ganz leicht

Für 2 Personen
Zubereitungszeit ca. 20 Min.
Gelierzeit 30 Min.
pro Portion ca. 130 kcal

1 kleine Bio-Orange
125 ml Milch
½ Pck. Agar-Agar (ca. 5 g; s. Tipp)
1 EL Apfeldicksaft
100 g Joghurt
10 g Zartbitterschokolade

1 Die Orange heiß waschen und abtrocknen, etwas Schale abreiben. Dann die Orange so schälen, dass auch die weiße Haut mit entfernt wird. Die Filets zwischen den einzelnen Trennhäuten herausschneiden, dabei abtropfenden Saft auffangen. 4 Orangenfilets zum Garnieren beiseitelegen, den Rest klein würfeln.

2 In einem kleinen Topf die Milch mit dem Agar-Agar verquirlen, unter Rühren aufkochen und ca. 1 Min. köcheln lassen. Den Topf vom Herd nehmen, den Apfeldicksaft, den Orangensaft und die Orangenschale unterrühren. Dann den Joghurt und zuletzt die Orangenwürfel unter die Mischung rühren.

3 Die Masse auf Schalen verteilen und im Kühlschrank mindestens 30 Min. fest werden lassen. Zum Servieren die Schokolade grob raspeln und zusammen mit den restlichen Orangenfilets auf das Joghurtgelee geben.

GUT ZU WISSEN
Die zum Gelieren häufig verwendete Gelatine wird aus dem Gewebe von Tieren hergestellt – ist also nichts für Vegetarier. Prima ist unsere Alternative **Agar-Agar:** Er wird aus Algen gewonnen, ist also rein pflanzlich, geliert aber ähnlich wie Gelatine.

BAISER-SAHNE-BECHER

Mit würzigem Ahornsirup

Für 2 Personen
Zubereitungszeit ca. 15 Min.
pro Portion ca. 460 kcal

200 g Sahne
2 EL Ahornsirup
60 g Mandelbaiser oder einfaches weißes Baisergebäck (vom Bäcker oder aus dem Backregal)
100 g TK-Erdbeeren (aufgetaut; ersatzweise 150 g frische Erdbeeren)
Außerdem:
Gefrierbeutel

1 Die Sahne mit 1 EL Ahornsirup in einen hohen Rührbecher geben und mit den Schneebesen des Handrührgeräts steif schlagen.

2 Baiser in einen Gefrierbeutel geben und mit einer Teigrolle oder den Handballen grob zerkleinern. Zwei Drittel der Baiserkrümel zur Sahne geben und unterheben.

3 Die aufgetauten Erdbeeren in einen hohen Rührbecher geben und mit einem Pürierstab fein pürieren. Das Erdbeerpüree mit dem restlichen Ahornsirup verrühren.

4 Das Erdbeerpüree in zwei Dessertgläser füllen und die Baiser-Sahne darauf verteilen. Mit den restlichen Baiser-Krümeln bestreut servieren.

TAUSCH-TIPP
Statt der Erdbeeren 100 g TK-Himbeeren in einen kleinen Topf geben und zusammen mit 1 EL Ahornsirup erhitzen. Die Baiser-Sahne wie beschrieben zubereiten. Die abgekühlten Himbeeren in Dessertgläser füllen und die Baiser-Sahne sowie die Baiser-Krümel darüberschichten.

AVOCADO-SCHOKO-MOUSSE

Cremiger Dessert-Traum mit Nuss-Topping

Für 4 Personen
Zubereitungszeit ca. 20 Min.
Kühlzeit 40 Min.
pro Portion ca. 470 kcal

2 reife Avocados
40 g Kakaopulver (leicht entölt)
6 EL Sahne
1 Pck. Bourbon-Vanillezucker
30 g Pistazienkerne
30 g Macadamianusskerne (ungesalzen)
2 TL Butter
10 g Kokosblütenzucker (ersatzweise Rohrohrzucker)
8 Physalis
Außerdem:
Backpapier

1 Die Avocados halbieren, den Kern herauslösen, das Fruchtfleisch mit einem Esslöffel am Stück aus der Schale heben und in einen hohen Rührbecher geben. Das Kakaopulver, die Sahne und den Vanillezucker hinzufügen und alles mit dem Pürierstab zu einer glatten Creme pürieren. Diese auf Gläser verteilen und mit Folie abgedeckt ca. 30 Min. kalt stellen.

2 Inzwischen die Pistazien- und Macadamianusskerne hacken und in einer Pfanne ohne Fett bei mittlerer Hitze 3–4 Min. anrösten. Die Butter dazugeben und zerlassen. Den Zucker darüberstreuen und unter Rühren bei mittlerer Hitze schmelzen.

3 Einen Teller mit Backpapier belegen. Den Kerne-Mix daraufgeben, mit einem Löffel flach streichen und ca. 10 Min. abkühlen lassen. Vor dem Servieren den Crunch grob hacken und auf die Avocado-Mousse in den Gläsern streuen. Jede Portion mit 2 ganzen oder halbierten Physalis garnieren.

FROZEN MANGO-DROPS

Frozen Yoghurt in leckeren Mini-Portionen

Für 4 Personen
Zubereitungszeit ca. 25 Min.
Kühlzeit 4 Std.
pro Portion ca. 130 kcal

1 Mango (200 g Fruchtfleisch)
250 g Sahnejoghurt
2 Prisen gemahlene Vanille
20 g Edelbitterschokolade
(85 % Kakaogehalt)
Außerdem:
Eiswürfelformen (ersatzweise
Mini-Silikonbackform)

1 Die Mango schälen, das Fruchtfleisch vom Kern schneiden und würfeln. Mangowürfel mit 5 EL Wasser in einen kleinen Topf geben, zum Kochen bringen und 5 Min. bei mittlerer Hitze köcheln lassen. Die Mango in eine Schüssel umfüllen und etwas auskühlen lassen.

2 Den Sahnejoghurt und die Vanille zur Mango geben und alle drei Zutaten mit dem Pürierstab fein pürieren.

3 Die Schokolade klein hacken und die Schokoladenstückchen unter die Joghurt-Mango-Creme heben. Die Masse in die Eiswürfelformen füllen und im Tiefkühlfach in ca. 4 Std. tiefkühlen.

4 Die Mango-Drops 20 Min. vor dem Servieren auf Dessertteller stürzen und antauen lassen, bis man sie gut löffeln kann. Oder direkt auf der Zunge zergehen lassen.

DER LIEBLINGSKLASSIKER

ERDBEER-HOLUNDER-BLITZEIS

Fruchtig-aromatisches Blitzeis

Für 4 Personen
Zubereitungszeit ca. 20 Min.
pro Portion ca. 335 kcal

300 g TK-Erdbeeren
200 g Crème fraîche
130 ml Holunderblütensirup
250 g frische Erdbeeren
2 TL Zitronensaft
30 g weiße Schokolade
8 Melisseblättchen (nach Belieben)

1 Die noch gefrorenen TK-Erdbeeren zusammen mit der Crème fraîche und 100 ml Holunderblütensirup in eine hohe Rührschüssel geben und mit dem Pürierstab zu einer feinen Eiscreme pürieren. Die Eiscreme noch für ca. 10 Min. in das Tiefkühlfach stellen.

2 Inzwischen die frischen Erdbeeren waschen, putzen und in dünne Scheiben schneiden. Die Hälfte der Erdbeerscheiben mit dem restlichen Holunderblütensirup und dem Zitronensaft mit dem Pürierstab fein pürieren.

3 Die Schokolade in nicht zu feine Stückchen hacken. Nach Belieben noch die Melisseblättchen kalt abbrausen und trocken tupfen.

4 Zum Servieren das Eis aus dem Tiefkühlfach nehmen und mit einem Eisportionierer oder einem Esslöffel pro Portion 2 Kugeln abstechen und auf vier Schüsselchen, Tassen oder Gläser verteilen.

5 Die Erdbeersauce über das Eis träufeln, die übrigen Erdbeerscheiben rundherum verteilen. Die Eisbecher mit der Schokolade bestreuen und nach Geschmack mit den Melisseblättchen garnieren.

VORRATS-TIPP

Zur Saison im Juni bis Anfang Juli gibt es aromatische Erdbeeren im Überfluss. In dieser Zeit bietet es sich an, **frische Erdbeeren** zu putzen und für den Vorrat einzufrieren, statt später auf fertige TK-Ware aus dem Laden zurückzugreifen.

GENUSS-TIPP

Joghurt, Sahne, Schmand, Crème fraîche oder Mascarpone machen das Eis schön **cremig**.
Je mehr Fett die Milchprodukte enthalten, desto cremiger wird die Konsistenz. Allerdings darf das Eis auch nicht zu fettreich sein, sonst wird es im Tiefkühler nicht mehr fest.

MINZ-ORANGEN-EIS

Für heiße Sommertage

Für 6 Stück
Zubereitungszeit ca. 15 Min.
Kühlzeit 5 Std.
pro Stück ca. 50 kcal

3 Zweige Minze
50 g Zucker
250 ml Orangensaft
Außerdem:
6 Stieleisformen à ca. 50 ml
(nach Belieben andere Förmchen und Stiele)

1 Für den Sirup die Minze abbrausen und trocken schütteln, die Blätter abzupfen. Den Zucker mit 100 ml Wasser in einen kleinen Topf geben und aufkochen. Die Minzeblättchen hinzufügen und alles bei mittlerer Hitze 2 Min. köcheln lassen. Den Sirup durch ein Sieb gießen und abkühlen lassen.

2 Den Orangensaft mit dem Sirup verrühren und in die Formen füllen. Die Förmchen mit Eisstielen versehen und mindestens 5 Std. tiefkühlen.

GUT ZU WISSEN

Stieleisformen für 6 oder 8 Stück findet man in gut sortierten Haushaltswarengeschäften. Mit Puddingförmchen plus klassischen Holzstielen lässt sich ebenfalls lustiges Eis am Stiel herstellen.

GRANATAPFEL-EIS

Fruchtiger Eis-Quickie

Für 6 Stück
Zubereitungszeit ca. 10 Min.
Kühlzeit 5 Std.
pro Stück ca. 50 kcal

100 g Himbeeren
2 EL Himbeersirup
250 ml Granatapfelsaft
Außerdem:
6 Stieleisformen à ca. 50 ml
(nach Belieben andere Förmchen und Stiele)

1 Die Himbeeren, wenn nötig, verlesen und kurz kalt abbrausen. Die Beeren zusammen mit dem Himbeersirup in einen hohen Rührbecher geben und fein pürieren, dann das Püree durch ein feines Sieb streichen.

2 Das Himbeerpüree mit dem Granatapfelsaft verrühren und in die Formen füllen. Die Förmchen mit Eisstielen versehen und mindestens 5 Std. tiefkühlen.

STYLING-TIPP

Flexible Eisformen aus Silikon bringen Abwechslung in den Eisgenuss. Im Internet gibt es dazu immer wieder was Neues zu entdecken.

ERDBEER-MELONE-EIS

Blitzschnell zubereitet

Für 6 Stück
Zubereitungszeit ca. 10 Min.
Kühlzeit 5 Std.
pro Stück ca. 30 kcal

1 Stück Wassermelone
(ca. 250 g Fruchtfleisch, geputzt gewogen)
2 EL Agavendicksaft
200 g roter Fruchtsaft (z. B. Erdbeerfruchtsaft, Kirschsaft oder Johannisbeersaft)
3 Erdbeeren
Außerdem:
6 Stieleisformen à ca. 50 ml
(nach Belieben andere Förmchen und Stiele)

1 Das Fruchtfleisch der Wassermelone aus der Schale lösen, entkernen und grob in Würfel schneiden. Die Melonenwürfel und den Agavendicksaft in einen hohen Rührbecher geben und mit dem Pürierstab pürieren.

2 Das Püree mit dem Fruchtsaft verrühren und in die Formen füllen. Die Erdbeeren abbrausen, entkelchen und halbieren. Jeweils eine Erdbeerhälfte in die Formen geben. Die Förmchen mit Eisstielen versehen und alles für mindestens 5 Std. in das Tiefkühlfach stellen.

ANANAS-KOKOS-EIS

Zum Dahinschmelzen

Für 6 Stück
Zubereitungszeit ca. 20 Min.
Kühlzeit 5 Std.
pro Stück ca. 55 kcal

1 Stängel Zitronenmelisse
100 g Kokosmilch (aus der Dose)
1 EL Ahornsirup
1 EL Zitronensaft
200 ml Ananassaft
Außerdem:
6 Stieleisformen à ca. 50 ml
(nach Belieben andere Förmchen und Stiele)

1 Die Zitronenmelisse abbrausen und trocken schütteln. Die Kokosmilch zusammen mit dem Ahornsirup und dem Zitronensaft in einen kleinen Topf geben, die Zitronenmelisse hinzufügen und alles bei geringer Hitze ca. 5 Min. ziehen lassen. Anschließend 10 Min. kühl stellen. Zitronenmelisse entfernen.

2 Die Kokosmilch-Mischung zusammen mit dem Ananassaft in einen hohen Rührbecher füllen und mit dem Pürierstab cremig mixen. Die Creme auf die Formen verteilen. Die Förmchen jeweils mit einem Eisstiel versehen und mindestens 5 Std. tiefkühlen.

VORRATS-TIPP
Selbstgemachtes Eis nicht länger als 4 Wochen im Tiefkühlfach aufbewahren!

DIE ULTIMATIVE SPEEDY-EISTORTE

Am besten mit Freunden auf dem Balkon genießen

Für 6 Stück
Zubereitungszeit ca. 10 Min.
Kühlzeit 20 Min.
pro Stück ca. 190 kcal

250 ml Vanilleeiscreme
50 g weißer Baiser
(vom Bäcker oder aus dem Backregal)
50 g Mini-Schoko-Kekse
150 g TK-Himbeeren (ersatzweise Rote Johannisbeeren oder andere TK-Beeren)
Außerdem:
1 halbrunde Schüssel (500 ml Inhalt)
Gefrierbeutel

1 Das Vanilleeis in eine nicht zu große runde Rührschüssel geben und einige Male durchrühren, sodass es etwas weicher wird.

2 Die Baisers und die Kekse grob zerkleinern. Dafür am besten beides in einen Gefrierbeutel geben und mit dem Handballen leicht zerdrücken.

3 Die Brösel und die gefrorenen Himbeeren zum Vanilleeis geben und alles mit einem festen Holzlöffel ein wenig vermischen, aber dabei nicht auftauen lassen.

4 Die Schüssel 15–20 Min. im Tiefkühlfach kalt stellen. Zum Servieren die Schüssel ganz kurz bis unter den Rand in heißes Wasser tauchen, dann sofort die Eistorte auf einen großen Teller stürzen.

VARIANTE

AVOCADO-BANANEN-EIS

- Für 4 Personen 100 g Banane abwiegen, in Scheiben schneiden und zugedeckt im Tiefkühlfach einfrieren.
- 1 Avocado halbieren, entkernen, schälen und im Blitzhacker zusammen mit 2 EL Limettensaft pürieren.
- Die Avocadocreme für 15 Min. zugedeckt in den Kühlschrank stellen.
- 100 g griechischen Joghurt und 100 g Magerquark verrühren und 15 Min. ins Tiefkühlfach stellen.
- Die vorgekühlten Zutaten Avocadocreme, Banane und Joghurtquark mit 1 TL Honig im Blitzhacker fein pürieren. Je nach Geschmack noch etwas nachsüßen.
- Das Eis auf Schälchen verteilen, bei Bedarf nochmals für 10 Min. ins Tiefkühlfach stellen, dann genießen.

SPEED-TIPP

Das Geheimnis **schneller Eisrezepte** ist die Verwendung von mindestens einer bereits gefrorenen Zutat. Also entweder Früchte mit Vanilleeis kombinieren, so wie im Eistorten-Rezept auf dieser Seite, oder noch gefrorene Tiefkühl-Früchte mit Joghurt, Sahne etc. pürieren und nur noch einmal kurz in den Tiefkühler stellen. Auf diese Weise lassen sich mit den verschiedensten Früchten die Geschmacksrichtungen unendlich variieren.

SCHOKO-COOKIES

Die Lieblinge aus Amerika mit dem besonderen Biss

Für 24 Stück
Zubereitungszeit ca. 15 Min.
Backzeit 2 × 12 Min.
pro Stück ca. 205 kcal

150 g weiche Butter
230 g Rohrohrzucker
1 Ei (M)
2 TL Vanillezucker
Salz · 220 g Mehl
130 g gemahlene Mandeln
240 g Zartbitter-Schokotropfen (Fertigprodukt)
Außerdem:
Backpapier

1 Den Backofen auf 180° vorheizen und zwei Backbleche mit Backpapier auslegen. Butter, Zucker, Ei, Vanillezucker und 1 große Prise Salz in einer Schüssel mit den Quirlen des Handrührgeräts schaumig aufschlagen.

2 Das Mehl, die gemahlenen Mandeln und die Schokotropfen mit in die Schüssel geben und alle Zutaten zügig mit den Händen zu einem Teig verkneten.

3 Den Teig zu einer Rolle von ca. 7 cm Durchmesser formen und in 24 gleich dicke Scheiben schneiden. Die Teigscheiben mit den Händen zu Kugeln formen und mit reichlich Abstand zueinander auf die Backbleche setzen. Dann jede Teigkugel mit dem Boden eines Glases auf eine Höhe von 6–7 mm flach drücken.

4 Die Schoko-Cookies im vorgeheizten Ofen (Mitte) pro Blech 10–12 Min. backen. Herausnehmen, mitsamt dem Backpapier vom Blech ziehen und auf einem Kuchengitter vollständig auskühlen lassen.

TAUSCH-TIPP
Die Cookies sind ganz schön groß, aber natürlich geht's auch **kleiner**. Dafür die Teigrolle nur halb so dick formen und nur 7–10 Min. backen.

HAFERPLÄTZCHEN

Leckerbissen mit Suchtpotenzial

Für 16 Stück
Zubereitungszeit ca. 25 Min.
Backzeit 15 Min.
pro Stück ca. 230 kcal

150 g Butter
150 g zarte Haferflocken
100 g Mehl
150 g Zucker · 1 Pck. Vanillezucker
100 g gemahlene Haselnusskerne
1 TL Backpulver
Salz · 1 Ei (M)
50 g Vollmilch-Kuvertüre
Außerdem:
Backpapier

1 Den Backofen auf 200° vorheizen. Ein Backblech mit Backpapier auslegen. Die Butter in einem Topf bei geringer Hitze schmelzen. Vom Herd nehmen, die Haferflocken untermischen und 5 Min. einweichen.

2 Mehl, Zucker, Vanillezucker, Haselnüsse und Backpulver mit 1 Prise Salz in einer Rührschüssel vermischen. Das Ei und die Haferflocken-Butter-Mischung dazugeben und alles zu einem Teig verkneten.

3 Aus dem Teig 16 Kugeln formen und mit ausreichend Abstand auf das Blech setzen und die Kugeln flach drücken (z. B. mit der flachen Unterseite eines Glases).

4 Die Haferplätzchen im vorgeheizten Ofen (Mitte) in 13–15 Min. goldbraun backen. Die fertigen Plätzchen aus dem Backofen nehmen und auf einem Kuchengitter auskühlen lassen.

5 Die Kuvertüre fein hacken, in einen kleinen Topf geben und bei geringer Hitze ganz sanft schmelzen, dabei immer wieder umrühren. Die Kuvertüre von einem Löffel fadenförmig auf die Kekse laufen lassen und dabei beliebige Muster kreieren. Fest werden lassen und gut verschlossen aufbewahren.

ERDBEER-SCHOKO-KUCHEN OHNE BACKEN

Erdbeer trifft Schoki – ein Sommernachtstraum!

Für 6 Stück
Zubereitungszeit ca. 20 Min.
Kühlzeit 15 Min.
pro Stück ca. 725 kcal

250 g Erdbeeren
100 g Butter
300 g Schoko-Kekse
200 g Vollmilchschokolade
100 g Zartbitterschokolade
(70 % Kakaogehalt)
150 g Sahne
Außerdem:
kleine eckige Backform (20 × 20 cm)

1 Die Erdbeeren vorsichtig waschen, trocken tupfen, entkelchen und halbieren. Dann beiseitestellen.

2 Für den Tarteboden die Butter in der Mikrowelle oder einem Topf bei kleiner Hitze schmelzen. Die Schokoladenkekse in der Küchenmaschine fein zerkleinern und mit der Butter mischen. Die Mischung in die Backform drücken, sodass ein fester, glatter Boden entsteht.

3 Beide Sorten Schokolade grob hacken und in eine Schüssel geben. Die Sahne aufkochen und über die Schokolade gießen. Nach ca. 5 Min. mit dem Schneebesen rühren, bis eine gleichmäßige Masse entsteht.

4 Die Schokomischung auf den Kuchenboden gießen und glatt streichen. Die beiseitegestellten Erdbeeren darauf verteilen. Die Erdbeertarte vor dem Servieren 10–15 Min. im Tiefkühlfach kalt stellen.

TUNING-TIPP

Für einen schnellen **weißen Tortenguss** 300 g weiße Schokolade hacken, 125 g Sahne aufkochen und darübergießen. 3 Min. stehen lassen, dann mit einem Schneebesen glatt rühren. Mit einem Löffel auf der Tarte verteilen.

TAUSCH-TIPP

Natürlich kann man für diese Speedy-Torte auch andere Früchte verwenden, obwohl Erdbeeren schon ziemlich unschlagbar sind! Es sollten aber in jedem Fall frische, **saftige Früchte** sein; sie passen am besten zu dem extraschokoladigen Boden. Probieren Sie z. B. Heidelbeeren, Himbeeren oder Brombeeren.

PEKANNUSS-BROWNIES

Extraschokoladig und supersaftig

Für 25 Stück
Zubereitungszeit ca. 20 Min.
Backzeit 25 Min.
pro Stück ca. 210 kcal

150 g Mehl
1 TL Backpulver
2 EL Kakaopulver
150 g Zucker
2 Pck. Vanillezucker
100 g Schokotropfen
(ersatzweise geraspelte Schokolade)
2 Prisen Salz
100 g Pekannusskerne
200 g Zartbitterschokolade
100 g Butter
125 g Mascarpone
3 Eier (M)
Außerdem:
Brownie-Form (ersatzweise Springform)
Butter und Mehl für die Form

1 Den Backofen auf 200° vorheizen. Die Brownie-Form mit Butter einfetten und mit Mehl ausstreuen.

2 In einer Schüssel Mehl, Backpulver, Kakao, Zucker, Vanillezucker, Schokotropfen und Salz vermischen. Die Pekannusskerne mit den Händen in grobe Stücke zerdrücken und unter die Mehlmischung mischen.

3 Schokolade und Butter in einem Topf bei geringer Hitze schmelzen. Zuerst den Mascarpone und die Eier mit dem Schneebesen darunterrühren, dann die Mehlmischung mit einem Kochlöffel oder Teigschaber.

4 Den Teig in die Form füllen und glatt streichen. Im Ofen (Mitte) 20–25 Min. backen. Fertigen Kuchen herausnehmen und auf einem Kuchengitter auskühlen lassen. Dann den Kuchen aus der Form heben oder lösen und in quadratische Pekannuss-Brownies schneiden.

MINI-ZITRONENKUCHEN

Perfekt für zwischendurch

Für 6 Stück
Zubereitungszeit ca. 15 Min.
Backzeit 20 Min.
pro Stück ca. 390 kcal

2 Bio-Zitronen
125 g weiche Butter
125 g Zucker
2 Eier (M) · 100 g Mehl
1 TL Backpulver
100 g Puderzucker
Außerdem:
6 Einweg-Papp-Backformen
(8 × 5 cm; s. Tipp)

1 Den Backofen auf 200° vorheizen. Die Zitronen heiß waschen und abtrocknen, die Schale von beiden Zitronen fein abreiben und 1 Zitrone auspressen.

2 Die Butter und den Zucker mit den Rührbesen des Handrührgeräts cremig rühren. Eier, Zitronenschale und -saft sowie Mehl und Backpulver dazugeben und alles zu einem glatten Teig verrühren.

3 Den Teig auf die Papp-Backförmchen verteilen und im heißen Ofen (Mitte) in ca. 20 Min. goldbraun backen. Inzwischen die zweite Zitrone auspressen. So viel Zitronensaft mit dem Puderzucker verrühren, dass ein dicker Zuckerguss entsteht.

4 Die Mini-Zitronenkuchen aus dem Backofen nehmen und etwas abkühlen lassen, dann den Zuckerguss mit einem Löffel daraufträufeln.

PROFI-TIPP

Einweg-Backformen gibt es in gut sortierten Drogeriemärkten und Haushaltsgeschäften. In den **bunten Papierformen** sehen die Mini-Kuchen nicht nur nett aus, sondern können auch gleich verschenkt werden. Alternative: kleine Silikonbackformen.

APFEL-TARTE TATIN

Sorgt bei Tisch für »Ahs« und »Ohs«

Für 8 Stück
Zubereitungszeit ca. 25 Min.
Backzeit 40 Min.
pro Stück ca. 255 kcal

5 große säuerliche Äpfel (z. B. Boskop)
½ TL Zimtpulver
1 EL Zitronensaft
100 g Zucker
50 g Butter
1 Pck. Blätterteig (275 g, fertig ausgerollt; aus dem Kühlregal)
Außerdem:
1 ofenfeste Pfanne (28 cm Ø)

1 Den Backofen auf 200° vorheizen. Die Äpfel vierteln, entkernen, schälen und mit Zimt und Zitronensaft mischen. Zucker gleichmäßig in die Pfanne streuen und schmelzen, dann die Butter unterrühren und zerlassen.

2 Die Äpfel kurz in der Zucker-Butter-Mischung schwenken und dann so drehen, dass die Rundungen nach unten zeigen und die Stücke dicht an dicht in der Pfanne liegen. Im heißen Ofen (Mitte) 10 Min. backen.

3 Den Blätterteig entrollen und einen Streifen davon quer abschneiden, sodass ein Quadrat entsteht (den Streifen anderweitig verwenden). Die Pfanne aus dem Backofen nehmen und das Teigquadrat auf die Äpfel legen. Die Teigränder über den Äpfeln hinunterdrücken, dabei, falls nötig, leicht zusammenfalten.

4 Mit einem Messer einige Löcher in den Teig stechen, damit die heiße Luft entweichen kann. Die Pfanne wieder in den Ofen (Mitte) schieben und die Tarte in ca. 30 Min. goldbraun backen.

5 Die fertige Tarte Tatin aus dem Backofen nehmen und ca. 5 Min. ruhen lassen. Dann einen großen Teller oder eine Platte umgedreht auf die Pfanne legen und den Kuchen daraufstürzen, lauwarm abkühlen lassen.

VARIANTE

TARTE TATIN MIT MARZIPAN

- Die Äpfel verarbeiten wie in Schritt 1 und 2 des Rezepts beschrieben. Für eine zusätzliche Marzipanfüllung eine Marzipanplatte ausrollen.
- Den Blätterteig entrollen und mit einem verquirlten Ei bestreichen. Die Marzipandecke darauflegen und beides etwas größer als die Pfanne zuschneiden.
- Das Ganze umdrehen und auf die Äpfel legen, sodass das Marzipan auf den Äpfeln liegt. Die Tarte backen wie in den Schritten 4 und 5 beschrieben. Die Tarte zum Schluss stürzen, abkühlen lassen und genießen.

ITALIENISCHE TORTA DI MELE

Für Gäste mit einem Espresso servieren

Für 8 Stück
Zubereitungszeit ca. 15 Min.
Backzeit 50 Min.
pro Stück ca. 165 kcal

50 g Butter · 50 g Mehl
150 g Zucker
50 ml Milch
½ TL gemahlene Vanille
abgeriebene Schale
von 1 Bio-Zitrone
400 g Äpfel
4 frische Rosmarinnadeln
(nach Belieben)
Außerdem:
kleine Springform (20 cm Ø)
Öl für die Form

1 Den Backofen auf 175° vorheizen. Die Form mit Öl einfetten und mit Mehl ausstreuen. Die Butter schmelzen und mit Mehl, Zucker, Milch und Vanille verrühren. Die Zitronenschale unterrühren.

2 Die Äpfel waschen und vierteln, die Kerngehäuse entfernen. Die Viertel mit Schale längs halbieren, dann quer in feine Scheiben schneiden. Die Apfelstücke unter den Teig heben. Nach Belieben den Rosmarin fein hacken und ebenfalls unterheben.

3 Den Teig in die Springform füllen und im vorgeheizten Ofen (Mitte) ca. 50 Min. backen. Dann herausnehmen und ca. 5 Min. ruhen lassen. Den Formrand ablösen.

4 Den Kuchen mit dem Formboden auf eine Kuchenplatte stellen und warm oder kalt servieren.

ZWETSCHGEN-MOHN-KUCHEN

Versüßt den Kaffeeklatsch

Für 8 Stück
Zubereitungszeit ca. 15 Min.
Backzeit 30 Min.
pro Stück ca. 195 kcal

1 Ei · 50 g Zucker
1 Msp. gemahlene Vanille
60 ml neutrales Öl
1 TL Rum
2 EL Zitronensaft
90 g Mehl
1 TL Backpulver · Salz
250 g Zwetschgen
30 g gemahlener Mohn (s. Tipp)
1 EL Puderzucker
1 Msp. Zimtpulver
3 EL Butterflocken
Außerdem:
kleine Springform (20 cm Ø)
Öl für die Form

1 Den Backofen auf 175° vorheizen. Die Form mit Öl einfetten. Für den Teig Ei, Zucker und Vanille mit den Schneebesen des Handrührgeräts dickschaumig rühren. Nach und nach Öl, Rum und Zitronensaft einrühren. Mehl, Backpulver und 1 Prise Salz mischen und rasch unterrühren. Den Teig in die Form füllen und mit einem Löffelrücken glatt streichen.

2 Für den Belag die Zwetschgen waschen, halbieren und entsteinen. Die Hälften mit der Schnittfläche nach oben auf den Teig legen.

3 Mohn, Puderzucker und Zimt mischen und auf die Zwetschgen streuen. Die Butterflocken daraufsetzen und den Kuchen im Ofen (Mitte) 30–35 Min. backen.

PROFI-TIPP
Gemahlenen Mohn finden Sie unter der Bezeichnung **»Dampfmohn«** in jedem gut sortierten Supermarkt im Regal mit den Backzutaten.

JOHANNISBEER-BAISER-KUCHEN

Edler kann man Johannisbeeren nicht servieren

Für 8 Stück
Zubereitungszeit ca. 20 Min.
Backzeit 35 Min.
pro Stück ca. 310 kcal

2 Eier (M)
175 g Mehl
100 g kalte Butter
30 g Zucker
200 g Rote Johannisbeeren
100 g Puderzucker
1 EL gemahlene Haselnusskerne
50 g gehackte Haselnusskerne
Außerdem:
kleine Springform (20 cm Ø)
Öl für die Form

1 Den Backofen auf 200° vorheizen. Die Form mit Öl einfetten. Die Eier trennen. Mehl, Butter, Zucker und Eigelbe zu Streuseln verkneten. Die Streusel in der Form verteilen und mit der Hand zu einem Boden mit Rand formen. Den Boden mit einer Gabel mehrmals einstechen und im Ofen (Mitte) ca. 12 Min. vorbacken.

2 Inzwischen die Johannisbeeren waschen, trocken tupfen und von den Rispen streifen. Die Eiweiße mit den Schneebesen des Handrührgeräts steif schlagen und gegen Ende den Puderzucker einrieseln lassen.

3 Den vorgebackenen Boden aus dem Ofen nehmen. Die gemahlenen Haselnüsse daraufstreuen und die Johannisbeeren darauf verteilen. Den Eischnee daraufstreichen, die gehackten Haselnüsse aufstreuen.

4 Die Backofentemperatur auf 160° herunterschalten und den Kuchen im Ofen (Mitte) nochmals 20–25 Min. backen, bis das Baiser leicht bräunt. Herausnehmen und abkühlen lassen.

TAUSCH-TIPPS

Die Schwaben nennen Johannisbeeren liebevoll »Träuble« und diesen heiß geliebten Kuchen »Träubleskuchen«. Außerhalb der Johannisbeersaison können Sie den Kuchen auch mit **tiefgekühlten** roten Johannisbeeren aus dem Vorrat zubereiten. Die Beeren dafür antauen lassen, den Saft abgießen und die Beeren auf den Haselnüssen verteilen. Alternativ schmeckt der Kuchen auch mit in Stücke geschnittenem **Rhabarber** oder mit frischen **Stachelbeeren**.
Streuen Sie **gehackte Haselnüsse** aufs Baiser; sie karamellisieren beim Backen zu feinem Krokant.

Zum Gebrauch

Die Rezepte finden Sie unter ihrem Namen und zusätzlich unter ihren **fett** gedruckten Hauptzutaten, die ebenfalls alphabetisch einsortiert sind. Auch zahlreiche Kategorien und Themen wie Beilagen oder Dips sind hervorgehoben aufgeführt. Die vegetarischen Rezepte sind mit dem Symbol 🍃 markiert.

A

B

H

I

J

K

N

O

P

Q

R

ABKÜRZUNGEN IN DIESEM BUCH

bzw.	beziehungsweise
ca.	circa
cl	Zentiliter
cm	Zentimeter
EL	Esslöffel
evtl.	eventuell
g	Gramm
getr.	getrocknet
ital.	italienisch
kcal	Kilokalorie
kg	Kilogramm
l	Liter
Min.	Minute
ml	Milliliter
mm	Millimeter
Msp.	Messerspitze
Pck.	Päckchen
S.	Seite
s.	siehe
Std.	Stunde
TK	Tiefkühl
TL	Teelöffel

UMRECHNUNGSTABELLE

1 EL = WIE VIEL GRAMM?

Die Grammangaben entsprechen 1 gestrichenen Esslöffel.

1 EL Butter	10 g
1 EL Honig	15 g
1 EL Kakaopulver	5 g
1 EL Mehl	10 g
1 EL gemahlene Nüsse	5 g
1 EL Rosinen	15 g
1 EL Stärke	10 g
1 EL Zucker	15 g

Die Fotografen

Klaus Arras
Seite 174, 181, 185, 232, 233, 247

Mona Binner
Seite 17, 32, 33, 87, 93, 109, 113, 127, 141, 143, 173, 175, 207, 267, 273, 274, 277, 300, 301, 304

Maria Brinkop
Seite 71

Becca Crawford
Seite 298

Vivi D'Angelo
Seite 67, 283, 320-1, 320-2, 321-1, 321-2

Klaus-Maria Einwanger
Seite 105, 125, 132, 133, 140, 144, 147, 151, 153, 154, 169, 193, 199, 226-2

EISING STUDIO | FOOD PHOTO & VIDEO
Seite 21, 27, 83, 85, 102-1, 102-2, 103-1, 103-2, 189, 263

Fotos mit Geschmack, Urike Schmid und Sabine Mader
Seite 170-2, 332, 333, 335

Julia Hoersch
Seite 221, 224, 288, 289

Maike Jessen
Seite 294-2

Silvio Knezevic
Seite 119

Kramp + Gölling Fotodesign
Seite 121, 171

Coco Lang
Seite 11, 15, 18, 19, 24, 25, 41, 45, 61, 77, 99, 111, 114, 137, 157, 159, 163, 167, 170-1, 177, 183, 197, 213, 225, 231, 236, 246, 251, 252, 257, 259, 265, 268, 271, 278, 303, 306, 314, 319, 325, 328, 331

Jörg Lehmann
Seite 70-1

Jana Liebenstein
Seite 64-1, 64-2, 65-1, 65-2, 124, 261, 287, 294-1, 297

Mathias Neubauer
Seite 5, 6-1, 6-2, 30, 31, 36, 37, 39, 42, 43, 68, 91, 107, 200, 229, 293, 305, 317, 323, 327, 329

Buroh Nicolai
Seite 69

Jörn Rynio
Seite 110, 120-2, 150, 164, 165, 226-1, 227, 313

Wolfgang Schardt
Seite 4, 57, 75, 80, 84, 120-1, 123, 128, 129, 134-1, 134-2, 135-1, 135-2, 190, 292, 295, 324

Monika Schürle und Maria Grossmann
Seite 70-2, 74, 138, 139, 158, 168, 178, 179, 191, 204, 214, 215

Anke Schütz
Seite 35, 117, 118, 161, 205, 217, 218, 219, 223, 256, 262, 299, 307, 309, 310, 311

Maja Smend
Seite 2/3, 12, 13, 55, 56, 63, 73, 90, 95, 96, 101, 106

Thorsten Suedfels
Seite 195, 237, 240, 241, 281, 284, 285

Nicky Walsh
Seite 7, 9, 29, 46, 47, 48, 49, 51, 52-1, 52-2, 53-1, 53-2, 59, 79, 89, 97, 131, 149, 186, 203, 209, 210, 211, 235, 239, 243, 245, 249, 255

Michael Wissing
Seite 22, 23, 58, 182, 194, 196, 270, 279, 291, 315

Herausgeberin: Adriane Andreas

Projektleitung: Alessandra Redies

Redaktion und Lektorat: Adriane Andreas

Einführende Kapiteltexte: Cora Wetzstein

Korrektorat: Andrea Lazarovici

Coverfotografie: Hans Döring

Umschlaggestaltung und Innenlayout:
independent Medien-Design, Horst Moser, München

Satz: Knipping Werbung GmbH, Berg am Starnberger See

Herstellung: Petra Roth

Reproduktion: Repro Ludwig, Zell am See

Druck des Überzugs: Dr. Cantz'sche Druckerei, Ostfildern

Druck des Innenteils: Firmengruppe APPL, aprinta druck, Wemding

Bindung: Firmengruppe APPL, m.Appl GmbH, Wemding

ISBN 978-3-8338-7080-4
1. Auflage 2019

Syndication: www.seasons.agency

www.facebook.com/gu.verlag

QUALITÄTS G|U GARANTIE

LIEBE LESERINNEN UND LESER,
wir wollen Ihnen mit diesem Buch Informationen und Anregungen geben, um Ihnen das Leben zu erleichtern oder Sie zu inspirieren, Neues auszuprobieren. Wir achten bei der Erstellung unserer Bücher auf Aktualität und stellen höchste Ansprüche an Inhalt und Gestaltung. Alle Anleitungen und Rezepte werden von unseren Autoren, jeweils Experten auf ihren Gebieten, gewissenhaft erstellt und von unseren Redakteuren/innen mit größter Sorgfalt ausgewählt und geprüft.

Haben wir Ihre Erwartungen erfüllt? Sind Sie mit diesem Buch und seinen Inhalten zufrieden? Haben Sie weitere Fragen zu diesem Thema? Wir freuen uns auf Ihre Rückmeldung, auf Lob, Kritik und Anregungen, damit wir für Sie immer besser werden können. Und wir freuen uns, wenn Sie diesen Titel weiterempfehlen, in Ihrem Freundeskreis oder bei Ihrem online-Kauf.

Sollten wir Ihre Erwartungen so gar nicht erfüllt haben, tauschen wir Ihnen Ihr Buch jederzeit gegen ein gleichwertiges zum gleichen oder ähnlichen Thema um.

KONTAKT
GRÄFE UND UNZER VERLAG
Leserservice
Postfach 86 03 13
81630 München
E-Mail: leserservice@graefe-und-unzer.de

Telefon: 00800 / 72 37 33 33*
Telefax: 00800 / 50 12 05 44*
Mo–Do: 9.00–17.00 Uhr
Fr: 9.00–16.00 Uhr
(*gebührenfrei in D,A,CH)

Backofenhinweis: Die Backzeiten können je nach Herd variieren. Die Temperaturangaben in unseren Rezepten beziehen sich auf das Backen im Elektroherd mit Ober- und Unterhitze und können bei Gasherden oder beim Backen mit Umluft abweichen. Details entnehmen Sie bitte Ihrer Gebrauchsanweisung.

GRÄFE UND UNZER

Ein Unternehmen der
GANSKE VERLAGSGRUPPE